U0799821

三羊开泰

富贵吉羊

杨应彬

羊圖騰

中國人也是羊的傳人

周連玉書

羊圖騰

中国人也是羊的传人

杨冠丰　杨洪潮　黄淼章　著

南方日报出版社
NANFANG DAILY PRESS
中国·广州

图书在版编目（CIP）数据

羊图腾：中国人也是羊的传人 / 杨冠丰，杨洪潮，黄淼章著. -- 广州 : 南方日报出版社,2010.10
ISBN 978-7-5491-0101-6

Ⅰ. ①羊… Ⅱ. ①杨…②杨…③黄… Ⅲ. ①图腾－民族文化－研究－中国 Ⅳ.①B933

中国版本图书馆 CIP 数据核字(2010)第 203790 号

羊图腾：中国人也是羊的传人　　杨冠丰 杨洪潮 黄淼章 著

出版发行：南方日报出版社
地　　址：广州市广州大道中 289 号
电　　话：（020）87373998-8502
经　　销：全国新华书店
印　　刷：佛山市浩文彩色印刷有限公司
开　　本：889mm×1194mm　1/16
印　　张：19.5
字　　数：280 千字
版　　次：2010 年 10 月第 1 版
印　　次：2010 年 10 月第 1 次印刷
定　　价：88.00 元

投稿热线：（020）87373998-8503　读者热线：（020）87373998-8502

网址：http://nf.nfdaily.cn/press/

发现印装质量问题，影响阅读，请与承印厂联系调换。

目录

序 擦亮“羊图腾” 弘扬“羊文化”

赵寻

羊图腾，不看此书，感觉是陌生的；略看书目与作者的自序，感觉是既熟悉又亲切。羊图腾，不只是属于羌族；“羊文化”更深刻地影响着所有的中国人。

2008年“5·12”汶川大地震，以巨大的代价换来人们对一个古老民族的重新认识，对一种文明的源头的重新记忆——这就是几千年以来一直生活在大禹故里、至今还保留“羊图腾”崇拜的羌族。羌族是我国见于文字记载的最古老的民族，古华夏族也充分吸纳了他们的成分。他们最早活跃在我国历史舞台上，最早发展了畜牧业，以养羊称著于世。

大禹是继炎黄之后中华民族的又一人文始祖，数千年广为传颂的治水英雄。数千年的文献典籍，以及羌人对大禹神话的羌化改造与诠释，论证了大禹是巴蜀羌族与中原华夏共有的民族祖先。大禹又是我国第一个统一的国家——夏王朝的奠基人，是夏族的“领头羊”。在中华民族的形成、发展和壮大的重要历史关头，大禹的盖世奇功赢得万民景仰。但大禹被奉为神灵，千百年来全民虔诚顶礼膜拜，这在我国诸少数民族中却仅见于羌族。羌族民间有关大禹出生、治水的神话传说十分丰富：石纽、刳儿坪、禹穴、涂禹山、望崇山、甘泉、禹碑岭、誓水柱、岣嵝碑等“禹迹”遍布羌区，不胜枚举；历代祭祀大禹的“禹王宫”、“禹王庙”、“圣母祠”等乡镇山村处处可见。羌族民间崇信大禹，并不因禹乡何处之争有丝毫影响。

翻开历史的画卷：西晋时改汶山郡（郡治在今茂县）汶江县为“广阳县”，羌人认为是朝廷顺应羌人意愿鼓励多养羊，故称汶山为“广羊”、“羊州”，《羊州戏》在羌区广为流传，羌人的地名与家乡小曲烙上了“羊图腾”之纹。

揭开四川广汉三星堆的盖头，蔚为大观的祭祀场面，栩栩如生的奇异人像，高度发达的古蜀青铜、玉石文化，令人叹为观止。三星堆是公元前17世纪古蜀文明集中的体现，是“长江文明之源”，是中华文明的重要组成部分。这个古蜀先民的家园，充分展现了古氐羌文化的精华。古蜀国的宗庙神器——

“青铜神坛”底层的神兽“独角羊”、青铜“羊首龙柱形器”、“三羊三鸟尊”、“四羊铜罍”等，都显现了古蜀人族源古氐羌人的“羊”图腾情结。青铜“羊首龙柱形器”中，羊角与羊胡子赫然显现在蜿蜒的龙身上，是上古龙图腾与羊图腾融合的演绎，是古羌人与华夏民族文化交流的明显例证。

道家对中国文化的贡献与儒家同等重要，道教是中国土生土长的传统宗教。“子行道千日后于成都青羊肆寻吾”，被奉为道家、道教鼻祖的老子显灵于四川成都青羊宫；青羊宫三清殿中有两只铜铸青羊，其中左边的铜羊为独角，初看是羊，细看为十二属相的化身：龙角、羊须，与三星堆“羊首龙”异曲同工。

巴蜀文化显现出最为古老而厚实的原生态羊图腾。

包容、开放、具有海洋文化特色的南粤大地，是传承中华“羊图腾”与“羊文化”的后起之秀。岭南文化中心地广州，因“五羊衔谷”神话得名“羊城”，也是以“羊”为图腾的城市。越秀山“五羊雕塑”成为广州城徽。广州南越王墓的大门与主棺室外椁的铜铺首“饕餮”，也是龙羊结合：饕餮是“龙生九子”之一，其胡子却是“羊角纹”，与三星堆“羊首龙”的角与胡子为“羊”可谓同出一辙。

龙图腾、凤图腾、狼图腾、熊图腾都出版了专著，但羊图腾却鲜为人知。为此广东杨冠丰、杨洪潮、黄淼章三作者联手，旨在2010年广州亚运前为宣传举办城市的图腾与亚运文化、岭南文化乃至中华文化献上一份文化大礼，选题精彩，精神可嘉，紧贴时代。

2010广州亚运演绎的文化将是岭南文化与中华文化的代表作。从“五羊圣火”会徽，到寓意“祥和如意乐洋洋”的分别取名“阿祥”、“阿和”、“阿如”、“阿意”、“乐羊羊”的吉祥物五只活泼可爱的小羊，都是“羊图腾”与“羊文化”的传承与创新。南粤是中国最为现实而同时又最具现代活力的地方，《羊图腾——中国人也是羊的传人》就是从饮食文化的鲜美，拓展到21世纪中华文化对世界的贡献。

“羊图腾”承载的“羊文化”，无疑是中华的优秀文化。最具生命活力的阳（天）、洋（地）、羊（人）同声同调，三羊开泰；天地人和，和而不同；与人为善之鲜美羹糕、养膳；奉献牺牲之牢馐、羊馈；羊之义举功高德厚；阳之自强不息，洋之厚德载物，羊之与人为善；合群和谐，和而不同；羊致清和之性；跪乳羔羊之知恩、感恩，羊是人类道德的楷模。“羊图腾”承载的“羊文化”，具有人文与教化的功能，是先进的文化。

从人文始祖伏羲的“羲”中有羊，到神农炎帝出姜水而姓姜，再到“大禹出西羌”的传说，再到狱神皋陶之獬豸（独角羊），道家、道教鼻祖的老子化为羊，更有三皇五帝、华族、夏族的太阳崇拜（阳图腾，古“阳”与“羊”通假），中华民族的始祖是龙也是羊。“中国人也是羊的传人”完全说得通。

羊吃的是草，对动物没有攻击性，羊图腾展现了中华民族“息争尚和”、“和而不同”的文化内涵与形象，是对中华民族和平崛起的有力诠释。

汉字是中华文明的活化石，以羊为根的造字与命名，承载了中华民族的道德观与价值观：与人为善，善有善报。

“与人为善”、“和而不同”是“羊图腾”的文化精髓，是和平世界、和谐社会的基石，是世界性、跨文化性的光辉思想，是救济陷于过渡竞争的世界的一服良药，是21世纪中华民族对全人类的重大奉献。

至善至美的“羊图腾”与“羊文化”，是羌族灾区震后文化保护的核心，是发展羌区旅游的重要课题，同时也是2010年广州亚运文化的亮点。“羊图腾”与“羊文化”不只是四川的、广东的，也是中华全民族的，更将是世界的。

与人为善，善有善报；和而不同，世界大同。

擦亮“羊图腾”，弘扬“羊文化”。

2010年7月2日

赵寻（1920— ），原名赵辛生。湖北武汉人。1937年参加革命文艺工作，历任抗敌演剧队第三队副队长，文化部艺术局创作室副主任，中国剧协创作委员会副主任，《剧本》月刊编辑部主任、主编，《戏剧报》编委、主编，文化部艺术期刊领导组组长，中国剧协常务副主席及书记处第一书记、党组书记，中国文联书记处常务书记、党组副书记，中国文联出版公司总经理、总编辑，中国电视艺术家协会副主席，《电视文艺》主编。全国政协第六、七届委员。著有多幕话剧《民主青年进行曲》（已改编成电影）、《高炉火花》、《叶尔绍夫兄弟》（合编），独幕话剧集《人民的意志》、《生活小喜剧》，儿童剧集《小苍蝇是怎样变成大象的》，散文集《真实的故事》，戏剧评论集《话剧创作散论》等，编辑《武钢建设史话》、《独幕剧选集》、《中国大百科全书·戏剧卷》等。2009年获得首届中国戏剧奖的终身成就奖。

自序 “羊”光灿烂耀中华

2010年11月12日，世界瞩目的第十六届亚运会在羊城举行，举办城市的图腾是“羊”；2009年5月18日，中央电视台4台《走遍中国》首播“走进越秀”，第一集是“羊图腾”。

2010广州亚运的会徽“五羊圣火”是“羊”，吉祥物“乐羊羊”——“阿祥”、“阿和”、“阿如”、“阿意”、“乐羊羊”，是寓意“祥和如意乐洋洋”的五只小羊。会徽与吉祥物的创意元素“羊”，都源于广州神话“五羊衔谷”，羊与广州和2010亚运结下不解之缘。

2008年“5·12”特大地震，三羌人聚居地受重创，羌族及羌文化成为举世关注的话题。震中汶川与重灾区北川羌族自治县至今仍然保存“羊图腾”，北川新县城新建成的所有楼房不管建在什么位置，都将悬挂“羊图腾”标志。在中国已发现的最早的文字甲骨文中，“羌”字是唯一用来描述民族或部族名称的字。汶川、北川是大禹故里。大禹是夏民族的祖先，其“三过家门而不入”的故事被编入课本，成为妇孺皆知的忘我工作、舍小家为大家的模范榜样与民族英雄。中华民族从夏朝开始进入文明时代，开始了中华民族灿烂辉煌的历史时期，大禹是中国第一个朝代——夏王朝的奠基者。汶川灾后旅游恢复重建将重点打造四张“名片”：大禹故里、熊猫家园、羌绣之乡、震中汶川。其中，“大禹故里”最具历史人文与亲和力。

中国人是龙的传人，龙是中华民族的图腾，是国家文化形象的标志，民族文化的结晶。龙作为中国独特文化的凝聚和积淀，已扎根深藏于每个人心中，而且龙文化的审美意识已渗透入中国社会生活的各个领域。龙展现了中华民族的包容、和而不同、阳刚之美。

龙，在中国被视为瑞兽，却因为一个不合适的英文名字“Dragon”而被西方某些人“妖魔化”，有学者称西洋的龙“Dragon”在西方文化中是具侵略性的、邪恶与祸祟的恶魔，用作为图腾，会引起西方人的错误联想。在国内也有学者建议“为避免西方误解，不以龙作中国形象标志”。甚至国内有学者力挺“弃龙说”，认为龙是封建专制的符号，崇拜龙对中华民族并无好处。

2006年底，上海外国语大学党委书记吴友富提出对“中国国家形象品牌建设”的最新思考。他说，时至21世纪初叶，中国国家形象品牌已经到了必须重新塑造和展示的时候了。中国国家形象品牌应该充分和鲜明地凸显出“和平、和谐、合作、大同”的理念和丰富的精神内涵。21世纪中国国家形象品牌的重新塑造，是中国政府和人民为建设和谐社会、促进世界和平和人类共同进步事业而进行对外与对内形象展示的需要；也是中国以鲜明而美好的国家形象品牌，提升国际形象和国际亲和力，主动和有效地回应所谓的“中国威胁论”的需要。吴友富教授领衔“构塑中国国家形象品牌”课题被列入上海市哲学社会科学规划课题立项。

2008年12月，上海电视台《头脑风暴》节目主持人、零点研究咨询集团董事长袁岳建议：现在可以认真考虑以熊猫为当代中国标志。此言一出引起热烈争议。为此，2009年春节香港凤凰卫视《一虎一席谈》pk话题为“今天该不该把龙作民族图腾”。

而2004年《狼图腾》的出版，与“羊文化”相对的“狼文化”被标新立异后受到一些人的极力推崇，狼成为我国一些企业家、文化研究者们的新图腾。《狼图腾》作者还对整个民族发出了大声反问：“中华民族是龙的传人还是狼的传人？”具有攻击性、威胁性的“狼图腾”、“狼文化”能走向世界吗？有助于社会和谐与世界和平吗？

民族图腾的话题，成为近年来炎黄子孙密切关注的话题。

中华民族是一个多元的民族，图腾崇拜也是多元的，它源于历史的原因，其内涵与价值也受到历史的限制，有些民族是对狼崇拜的，有些是对熊崇拜的，因此有了《狼图腾》和《熊图腾》。但它具有什么现代的文化含义与价值？能拿出去代表中国人的形象吗？可以被中国人与世界人民接受吗？熊猫虽可爱、珍贵，但它给了我们什么？熊猫作为友好的使者是称职的，但作为图腾就缺乏历史底蕴，更缺文化内涵了。我们需要的民族图腾，是要标志性的，是能够代表中国人的形象、文化与精神，既有历史底蕴又有文化内涵、能够走向世界的图腾。

一个民族，其崇拜也可能是多元的、变化的。从原生态的羊图腾，到再生态的龙图腾，就是民族融合再生的过程。作为民族的“龙图腾”就是在不断融合各种图腾的过程中形成的。它由众多的图腾糅合而成，因而每一部分都携带着古代部落与民族文化的信息。

寻根溯源，三皇五帝、炎黄祖先、华夏民族与汉族和为数不少的少数民族，与至今仍保留原生态图腾“羊图腾”的羌族血脉相连。

数典念祖，我们找到了具有“羊文化”特色的“羊图腾”。

中华民族的崛起、复兴不具威胁性，中国人的形象不只有阳刚的一面，还有阴柔的一面，这就是“与人为善”、“和而不同”的“羊图腾”。

2007年，我们中的两位编写了《点解姓羊——祥和广州与华夏羊文化》一书前，就提出了“中国人也是羊的传人”的观点，并作为主要的内容收编在书中。当时，就有人建议书名叫《羊图腾》，说会更有卖点。但我们编书的目的很清晰，是为广州与亚运而写。因此，我们取名“点解姓羊”，意在点破、解说、解读、解密、破解广州神话“五羊衔谷”的历史底蕴与文化内涵。为此，封面设计中我们把华夏羊文化与商代国宝四羊方尊作为祥和广州之底。

“食”、“羊”为養（养），口中有禾人与社会才能“和”，物质文明：与人为善的“羊”、“禾（谷）”是“养”、“和”；“羊”通“祥”——摆上神台示神之羊，精神文明：祭祀牺牲（羊）化“祥和”。

羊文化汉字精品：鲜、美、羹、糕；馐、義、养、善。

羊之声：三羊（阳洋羊）开泰；

羊之义：与人为膳、奉献牺牲；

羊之品：鲜美养膳；

羊之德：群体、和而不同、知恩善报；

羊之形：羊大为美；

羊之性：羊致清和；

广州“羊”之名：历史文化（城市的根与魂）。

汉字演绎了中华祥和文化博大精深的内涵与中华民族“与人为善”、“善有善报”的道德观与价值观。

中华民族传统文化源于生命和养生。与生命与养生最为密切的阳、洋、羊三字昂扬一声“羊”，是汉字的一大特色。与生命与养生最为密切的阳、洋、羊，展现了中华民族的精神：阳（天）——天行健，自强不息；洋（地）——地势坤，厚德载物；羊（人）——合天地，与人为善。三羊开泰，三生万物，天地人和，和而不同。

与人为善，奉献牺牲，群体，和而不同，知恩善报，羊是人类道德的楷模。

以羊为图腾，以羊为祖、为族、为姓、为阳、为尊、为祥、为和、为美、为善、为牺牲、为养、为孝、为生肖，为神判（独角神羊獬豸），以羊为……，中华“羊文化”博大精深。

我们从“伏羲”美名与广州神话“五羊衔谷”——中华祥和文化的代表作中，提炼出祥和文化具有“世界性、跨文化性、标志性”的内涵“与人为善、和而不同”，并提出21世纪是中华祥和文化走向世界的世纪、岭南文化的中心地广州将成为中华祥和文化走向世界的发祥地、2010广州亚运是里程碑、广州城市“羊图腾”与亚运会徽和吉祥物则为最为重要的载体、“以洋为道，走向世界”理念。

羊致清和，羊群体生活，对动物不具攻击性、威胁性的形象，就是中华民族尚和、和而不同的历史文化形象。中华民族的崛起、复兴不具威胁性，中国人的形象不只有阳刚的一面，还有阴柔的一面，这就是“与人为善”、“和而不同”的“羊图腾”。“国强必霸”，有悖于中国“和而不同”的历史，与“羊图腾”对不上号。

任何事物都是两面的。龙与羊，作为阴阳两端，可形成互补互动互推互利机制，将太极和谐运动的原理融入其中并相映成趣；将龙代表的阳刚的另一面阴柔揭示出来，形成完整的中华和谐文化形象，完善并提升中国的国际文化形象，为中华民族的伟大复兴开路，“羊”光灿烂。

为此，我们推介“羊图腾”——中国人也是羊的传人。

编写这本书，我们曾就以下观点达成共识：首先，我们中国人是“龙的传人”；考察华夏民族与古羌人的密切关系，我们也是“羊的传人”。说到民族图腾，龙是毫无疑义的，祂是祖先遗留给我们的宝贵精神遗产。任何怀疑、更替龙的论调，都是荒诞可笑的。至于要不要推介“羊图腾”，我们之间的确存在不同意见。以羊作为龙的补充是否可行？与中国人龙凤对应的传统观念是否冲突？我们保留各自不同的观点，也算是一种“和而不同”吧。我们不是这方面的专门学者，在此提出一些我们的思考，或可算是一种“山寨式”的研究。抛砖引玉，期望能引来批评和讨论。

第一章

从三星堆羊首龙说起

一、引人注“目”的青铜器

眼睛斜竖的“纵目人”头像

青铜大立人像

三星堆纵目人

走进四川广汉市的三星堆博物馆，琳琅满目的青铜器、玉石器、象牙、贝壳、陶器和金器，让我们叹为观止！一个与殷商王朝几乎同时，又迥异于中原地区的伟大文明以出乎想象的精彩展现在人们眼前。其中，器形高大、造型生动、结构复杂的青铜器最令人目眩口呆：

384厘米高的青铜神树，应该是上古神话中的扶桑，也有学者认为是交通天地的“建木”。树分三簇九枝，枝上九只日乌在栖息，枝下硕果勾垂，树侧有一龙缘树透迤而下，显得十分生动、神秘。

高达262厘米的立人像，大眼直鼻，方颐大耳，头戴兽面形高冠，身着左衽长袍，衣服三层，最外层衣服近似“燕尾服”，两臂平抬，两手呈持物献祭状。

三星堆青铜人头像与面具，巨大的眼睛令人印象深刻。更有一具奇特“纵目人”头像，双目瞳孔部分呈圆柱状向前突出，长达16.5厘米。怪异的样貌，让人联想起傩戏的面具，或者是印象派雕塑家超现代的作品。有人猜测或是洋人的祭品，更有人大胆断言，应是天外来客——外星人的模样。

有些专家对“纵目人”的说法提出批评，认为瞳孔柱状突出，应当称作“凸目人”，而“纵目人”的样子，应是双目斜竖，似微微突出。此类青铜面具，在三星堆非常多见。

三星堆的青铜器琳琅满目，如此吸引游人的眼球，确让人有“触目惊心”之叹！我们之所以在标题“引人注目”的“目”字上特别加上引号，非但是想让读者更加关注青铜面具上的巨大而怪异的眼睛，更希望读者留意这一辉煌文明的创造者——古蜀人的“蜀”字顶端，恰恰也有个“目”字。

二、令人费解的三星堆

青铜神树

三星堆遗址属全国重点文物保护单位，是中国西南地区的青铜时代遗址，位于四川广汉南兴镇，因有三座突兀在成都平原上的黄土堆而得名。三星堆文明上承古蜀宝墩文化（距今4500年左右的新石器时代晚期），下启金沙文化（相当于商周时代），前后历时约2000年，是我国长江流域早期文明的代表。

1931年以来，在这里曾多次发现祭祀坑，坑内大多埋放玉石器和青铜器。1980年起发掘，在遗址中发现城址，据确认，其建造年代至迟为商代早期。其东城墙长1100米，南墙180米，西墙600米，为人工夯筑而成。1986年发现的两座大型祭祀坑，出土有大量青铜器、玉石器、象牙、贝、陶器和金器等，如人首鸟身像、金权杖、玉琮……其中文物的辉煌与精美，绝不亚于年代在其后数百年的殷墟，完全有资格列入最宝贵的世界文化遗产。

青铜人首鸟身像

三星堆古遗址是迄今在西南地区发现的范围最大、延续时间最长、文化内涵最丰富的古城、古国、古蜀文化遗址，被称为20世纪人类最伟大的考古发现之一。

如此年代久远而又辉煌奇特的文明，出现在交通极度闭塞的四川盆地，实在令人费解，立即引起了种种猜测。特别是出土的神像面具面目奇特，更引人遐思。有人猜想可能与亚特兰蒂斯有一定的联系；有人觉得它与世界上著名的玛雅文化、古埃及文化非常接近，可能是“杂交文明”；有人甚至怀疑，这是“外星人”的作品。

仔细想想，本来就以“蜀道难，难于上青天”出名的地方，以当时的交通条件，哪能有这般的“国际交流”？即使在上古漫长的岁月中，曾有过这样的“国际交流”，是通过哪条路线？是通过日后传统的“丝绸之路”途经甘肃、青海、新疆？或是通过所谓“南方丝绸之路”的“蜀身毒道”途经

三星堆博物馆

云南、缅甸、泰国到印度？还是从东南经长江入川？为何周边地区都未见类似文明的积淀，却完全荟萃在一个极度闭塞的地点？

但它却切实打破了黄河流域是中华文明发展唯一中心的观念，昭示了长江流域与黄河流域一样，同属中华文明的母体。三星堆被誉为“长江文明之源”。

在目不暇接的众多展品中，我们发现了一件虽不十分耀眼却极为奇特的造型，即出土于三星堆遗址一号坑，标志为“青铜龙柱形器”的展品，为我们厘清纷纭的猜想，展现明晰的思路，也为我们破解中华文明的基因密码提供了关键的钥匙。

三、羊首龙

1. 这是“龙”吗?

先看看展品的解说词：

> 这是商代前期的龙柱形器。铜圆柱顶立一昂首龙头，两大耳下卷，头顶犄角向后弯曲，下颌有胡须，张口露齿，呈吼啸状。龙身下垂于柱壁，对应的柱壁上似一变形的夔龙纹饰……
>
> 中国远古时期，一些部族、氏族与龙图腾崇拜有关。黄帝族是华夏族的重要族源之一，黄帝的族人中就有龙类。据《史记•天官书》载：“轩辕，黄龙体。”黄帝即轩辕，黄帝本人似乎也属龙类。龙的神话在中原各地广为传播，三星堆古蜀王国对龙的崇拜可能受中原文化的影响。但是蜀人结合自身对宇宙万物的认识，又创造出形状各异具有生命力的龙的形象。

爬龙柱形器

解说词把它定位（命名）为“龙柱”。有专家认为，这一爬龙柱形器是由远古天文仪器（“立柱测影”用于判断方向和节气）演变成的礼器。

这段解说词道出了部分事实，但似乎又隐匿了某些真相。

这是“龙”吗？我们分明看到是一只“羊”：弯弯犄角，长长的羊须，张开嘴似乎可以听到它“咩、咩”的叫声。

然而，它的背后，却拖着蜿蜒的身躯，“龙”的身躯。如此一来，它的巨大牙齿也就显得孔武有力，声音相应也变成了吼啸。

有学者认为“青铜龙柱”实际上是“羊柱”，有人干脆就把它称为“羊首龙”，我们欣赏并赞同这一观点。

古希腊的Pan神，蹄子脚，山羊胡，山羊角，山羊腿，这个神在古罗马神话中可以看作是Faunus福纳斯(畜牧农林神)

2. 羊是中华图腾文化的特色元素吗?

有位力主中华文化“西来”说的学者提出：这“羊柱”来自古埃及，因为“古埃及的许多神灵以羊为化身，所以羊也很尊贵，在古埃及神话中‘奥里西斯’神就是一头羊的造型”。

一些人对中国人的创造力太没有自信心。即使它是“羊”，难道我们自己就不能创造出来，非要到古埃及去“引进”吗？更何况它还拖着长长的“龙”的身躯，饱含着“中国元素”。

羊是中华图腾文化的特色元素吗？我们先看看：

三星堆诸“羊”相

三星堆出土了诸多的铜器显出“羊”相，是“羊也是中华图腾文化特色元素”的印证。有观点认为三星堆代表了以羊为图腾的古羌人的文化，其铜器呈现了古羌人与羊相依为生的情感。

三星堆神坛

青铜神坛

三星堆的青铜神坛是古蜀国的宗庙神器，是国之重宝。神坛底部的二神兽是独角羊，从神兽的蹄足、头上的山羊犄角、颌下的山羊胡须看，其形为“羊”。

三羊三鸟 三星堆

三羊三鸟尊

二号坑出土，高41.8厘米。尖唇、喇叭状侈口，束颈、折肩、斜腹、平底、高圈足。肩上分别嵌铸三只羊首和三只鸟。身饰饕餮纹、乳钉纹，以云纹衬底。

四羊铜罍

Ⅱ式羊角牛角青铜兽面具

Ⅲ式羊角牛角青铜兽面具

四羊铜罍

二号坑出土，两件，为青铜酒器。制作十分精美：小敞口，短颈，方唇，斜折肩，矮圈足，肩、腹、圈足饰有繁复的凸弦纹、饕餮纹和云雷纹等。外缘及器壁上用补铸法铸雕四个羊头，羊角卷成云形。二号坑还有一件四鸟四羊罍，羊角向外作左右勾曲状，造型甚为奇异。

青铜爬龙柱形器的犄角，按其形制，这当是青藏—川西高原毛用羊——绵羊的盘羊角，二号坑出土的三羊三鸟尊以及铜罍上的羊角，也是这种盘羊角。三星堆羊角牛角铜兽面之纹，与爬龙柱形器、神坛独角羊之纹异曲同工。

3、龙羊一体话中华

在中国上古图腾崇拜文化中，不乏龙羊一体、龙中有羊的文与物。

龙来氐羌黄河头

羌，狭义为中国古代西部民族名称，广义为中国古代西部游牧民族泛称。氐羌是我国古代少数民族氐族与羌族的并称，泛指中国古代分布在今陕西、甘肃、青海、四川西部的民族。《诗•商颂•殷武》：“自彼氐羌，莫敢不来享，莫敢不来王。”孔颖达疏：“氐羌之种，汉世仍存，其居在秦陇之西。”《竹书纪年》也有“成汤九年，氐羌来贡。武丁三十四年，氐羌来宾”，早从商代起，就屡见有关氐羌的记载。

四川古为巴国与蜀国，古蜀国出自氐羌。

绵延于陕西、甘肃交界的陇山一带，是古代氐羌兴起之地；“隴”字右边是个龙，陇之得名由龙而来。一方水土，有羊有龙。

《白泽图》说：“羊有一角当顶上，龙也。”《清异录》也说：冯翊产羊曰“白沙龙”。羊以龙名，龙呈羊形，其中关系，不言自明。

伏羲、炎帝、黄帝、大禹等华夏祖先都与古羌人有亲密而深切的联系。古羌人与华夏集团接触很早，而且相当大部分早已融入了华夏族。因此，龙体早已输进了羊的血液。羊图腾元素融入龙体，使中国人的图腾形态发生了变化。古羌人无疑是龙图腾氏族之重要组成部分。“龙来氐羌黄河头”并非虚妄之词，而恰恰显示了古羌融入中华民族的古老而漫长的历史。

先秦古籍《山海经•海内经》“伯夷父生西（四）岳，西（四）岳生先龙，先龙是始生氐羌，氐羌乞姓”，说明了羊图腾氏族与龙图腾氏族早期就有血脉关系，但我们并不认同龙图腾氏族为羊图腾氏族之祖。何光岳先生在《辟静和偃姓诸国的来源和迁徙》一文中说：“所谓之‘先龙’为氐羌之类原始时代活动于中国西部汉水上源以龙名之旧称。”

羊首龙龙羊一体，是对“龙来氐羌黄河头”的恰当诠释。

龙中有羊

闻一多先生在他的名篇《伏羲考》中说：龙即大蛇，蛇即小龙；龙图腾“是只存在于图腾中而不存在于生物界中的一种虚拟的生物，因为它是由许多不同的图腾糅合成的一种综合体”；是蛇氏族兼并别的氏族以后，“吸收了许多别的形形色色的图腾团族(氏族)”，而成为后来的龙。

三星堆祭坛底座

羊突出的元素有二：一是向外向下弯的角，另一就是胡子。羊的奇特之处，就在那一撮长须上。一般动物都是雄性才有须，而山羊则雌雄都有。龙的长须，应当是随着羊图腾元素融入龙体而形成的。蛇身、羊须、鹿角、鹰爪……百兽精华汇集的龙身中有羊。

三星堆羊首龙，是古龙首先融入“羊须”元素的有力见证。

成都青羊宫铜羊

三星堆铜器爬龙柱形器之形“羊首龙”，是“龙”“羊”联姻成“华夏族”、龙羊一体、炎黄子孙是“龙的传人”也是“羊的传人”的历史见证。“羊首龙”，也可视为是原生态图腾羊与蛇复合生成的原始“古龙”形象。

南越王墓大门铜铺首饕餮

饕餮，是传说中龙生九子之一，是中国古代传说中的神

广州西汉南越王墓大门铜铺首饕餮

四羊方尊

兽。

2100多年前，广州西汉南越王墓大门铜铺首“饕餮”，其嘴上方之胡子（须）为羊角纹，是羊图腾元素融入龙中的又一造物。南越王墓的饕餮，是千年历史文化名城的标志，是岭南历史文化宝库的保护神，是触摸岭南文化基因的立足点。了解广州、广东乃至岭南的历史与文化，必须从此“饕餮”着手。

龙羊一体

与“羊首龙”和“饕餮”一样，湖南出土的“四羊方尊”，也是华夏文化“龙羊一体”的物证。

1938年湖南省宁乡县出土的四羊方尊，是现存商代青铜方尊中最大的一件，是国家特级文物。

方尊的四肩、腹部及圈足设计成四个大卷角羊；颈部高耸，四边上装饰有蕉叶纹、三角夔纹和兽面纹；羊的前胸及颈背部饰鳞纹，两侧饰有美丽的长冠凤纹，圈足上是夔纹；方尊肩饰高浮雕蛇身而有爪的龙纹，尊四面正中即两羊比邻处，各一双角龙首探出器表，从方尊每边右肩蜿蜒于前居的中间。

四羊方尊以四羊、四龙相对的造型展示了酒礼器中的至尊气象。

对于为何创作“羊首龙”这么个“龙羊一体”的东西，要探求它的底细，还得从它的真正创造者“古蜀人”谈起。

四、古蜀人

古蜀人（蜀羌）有两支，一支是从河西走廊东进又沿岷江入蜀的原始土著，营盘山遗址就是他们留下的杰作；另一支就是于夏末携带了夏王朝的祖器（也即三星堆三期文化），从中原迁徙而来的夏后氏有缗、蜀族。他们携带了先进的中原文明和深刻的夏文化系统及大禹崇拜，在蜀地盖建了三星堆圣城，开创了古蜀文明。

“蜀”字

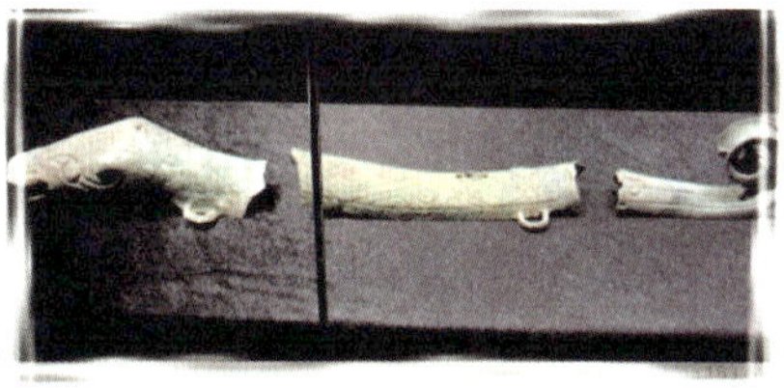

三星堆铜蛇

蚕丛王曾居之蚕陵重镇（今茂县叠溪）

1. 蜀为何物？——桑蚕也

蜀，古族名、国名，后演变为四川的别称。

古代称为“蜀”的四川，植桑、养蚕的历史悠久，“蜀”就是“蠋”（野蚕）的象形字。《说文·虫部》：“蜀，葵中蚕也。从虫。上目象蜀头形，中象其身蜎蜎。《诗》曰：蜎蜎者蠋。”段注：“葵，《尔雅》释文引作桑。”

蜀，甲骨文像一条头部的蚕蠢蠢欲动之形；“蜀”字的最初形状是一只弯曲的蚕，后逐渐演化成旁示甲骨文的形状。金文因字形已不明显，便又另加一虫以示意。

“蜀”字在商代一期甲骨文中曾多次出现，内涵是“蚕”；按古蜀传说及三星堆遗址的测年时间，四川的“蜀”族至少出现在商代早中期，内涵也是“蚕”。这两个“蜀”均出自同一本源，也即四川古代的“蜀”字，就是百分之百甲骨文中的“蜀”字及音、意。历代学者对“蜀”字的考证有不同的解释：一种认为“蜀”的古写像一条“蚕”，故其祖先螺祖是华夏养蚕的始祖，第一代蜀王叫蚕丛。另一种认为“蜀”字的古写像一条“蛇”，“蛇”是蜀山氏族的图腾，故金沙遗址出土的神器有石蛇、蛇形玉佩等。

2. 蚕丛及鱼凫，开国何茫然

“蚕丛及鱼凫，开国何茫然！”诗仙李白的咏叹令人对古蜀人的国度充满了想象。紧接一句“尔来四万八千岁，不与秦塞通人烟”却是高度夸张，和诗仙的“白发三千丈”一样。古蜀国的存在，大约始于四千余年前，距诗仙引吭高歌的大唐开元盛世大约3000年，先后经历了蚕丛、柏灌、鱼凫、杜宇和开明五代王朝，总共延续了约2000年。

蚕丛　第一代蜀王蚕丛氏建国的地盘在岷江上游的古汶山郡。这是个多灾多难，地震频发的地区，2008年震撼人心的“5·12”大地震就发生在这里。西汉著名学者扬雄著《蜀王本纪》称：“蚕丛始居岷山石室中”。“蜀”，本意为野蚕，商代甲骨文中“蜀”字作身体卷曲的蚕的形象。岷山山区在上古之世因山多“蜀”而称“蜀山”，居其山之民则称“蜀山氏”。后来蜀山氏驯化“蜀”成为家蚕，又因其山多蚕而称“蚕丛”，“蜀山氏”也就自称为“蚕丛氏”，蚕丛氏立国称“蜀国”。

古史传说第一代蜀王蚕丛为黄帝之子昌意的后裔，在帝喾时受封，其立国经历了相当于中原的虞舜时代（约为公元前22世纪）至夏朝初期。《史记·五帝本纪》中写道：“黄帝居轩辕之丘，而娶于西陵之女，是为嫘祖。嫘祖为黄帝正妃，生二子，其后皆有天下：其一曰玄嚣，是为青阳，青阳降居江水。其二曰昌意，降居若水。”

蚕丛死后葬岷江边的叠溪，又名“蚕陵”，现属茂县。汉代设蚕陵县于其地，古人镌刻于巨石上的“蚕陵重镇”四大字至今犹存。然而，叠溪镇的绝大部分，却在1933年8月的大地震中，被埋入岷江水底。至今到九寨沟旅游路过茂县，还能看到岷江上当年地震遗留下的两个堰塞湖——梯级海子。

《华阳国志》记载：“蜀侯蚕丛，其目纵，始称王”，其墓葬被称为“纵

蚕陵重镇；岷江堰塞湖

鱼凫王杖

鱼凫王杖纹

目人冢”。所谓“纵目”，即指眼睛凸起，是甲亢病患者的一个重要特征。蚕丛原来居住于四川西北岷山上游的汶山郡，直到近代，仍是严重缺碘、甲亢病流行的地区。三星堆出土的凸目铜面具，正是蚕丛的神像。

柏灌　第二代蜀王柏灌（或作柏濩）氏立国已是在川西平原上的彭县一带，时间约相当于中原地区的夏代，与今广汉市三星堆遗址早期的地层也有对应关系。虽说也有数百年时间，但流传的事迹很少，李白的诗歌也根本未提及他。

鱼凫　第三代蜀王称鱼凫，鱼凫也就是鱼鹰，这个王朝应是教人民捕鱼称著。鱼凫王朝将都城确定在广汉城西的湔江（俗称鸭子河）畔。距离三星堆遗址很近的地方有一条大河叫鸭子河。现在，依然有打鱼的人在这条河上豢养鱼鹰。这种能战胜鱼的“鹰”也许在远古时代被人们仰慕，所以从三星堆出土的器物中，可以看到许多和鱼鹰或鸟类似的造型。

一号祭祀坑发现一枝金杖，全长142厘米，金杖下端为两个人头像。上部刻有相同的四组纹样，由鱼、鸟、箭组成，上方是两只两头相对的鸟，下方是两条两背相对的鱼。它们的颈部，都叠压着一根似箭翎的图案。金杖被解读为“鱼凫王杖”，是三星堆主人的信物。鱼凫王朝就是这一辉煌文明的缔造者。

蚕丛、柏灌、鱼凫都被说成是活了数百年的神人，其实都是传承了多代而已。据绝大多数专家意见，他们都应是氐部族人。氐部族是古羌人的一个分支，所以他们都可被统称为古羌人。早在史前时期，古羌人就沿岷江南下，在四川西部建立起文明高度发达的蜀国。

“纵目神像”的出现，说明了蚕丛与鱼凫的血缘关系。这也是中华文明传统中“祖先崇拜”的又一生动例证。

杜宇　鱼凫在商代末年被杜宇王朝所取代，三星堆文明也戛然而止。杜宇参加过武王伐纣，也以教民务农著名。有说他也是氐羌人，也有说他属濮人。他的都城已迁到成都附近的郫县，今天县城西南部的望丛祠，就是纪念古蜀国两位著名君主

郫县望丛祠

望帝（杜宇）和丛帝（开明）的墓地和祠宇；相对应的遗址还有成都十二桥、羊子山等处。杜宇自称“望帝”，是古蜀人传说最多，也最怀念的君主。传了多代后，到了春秋中期，被开明王朝取代。据说当时的杜宇王是恋上了从荆楚请来修水利的鳖灵的妻子，不得不让位给鳖灵的。死后思念故国，化作杜鹃鸟，时时回来探望。“望帝春心托杜鹃”，李义山的诗句给人留下丰富的想象。

开明　开明王鳖灵本治广都樊乡（在今双流县），后世徙居成都，传了十二世。鳖灵善于治水，开凿了玉垒山（今灌县西北），应是都江堰的前期工程，为成都平原农业开发与社会发展作出了突出的贡献。金沙遗址的发掘，印证了当年的繁荣。著名的太阳神鸟，更成了中国非物质文化遗产的标志。

看到太阳神鸟，联想起三星堆青铜神树上的日乌，还有鱼凫王、杜宇王的称号，我们不能不想起崇日、崇鸟的东夷人，

金沙太阳神鸟

金牛道

黄帝与元妃嫘祖（四川盐亭）

想起少昊氏。五帝之首的少昊虽然在山东曲阜一带立国，死后陵墓也在曲阜旧县村，但据说他儿孙后辈已流转到西方，他也得到西方之神的称号——白帝金天氏。古蜀人中或许也有一些少昊子孙的成分，还是受到少昊后人的影响？

进入战国时代，秦、楚日益强大，使得蜀人穷于应付。巴人占据了川东，也加剧了巴、蜀之间的战争。末代开明王贪图秦国的美女和“会拉金粪”的石牛，派五丁壮士在大、小剑山，五丁峡一带峭壁凿险开路，修成绵延六百余公里的“金牛道”。“开”则开了，“明”则不明，结果秦军顺道而来，轻易灭了蜀国，顺便也把巴国收拾了。秦人在四川设置了蜀郡和巴郡，从此，巴人和蜀人的大部分都进入了华化的进程。另一部分则分散融合到西南各少数民族之中。

3. 羊龙一体古蜀人

为何是羊?

古蜀国的基本民众是氐羌人，古羌人是以羊为主图腾的民族，古蜀人理所当然还保留了崇羊的意识。他们采用羊形龙柱的意蕴就得到了很好的解释。然而也不排除随着生产、生活条件的变化，他们改以野山蚕“蜀”和“鱼凫”作为标志的可能。

为何是龙?

古蜀人中蜀山氏的一支，崇奉“龙”、“蚕”为图腾，史称“龙族”。他们又是何时开始崇“龙”的呢？这又和黄帝拉上了关系。黄帝娶西陵氏嫘祖为妻，生子玄嚣、昌意，后来黄帝又为昌意娶蜀山氏女为妻。嫘祖是以教民养蚕而被华夏族奉为“先蚕”的，她应该与驯化野山蚕“蜀”为家蚕的蜀人有直接的关系，有人甚至认为“西陵氏”当为“蚕陵氏”之替。古史更说，古蜀人的首领蚕丛就是昌意的后人。

所以，在蚕丛氏直到鱼凫氏首领的意识中，他们既是“羊”，又是“龙”，龙羊一体的“羊首龙”的诞生，也就极

玉琮

金箔虎形饰

其自然了。无独有偶，类似的青铜器还有“龙虎尊”，其上面的“龙”头，也完全是“羊”的模样。

古蜀国的基本民众虽是羊图腾的信奉者，而他们的领导阶层却来自黄帝集团，是龙的传人。因此，古蜀国可说是地地道道的“龙首羊”！

羌族歌谣唱道：“龙来氐羌黄河头，征程漫漫几千秋。”看来已有四千余年的历史，还有实物可证，绝非虚言。

玉器是中华文明的典型代表。无论是仰韶文化、良渚文化、红山文化还是龙山文化，处处发掘遗址我们都可以看到精美玉器的身影。三星堆也不例外，不但有玉琮、玉环、玉璋、玉戈、玉剑、玉戚形璧，还有玉鱼形器、多齿状扉棱向器等等，形式多样，制作精工，充分表明了它们的中华底蕴。

高度发达的文明在三星堆发掘的两个祭祀坑里得到了精彩的展现。这个与殷商同时甚至更早的青铜文化，与中原地区彼此既有交流，又各自充分发展，同样闪耀着令全世界惊叹、景仰的光辉。

第二章

羌人与羊图腾

印第安图腾柱

一、图腾：族群的文化标志

图腾，是人类社会早期产生的自然崇拜、族祖崇拜、宗教信仰与社会制度等交织在一起的复杂的文化现象。图腾（Totem）原为美洲印第安人的方言，意思是“他的血族”。

图腾，是最原始、最古朴的神祇，是氏族和部落联结情感的纽带与保护神，是影响氏族心理最大、与氏族生存关系最为密切的自然物的文化符号。先民创造了托付某种精神诉求的图腾，反映了人类社会早期产生的自然崇拜、族祖崇拜和宗教信仰，反映了部族、民族的名字、饮食资源、地名、部族首领的发明与社会功绩。图腾是群体的标志，是族群的文化标志。

世界上几乎所有的民族都存在过某种形式的图腾崇拜现象，尽管它们的表现方式千差万别。图腾文化是人类最古老、最奇特、最神秘也是最复杂的一种文化体系，在人类文化史上占有重要的地位。图腾崇拜不是凭空而来，它与想象中的始祖或保护神，与氏族的生产和生活有密切关联。随着社会的进步与发展，人类认知自然能力的提高，生活环境的变迁，图腾文化元素不断丰富，形象也不断完美，精神力量也不断加强。

中华民族是一个由多元民族组成的，部族与民族的图腾是多元的、发展的、变化的。

二、羊崇拜是世界性的

埃及康苏神殿入口处安放的羚羊造型的阿蒙（Amon）神像

在世界150多个国家发现的史前岩画中，羊的形象比比皆是，在羊被驯化前，就已是原始人最重要的衣食来源了。而在古代文明发祥地流传的远古神话传说，都反映出人类童年时期对羊的感念与崇拜。

以羊为肉食（膳）是世界性的，崇拜羊也是世界性的。羊被神话、人化、祖先化都是世界性的。

古代埃及太阳神的前身就是神羊阿蒙。

十字架上的耶稣

黑石峁岩画《双羊图》

古代希腊最高神宙斯是众神之神，是羊的化身。传说宙斯出生时，一只母山羊为他提供神圣的乳汁，所以他有时会以长着羊角的面貌出现，他最爱的祭品是母山羊和牛角涂成金色的白色公牛。

古代罗马传说中的畜牧之神潘的形态是半人半羊。

印度神话中，世界最初只有水，水不断翻腾和祝祷，结果生出个金蛋；金蛋变为一只羊，羊又变成创造之神大梵天王（印度教神话中三大最高神之一，世界的创造者。佛教吸收其为护法神）；从它口里创造了诸神，诸神又创造出万物。

羔羊是耶稣的象征，耶稣是为犹太民族牺牲的替罪羊，耶稣为了拯救全人类被钉在十字架上，而十字架是太阳的象征。耶稣是羔羊、太阳融为一体的“主”。《圣经启示录》中写道：“曾被杀的羔羊，是配得权柄，丰富，智慧，能力，尊贵，荣耀，颂赞的。”

三、羊图腾

1. 羊——游牧文化的表征

游牧，是指终年随水草转移进行游动放牧。游牧社会，靠天养草和靠天养畜，牧民无固定住所，过着逐水草而居的生活。游牧民族指的是以游牧为主要生活方式的民族。

华夏民族历经渔猎（游猎）、游牧、农耕进入文明社会。“游牧部落从其余的野蛮人群中分离出来——这是第一次社会大分工”（恩格斯《家庭、私有制和国家的起源》）。从游猎到游牧，是人类从攫取经济——采集和渔猎向生产经济的发展过渡。

“一方水土养一方人”，生态环境与一个民族性格的形成和发展是息息相关的。

中国古代把马、牛、羊、鸡、犬、彘(猪)称为“六畜”。所谓六畜，是指古代最早驯化的主要家畜。其中以犬最早，因犬在渔猎时代就与人相依为伴，是先民狩猎的帮手，中华始祖伏羲名字中的“伏”字，承载了这一历史信息。山羊或绵羊接着驯化而成，再次才是其他家畜，而家禽更晚。也有人认为养猪的历史最早，但不同家畜种类形成的迟早，应以不同的社会环境而异，在已经定居的原始社会里可能最初饲养猪，而在游牧生活的社会则不然。

马、牛、羊是华夏游牧部落、民族的主要牧畜，有字为证。

甲骨文中的“牧”字，像人持鞭赶牲畜状，有从人从牛“”，或从人从羊“”、从人从马等形，西周金文中则只用从牛一体，淘汰了另外两体。《说文解字》把它解释为养牛人。夏、商时代的牧官，包括牧正和牧师，既是地方官，也是管理养牛和其他畜牧生产的头目。

圈牛于“”，圈马于“”，圈羊于“”，甲骨文的“牢”字也有从牛、从马、从羊、从犬的异体字。

与“牧”同文之义的“放养（羊）”之“养”，定格为“食”“羊”之“養（《说文》：供养也）”，是“民以食为天”的历史文化演绎。

羊是草原游牧民的衣食之源，羊是游牧文化的表征。中华人文始祖“伏羲”一名中蕴藏“犬”“羊”两字，意蕴伏羲降服野兽为牲、畜，为开创原始畜牧之始，为开拓游牧奠定物种基础。

2. 羊图腾——古羌人的原生态图腾

中国的图腾文化博大精深，源远流长。多元的民族，漫长的历史，追源溯流，得从原生态着眼。

原生态图腾，是指在原始的自然状况下产生并延续下来的图腾。早期的图腾标志，都是依据图腾的本来面目雕刻、塑造或绘画而成的形象，都是写实的图腾标志，因此早期的图腾标志都是原生态的。

据动物学家研究，野生羊早就生活在甘肃、青海一带的草原上。由于羊性情温顺，易于驯服，且肉质鲜美，皮毛又是御寒的最佳物品，具有多种实用价值，古羌族先民们一万多年前就开始驯化和饲养羊，从羊身上获取生活的必需品，并从中获得在大自然中生存与发展的力量。

宁夏石嘴山的贺兰山黑石峁岩画，据学者考证产生于一万年前的石器时代。岩画的内容有八成以上是羊。无疑，这是古羌人的作品，与他们的图腾信

天山南麓岩画“狩猎图”

贺兰山岩画羊和人的图腾崇拜

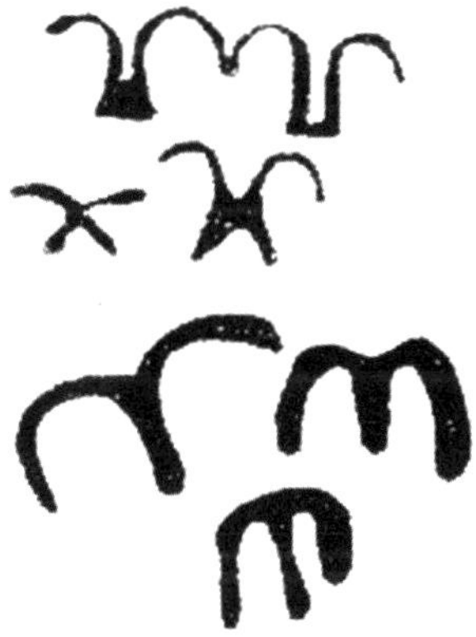

贺兰山岩画羊的图腾崇拜

仰有关。

天山南麓岩画牧归图：

画面呈方形，比较大。画面中间是一顶毡房或者围栏，有四个人正张开双臂驱赶羊群，右下角未长角的长脖子动物是条家犬，还有一棵弯弯的小树。从羊群由不同方向向中央聚拢看，理解为牧归比较合理：时近黄昏，放牧归来，一家人驱赶着羊群入栏，一只大山羊向相反方向跑去，家犬将它截住，似在告诉它回头入栏。大山羊四腿伸直，扛着弯弯的一对大角，小尾巴撅起，颈下部还有一撮山羊胡须。左上“三角”符号应为蓄水池，放牧归来牲畜饮水后入栏是很平常的事。

古羌人认为羊除了能提供日常生活的需要外，还具有灵魂，能保护自己部族的成员，因此在众多的自然物中，古羌人选出了与自己生存最密切、最亲近、最重要、影响最大的羊，将它放置在特殊的位置上，采用一定的专门仪式，经常对之敬礼膜拜，期望能得到它的庇护和好处。

最早距今8000年的大地湾考古发现，部分古羌人较早就进入了定居农业的时代。古羌人在从事狩猎活动之时，羊的地位尚未形成。古羌人进入游牧、农业社会后，羊在他们的心目中的地位越来越高。在某种程度上，羊直接维系着古羌人的繁衍生存：羊皮可缝衣，羊肉可食用，羊毛可打线，羊粪可肥田，羊头供敬神，羊骨做卜卦。当时的农业生产条件低下，必须靠天吃饭，广种薄收，故羊肉仍为古羌人极其重要的主食。因而，羊逐渐成为古羌人心目中的“吉祥物”。

羌族先民在对羊崇拜过程中，逐渐将羊注入人类特有的血缘和亲族的观念，羊开始显示出它从来没有过的神圣性，逐渐成为羌人氏族的标志和符号，继而演进到一个独特的崇拜时期——羊图腾崇拜阶段。以羊祭山是古羌人的重大典礼，羌民所供奉的神全是“羊身人面”，视羊为祖先。现在的羌族地区，仍然存在许多视羊为血缘关系的崇拜。羊图腾崇拜是一种原生态的动物图腾崇拜。

在日常生活中，羌人喜欢养羊、穿羊皮褂、用羊毛织线，

阿坝州羌族神职猎人黑山法器——角串

陕西宁强县（原宁羌县）石碉吉羊图

为神跳舞的“释比”和“许”

甲骨文、金文“羌”字

甲骨文、金文“姜”字

祭祀活动中常用羊作祭品，羌族少年成年礼时，羌族巫师“释比”——羌族中最权威的文化人用白羊毛线拴在被祝福者的颈项上，以求羊神保佑。释比所戴的帽子有两个角，是用羊皮制成的，所持法器也全是用羊角、羊皮、羊骨等制成。传说羌族在向岷江上游迁徙途中，羌族巫师劳累过度，昏昏入睡，他们的经书掉落在地上被羊吞吃。后来羊托梦给羌人说：“我死后，可将皮做成鼓，敲三下，经书就会道出来。”由此可以看出，羊被羌人赋予了高于释比的地位，甚至成为羌族文化的神圣传承者。羌人死后，要杀一头羊为死者引路，俗称为引路羊子。羌人认为，死者的病都可以在羊身上反映出来，杀死羊子后要寻找死者病根，并认为羊为人的一半，他们将羊血洒在死者手掌上，意为人骑羊归西。在一些羌族地区，还有用羊骨和羊毛线作占卜以预测吉凶的习惯。羌族羊髀骨卜的习俗，由端公主持仪式，用以占卜运气、病因、行人祸福、一年吉凶、战争胜负等，所用羊髀骨须取自于用以祭祀的羊身上，一般在羊宰杀后烧煮前取骨。羊还成为羌人的部族成员，小伙子谈婚论娶，女孩子要看男方有多少羊。

四、古羌人与羊图腾

1. 羌、姜——牧羊人的族徽

“羌”，是甲骨文中的一个，也是唯一一个关于民族（或氏族、部落）称号的文字，是中国人类族号最早的记载。据《说文·羊部》：“羌，西戎牧羊人也，从人从羊，羊亦声。”为区别至今尚存在的羌族人，我们把他们称作“古羌人”。

羌、姜无疑是这游牧民族的图腾与族徽。姜、羌本为一字之分化，是母系社会与父系社会的不同表达，甲骨文中亦常互用。姜、羌均像头戴羊角头饰之人，代表以羊为图腾起源于我国西北的原始游牧部落、种族。

古代氏族名号中，往往具有显著的图腾色彩，“羌”展现了最为经典的从“羊图腾”之画到“纹”，化为“字”的汉字造字过程。

2. 古羌人——中华最古老的族群

羌，属他称，即当时中原农耕民族对西部（陕西、甘肃、宁夏、新疆、青海、西藏、四川）游牧民族的泛称。古羌人并不是一个单一的民族，他们有不同的语言、服饰、习俗等，唯一的共同点可能就只是“逐水草而居”的游牧生活方式。然而，从古羌人发展而来的众多民族，虽远隔千里，彼此语言却有共同的特点。这一事实说明，追溯到远古某一时期，比如说是渔猎时代，他们都是源出于同一种族。

古羌人是一个强大的族群，他们遍及黄河中上游各地。四川广汉三星堆遗址的发现证明，早在5000多年前的陇蜀高地，以岷山地区为主，古羌人就在这一带定居下来，进入原始农耕社会，产生了以祭祀“社稷”为主的农耕文化。

草原牧羊

氐人遗族白马人

羌族美男子

3. 氐羌同源

氐、羌同源异流，他们在语言、风俗上有诸多相同之处。

据《后汉书》记载，氐羌属同一个族群，住山上者称羌，住山下坝子者为氐。氐族其实就是从羌族中分化出来后由高地向低地发展并主要经营农业的部族。其初始分化年代，至少可上溯到商代。

现在有些学者强调氐人与羌人之间在体型、语言、风俗习惯上的差别，否认“氐羌同源”之说。他们的意见值得商榷。氐、羌分流已两三千年，时光造成差别是不足为奇的。氐人向低地发展，从事经营农业，以植物性食品为主，身材自然矮小；羌人留在高寒地带游牧为生，吃肉饮奶，形体必然高大。在国人心目中，日本人都是矮小的，在他们提倡“一天一杯奶”后，他们身材明显高大起来。饮食、水土对身材等的影响是不争的事实，语言、风俗的差异就更不必说了。广东省内就有三个语言族群，他们都认同自己是汉族，但彼此之间却语言不通，风俗习惯也差别颇大。关键就在你把注意力放在“同”还是“异”上。历代典籍多把“氐羌”并称，羌族自己的民歌“龙来氐羌黄河头，征程漫漫几千秋”也是将“氐羌”联系在一起。是否赞同“氐羌同源”之说，都无可厚非。

据专家考证，蚕丛、鱼凫建立的古蜀国，民众当以氐族为主。

公元前771年，古冉駹羌（钟羌、白兰羌、宕昌羌、邓至羌）人建立了冉駹羌国——在古蜀国之策源地，蚕丛故国所在的岷江上游地区。其实，把“冉駹羌国”称为“冉駹氐国”更合乎历史事实。

“羌戈大战”却是后来进入岷江上游地区的羌人打败原来占据此地的氐人的战争。氐人失败后，失去了家园，失去了生存依据，只能残存在边远的深山里，如平武的白马人。犹如炎黄两部落的阪泉之战，炎帝部落和黄帝部落是同源异流，战争期间为敌手，五百年前是一家；如今，炎黄子孙又是亲密无间的一家人。

4. 白石崇拜

桃坪羌寨碉楼顶上的白石，家家户户的屋顶上都有

古羌族的原始古国，自然崇拜的另一基本形式是石崇拜。石头在他们的生产、生活中具有极其重要的地位。《史记》记载，“四川蚕丛先登王”，“死作石棺椁，国人从之”。我们在四川岷江大峡谷的高山羌寨看到的石墓悬棺，就是属于方国王侯、寨首族长的人物墓葬。那宽大明亮的墓宅、神台，墓壁、墓顶的精美石刻浮雕，充满浓烈的羌风民俗。

白石为羌族的一个重要图腾，在茂县、汶县、理县、黑水一带，每家平顶房最高层的石塔顶上多放置有洁白的石英石，羌语称为“阿渥尔”。这些白石，既是一种耀眼的装饰，更是羌人心目中至高无上的圣物，天神“阿爸木比达”的象征。

羌族流传着这样的传说：古时羌人的一支迁居岷江上游，遇到了“戈基人”（氐族人），双方发生战争，羌人战败，准备抛弃这块地方，继续远迁。幸运的是，羌人在梦中得到神的启示，使用坚硬的白云石和藤条做武器，终于战胜了“戈基人”，得以在此地安居乐业。这就是羌人歌曲中传诵的“羌戈大战”。为报答神恩，羌人奉白云石为最高天神。

黑虎羌寨瞭望台上的白石

羌族“白石崇拜”的另一解释，是因羌族尚白，以白为吉，以白为善。在他们的多神崇拜中，尤以崇拜白石和羊为甚。服饰上，无论头帕、羊皮坎肩、麻布长衫，还是腰带、绑腿，都喜用白色。即使采用挑绣工艺，也大都是在蓝布上挑白花，或在白布上挑蓝花、红花，总是以白为主色。而对比阴柔的水，石是阳刚的，因此白石特别受羌人的喜爱和崇拜。

从五行说，白是西方的代表颜色。西方在五行中属金，色是白的。西方的神兽称“白虎”不是因它是白色，而是西方的。

5. 多元的古羌人

中国古代羌人的族源是多元的。

古羌之种有牦牛羌、青衣羌、党项羌、姜氏戎、先零羌、烧当羌、钟羌（钟存羌）、勒姐羌、卑喃羌、当煎羌、罕羌、且冻羌、虔人羌、牢姐羌、封养羌、乡姐羌、烧何羌、巩唐羌、全无种羌、黑水羌、卑禾羌、塞外羌、保塞羌、河曲羌、发羌、婼羌、西夜、蒲犁诸羌、阿钩羌、参狼羌、白马羌、白兰羌、可兰羌、宕昌羌、邓至羌、汶山羌、白狗羌、哥邻羌、悉董羌、咄霸羌、保霸羌、白草羌、黑虎羌、罗打鼓羌、杨羌、草坡羌、青片羌、四邻羌、临涂羌、涉题羌、左封羌、紫祖羌、林台羌、向人羌、葛延羌、维（威）州羌、蚕陵羌（昔卫羌）等百余种羌支。

一些西方学者也会发出惊叹，把羌族群称作中国（乃至世界）民族史上的“活化石”。

古羌人中，也有其他图腾的崇拜者，如崇虎和崇狼。如古羌人中的一部族犬戎，大概最初是以狼或狗为图腾的。在渔猎为主的社会发展阶段，狼最早被人驯化，成为猎狗，是人类最得力的助手。人类把狗视为兄弟手足，毫不奇怪。那时狼图腾或狗图腾可能是古羌人的主要图腾。日后畜牧业、农业逐渐发展，羊养得越来越多，开始有些部族竖起了羊图腾的标志。随着游牧、农业逐渐取代渔猎成为主要生活方式，羊图腾也后来居上取代狼图腾或狗图腾，成为古羌人的主图腾。犬戎又称鬼戎猃狁，是继续维持渔猎、游牧生活方式并保持以狼或狗为图腾的部族。后来犬戎的一支北迁到蒙古草原，成为蒙古草原最早

泾川县回山王母宫西

狼图腾

的游牧民族之一。这也证实了“农耕者喜欢羊，游牧者敬奉狼”的论断。

虎图腾的崇拜者，最著名的是大禹的母亲有莘氏所属的古羌人部落，还有今天的彝族人。《山海经·西山经》中描写：“西王母其状如人，豹尾虎齿而善啸，蓬发戴胜”，表明西王母部族也是古羌人中以虎为图腾的。

另外，白马羌、牦牛羌、参狼羌、黄羚羌、黄牛羌、黄羊羌等，都是以新动物图腾为标志的古羌人分支。在主图腾之外，建立新的分图腾，看来是普遍的现象。

6. 阳州与羊州戏

西晋时改汶山郡（郡治在今茂县）汶江县为“广阳县”，羌人认为是朝廷顺应羌人意愿鼓励多养羊，故称汶山为“广羊”、“羊州”，《羊州戏》、“羊州小调”在羌区广为流传，羌人的地名与家乡小曲烙上了“羊图腾”之纹。

五、古羌人与古华族

上古时代的华族与古羌人的关系如何？很值得我们去认真探讨。

有学者认为，古华族也是古羌人的一支，甚至连东夷人也是先期到达海岱地区的古羌人。因为东夷人的大汶口文化与古羌人的仰韶文化有很多相似点，可能是更早东徙的一支古羌人发展起的一种文化。这些说法都有其合理的成分，但也无法充分证实。即使古华族原本就是中原地区的“土著”，他们也与从西而来的古羌人有密不可分的血缘关系。

1. 古羌族是华夏族的重要组成部分

首先从华族的老祖先伏羲氏说起。

神农氏族始祖炎帝始生地在宝鸡姜水，炎帝祠位于宝鸡市境内常羊山上

伏羲氏母系所在的华胥氏族，源出陕西华山之麓。蓝田地区已发现多处人类活动遗址，从远古到石器时代，绵延不断。华胥氏族发祥、成长、壮大于此，完全是有可能的。当然，也不排除他们是早期到达的古羌人。

“雷泽氏”的儿子

伏羲则不同了，他诞生在天水附近的成纪，明显是古羌人占据的地区。华胥氏在雷泽踩大人足迹而生伏羲的说法，恰正说明了华胥族的女首领是到了成纪，与异族的男子发生恋情而生子。若依当时尚流行的族内婚姻而生子，就是普通事一桩，根本不值一提，无需编造神话来掩饰。这个异族男子，不妨称为“雷泽氏”，应该就是古羌人，因为当时当地，异族人都被称为羌人。因此，伏羲氏身上，肯定是带上了古羌人的血缘，即使华胥氏族不是古羌人。“羲”字带的“羊”字头，恰恰透露了他的古羌族基因，虽然这个字是后人所创制，但确实包含了历史的信息。

“羊女”所生的炎帝

到了炎帝，情况就更明显了。《说文》云：“姓，人所生也。……从女，从生，生亦声。”上古时代，姓从母，氏从父是正常现象。炎帝姓姜，正是得之于母。“姜”者，“羊女”也，这是母系氏族社会的说法，到了父系时代，则改为“羊儿”——“羌”了。或者说，古羌人姓为“姜”（从母），族号为“羌”（从父）。从炎帝的最初出生地——宝鸡市渭河边的姜水流域，是在古羌人的活动地区，恰也能证明这一点。至于后来，炎帝神农氏族往北、往东发展，后又往南迁移，就是另一回事了。因此而引起一些人认为炎帝是东夷，或是南蛮的说法，则未免可笑。

《山海经·海内经》有记载：“伯夷父生西（四）岳，西（四）岳生先龙，先龙生氐羌。”据说神农氏后裔分四支，就是所谓的“四岳”；“四岳”的始祖为伯夷，故有人得出结论：“所有的氐人和羌人都是炎帝神农氏的后裔。”这种说法未免先后倒置，古羌人在炎帝时代之前早已存在。说炎帝神农

炎黄两帝浮雕

郑州黄帝塑像

氏与部分羌人有密切血缘关系，倒是真的。

黄帝也是羊的传人

至于黄帝，直接说明他与古羌族血缘关系的材料倒是未见，但间接还是可以证明他的母亲是出于古羌族。炎、黄二帝系统都是出于少典氏，分别出于少典氏的两位妃子女登和附宝。有人说，他们是兄弟，是不对的。他们毕竟相隔了近500年，差了数辈，应当说是长房与次房的关系。女登和附宝同出于有蟜氏（一说是姊妹，未必是真），女登姓姜，属古羌族；附宝虽未言明姓姜，但属古羌族却是毫无疑问的。

而且，黄帝及其儿孙的配偶，也多属古羌人。黄帝的元妃西陵氏嫘祖，以教民养蚕织布出名，被称为“先蚕氏”。其实她也是古羌人，与古羌人的一支——以驯养野山蚕“蜀”出名的蜀山氏关系密切。她为黄帝所生的儿子昌意，就娶了蜀山氏女为妻。后来在汶山地区（现代羌族人聚居的岷江上游）建立古蜀国的第一代蜀王蚕丛氏，据说就是昌意的后裔。

黄帝部族联合炎帝部族组成的华族联盟在涿鹿打败了蚩尤领导的九黎集团，九黎部众部分加入炎黄为核心的民族大联盟，成为华族中的“黎民”。还有部分则转移到南方，被称为“三苗”。帝尧、帝舜时期，三苗与华族发生了一些矛盾，史称“三苗作乱”，都被镇压下去。据《尚书·舜典》载，帝舜“窜三苗于三危”。“三危”究竟在何处？学者们有不同意见。有人认为，三危是在南方，在洞庭湖边；有人则说，三危是指甘肃南部的一个地区，或者说是指从岷州的鲈鱼关起，进入洮岷叠宕地区，以至于青海的河湟一带，也就是仰韶文化马家窑遗址分布的地区。他们认为，活跃在这地区的古羌族都是“三苗”的后裔。这里显然存在误会。三苗迁移到南方，成为“南蛮”的重要组成成分，已是不争的事实。被流放的三苗，只能是少量被俘的族人。他们即使是被放逐到西部，也只能是被大量存在的古羌人所同化。古羌人在早期仰韶文化的大地湾文化之前，已生活在这片土地上。说古羌人是三苗的后裔，未免主次颠倒，前后不分。

北川大禹故里

夏禹出西羌

到了夏、商、周三代，越来越多的羌人融入到早已占据中原地区进入农业社会的居主导地位的前兄弟华族中去。《史记·六国年表》载："禹生于西羌。"《帝王世纪》亦称："伯禹夏后氏，姒姓也，生于石纽……长于西羌，西羌夷也"。在汶川、北川，都有被称为大禹出生地的"禹穴沟"。他的父亲鲧，是黄帝后人；母亲有莘氏女修己，则属当地的崇拜虎图腾的古羌人部落。现在岷江上游地区的羌族，都把大禹视为自己的英雄，夏代征伐戎羌的传说不多。

而到了在东夷地区发展起来的殷商人主政的时代，对留在西方的羌人就杀伐不断了。甲骨文中对羌人的描述，多是把他们作为战俘和祭品。从甲骨文、金文记载和发掘的商代墓葬，羌人陪葬的尸体少则数十人，多达数百人，陪葬之外还把羌人当人牲活祭。商代常以氐、羌并举，如《诗经·商颂·殷武》："昔有成汤，自彼氐、羌，莫敢不来享，莫敢不来王，曰商是常。"《竹书纪年》："武丁三十四年，王师克鬼方，氐、羌来宾。"说明当时较多从事农业的氐人已从羌人中分离出来。在周武王发起的反殷灭纣革命中，羌人踊跃参加。发兵誓师所作的《牧誓》，就列举到有羌人。

姜嫄的后裔

周人始祖后稷，其父亲据说是黄帝的长房曾孙帝喾，其母则为帝喾元妃炎帝部族有邰氏之女姜嫄。所以周人向来以黄帝"嫡长房"自居，并继承了黄帝的姬姓。周人特别强调"嫡长继承制"，恐怕也与此有关。周人与炎帝族长期有联姻关系，多位周族王后都姓姜。

遵循始祖后稷（尧舜时的大司农）的遗训，周人对建立农业社会是最积极的。但他们早年在西北开发时，却不断受到西方、北方游牧民族的侵扰。他们曾不得不放弃了祖先公刘开发的繁荣富足的豳地。古公亶父带领周人到了岐山周原，犬戎等羌人带来的麻烦还是绵延不止。到周文王之父季历时，周人展开了对外围各游牧羌戎人的兼并和征伐。周文王继位后，成为殷商王朝的“西伯”，纣王“赐之弓矢斧钺，使西伯得征伐”。文王收买、劝导和武力征伐多管齐下，使得各方国、部落都围拢到周的旗下，已是“三分天下有其二”了。羌人对殷商充满仇恨，当然也更愿意服从周人的领导。到周人打败殷商，建国中原后，以“诸华”、“诸夏”、“华夏”自居；对周边的落后民族，未免有歧视、厌烦的情绪，称他们为“蛮”、“夷”、“戎”、“狄”，多有征伐。西周王朝是由姬、姜两姓合作建立的，姬是黄帝族的姓，姜是炎帝族的姓。

西周中期以后，随着周王朝实力的削弱，共、懿、孝、夷四王仅能守成，而西北地区的戎狄逐渐兴盛。特别是犬戎，进一步加强对周朝的压力，不时入侵。周宣王时期，经过一段时间的积蓄力量，宣王命尹吉甫、南仲等出军征伐猃狁，取得很大胜利。但是，到了宣王晚年，周王朝又重新出现了衰落的现象。到周幽王时，为博得嬖宠美人褒姒难得的一笑，竟烽火戏诸侯，导致西周亡于“远房兄弟”犬戎之手。从此中央王朝一蹶不振，或许就是“数典忘祖”的报应。

被周王朝分封建立的诸侯国家如齐、许、申、吕等，君主都是华夏族炎帝直系姜姓后裔。以姜为姓的古羌人，连同其他进入中原的羌族，或是以开国功臣的身份自觉地融合到华夏族中；或是在诸侯大国的夹缝中艰难生存，最终在大国的霸权扩张战争中被消灭融合，如为秦、赵等国所灭的阴戎羌人、伊雒羌人、陆浑羌人和义渠羌人。

西汉时，全国人口5995万，羌人达1200多万，占全国人口的五分之一。羌人在与汉人逐鹿中原的争斗中，已明显处于下风，他们只能被同化，融入汉人主导的主流社会。

昆仑山口

2. 昆仑神话

谈论起中国古代的神话，大致可归结为两大系列。一类是高古邈远、庄严神圣，起源于高插云天、雄峻巍峨的昆仑山；另一类是后起之秀、风光旖旎，依托于虚无缥缈的蓬莱仙岛。

五女牵手舞

昆仑山在《山海经》、《禹贡》、《水经注》都多次提及，极富神奇色彩。它是“天帝的下都”、诸神的乐园：有西王母的瑶池，有结满珍珠和美玉的神树。它被尊为“万山之宗”，“神圣之境”。

然而，这座古代先民所说的昆仑神山到底在哪儿呢？几本书都语焉不详，于是引起了诸多猜测。有学者认为，神话中的昆仑山处于天地中心，人类环绕在它的周围，众神居住于其上，是人神倾慕的仙境。而现今的昆仑山是一片荒凉冷酷的冰川雪原，先民根本不可能在其周围生活。所以，中国古代神话中的昆仑山与现今地理上新疆与西藏之间的昆仑山脉绝对不是一个相同的概念。

其实他们错了。今天的昆仑山脚下，青海湖西边的广袤原野，正是史前的古羌人生活的地方。西王母的传说，也与他们较长期保留母系社会，以女性为君主有关。

《山海经》曾对西王母做出过这样的描述：“豹尾，虎

虎齿豹尾的西王母

“5·12”大地震后的北川废墟

北川老城毁于“5.12”的大禹圣像

齿，善啸，蓬发戴胜。”1973年秋，在青海大通县孙家湾出土的五女一组的牵手舞蹈纹彩陶盆，女的形象虎齿豹尾，正是西王母的样貌。无独有偶，平凉市泾川县城西面的“西王母宫”，石壁上雕刻的“西王母”石像，也是“虎齿豹尾”。种种例证表明，“西王母国”正是古羌人的一支。

在上万年以前，这里还是气候温和、水草丰茂，是渔猎、游牧者的家园。常年面对着莽莽昆仑圣山，他们浮想联翩，产生了众多的神话故事。随着气候变异，他们逐渐东迁。到文字产生的时候，他们已经远离了原来的家园和心中不可磨灭的圣山。世世代代讲述的故事，还是流传下来，成为有文字的神话。搞清楚华夏族与古羌人的关系，答案也就一目了然了。

六、古羌人是一个对外输血的族群

1. 血统遍中华

古羌人在中华民族的发展史中，占据着特殊的重要位置。中国人口中的绝大多数，或多或少都与古羌人有关系。与古羌人有亲密的血缘关系的，不仅仅是中华民族的主体民族华夏族（汉族），其他如藏族、彝族、纳西族、白族、哈尼族、景颇族等，还有缅甸的一些民族都是古羌人的后裔或有深厚的血缘关系。甚至有一些学者认为，原来生活在中原地区的华夏人，还有更东边的东夷人，都是在更早的史前时代东迁的古羌人。古羌族是一个对外输血的民族。

经历多次的部落战争与民族融合，匈奴、鲜卑、羯、氐，这些中国历史上的少数民族，随着民族大融合的脚步，早已经消失于历史的深处。唯有羌族，却以顽强的生命力延续了下来，正如2008年“5·12”汶川大地震再次展现的那样。

有学者说，羌人东去为汉始祖，西去为藏始祖，北上为鲜卑始祖，留根于汶川乃为羌。

东去融入华夏族（汉族）的我们已在本章第五节详细说

明；根留汶川的羌人将在第八节有所交代。下面我们主要讨论古羌人西行、北上和南下的情况。

2. 古羌人的其他去向

东周以后，秦国取得了周人原来赖以兴盛的关中和西部地区，强势崛起。开始征服了周边的部族，包括羌人。秦国后来还攻灭了氐羌人建立的蜀国和巴人建立的巴国，为日后统一中华奠定了坚实的基础。

这时，古羌人在逐鹿中原的激烈竞争中，已被无情地淘汰了，民族的生存就成为古羌人必须正视的根本问题。不愿屈服的中原氐羌族部落和滞留在西北部的氐羌族部落都不得不向更边远的地方迁徙。这段历史，从春秋战国开始，又集中体现在秦汉时期，而小规模的迁徙，则一直延续到唐代。

秦国长期以来一直坚持对氐羌人实行打击、兼并、驱逐的高压政策，但也使氐羌人从游牧过渡到农耕饲养，大大提高了生产力。西羌主无弋爰剑，曾被秦俘为奴隶。后逃回，领导羌人发展了农业生产。《后汉书·西羌传》说："至爰剑曾孙忍时，秦献公初立，欲复穆公之迹，兵临渭首，灭狄戎，忍季父卬畏秦之威，将其种人附落而南，出赐支河曲西数千里，与众绝远，不复交通。其后子孙分别各自为种，任随所之，或为旄牛种，越巂羌是也；或曰白马种，广汉羌是也；或为参狼种，武都羌是也。""自爰剑以后，子孙……唯钟最强"。

沿尔玛古道南迁

南下的羌人是人数最多的，沿着长江上游的多条支流如岷江、大渡河、雅砻江、嘉陵江等的上游河谷，向西南大片荒无人烟的处女地进发，或游牧，或农耕，因地顺势而定。《羌戈大战》记述，羌人就是沿尔玛古道南迁的。牦牛羌分布在沈黎郡，郡治在今四川汉源县清溪镇，辖四县：牦牛县（郡治）、严道县（今荣经县）、青衣县(今芦山县)、徙县（今天全县）。牦牛羌也称越巂羌，汉越巂郡在安宁河、金沙江以至雅砻江流域，都是羌人聚居地。牦牛羌以西，今甘孜州东南部有白狼等羌人部落，白狼羌其实就是以狼为图腾的犬戎之一支。犬戎族自称自己的祖先是二白犬，到汉朝时，在此犬戎人传统的活动地区曾建立一个人口众多的西戎"白狼国"。白马羌主要在今四川绵阳地区西北部和甘肃武都地区南部，这些地区属蜀郡北部都尉和广汉属国都尉，故又称广

羌人走天下

汉羌。参狼羌主要分布在今甘肃省南部武都地区，尤其是白龙江一带。白龙江古称羌水，以其上源有参狼谷而得名，陇西地区亦有其种，与白马羌分布交错，关系密切。以动物图腾为名，还有黄羚羌、黄牛羌、黄羊羌、黑虎羌、白狗羌等；以酋长或种姓的父名命名的，如先零羌、烧当羌等。更多是以地名命名的，有青衣羌、勒姐羌、卑南羌、维（威）州羌、蚕陵羌（昔卫羌）、黑水羌等。

钟羌中最大的部分是宕昌国，活动的地点在今甘肃宕昌县境内和岷县的一部分地区，历十代王。宕昌国王仙定，曾任南洮州刺史（后改岷州刺史），封赤水蕃王。

化戎为狄

小部分的古羌人则是向北迁徙。从汉代的古籍中可以发现，在今之内蒙古西部额济纳旗嘎顺诺尔一带，即古称居延海的地方，活跃着古羌人活动的踪迹。这部分古羌人在汉代多为匈奴内属，生存于匈奴与汉王朝作战的夹缝中，其结局也很可能是在多次的战争中泯灭了。犬戎人的一支北迁后，融入了称作“北狄”的游牧民族，包括匈奴人、鲜卑人和蒙古人，并将狼图腾崇拜带到了蒙古草原。

“汉归义羌长”印

出赐支河曲而西

往西迁徙的更是引人注目。“出赐支河曲西数千里”，“赐支河曲”大多数学者认为就是川、青、陇之间的黄河河曲。陇南、河湟地区本来就是古羌人的发祥地，他们曾从这里向东发展，现在又回到这里，再往西迁移。还有人认为“赐支河曲”是指甘肃西部，流向居延海的黑水和流向蒲昌海（即罗布泊）的疏勒河。无论如何，再往西“数千里”，当然是远出玉门关外，到了汉时称为“西域”的新疆。唐诗有“羌笛何须怨杨柳，春风不度玉门关”。玉门关春风不渡，羌人却早带着羌笛远越玉门关而西去了。早在汉代，新疆塔里木盆地南沿的若羌县境已有被称为“婼羌”的羌人存在。从近当代新疆的考古发现来看，诸多遗址和出土文物都说明古羌人在新疆的活动

玉门关遗址

羌塘草原

唐蕃古道

日月山

非常广泛，而且其时间早，分布广，来源繁杂，方国（部落）众多，有过经济文化相对发达的时期。例如在新疆沙雅县（位于塔里木盆地北沿）的于什格提遗址内，就曾在1953年出土了一枚“汉归义羌长”印，铜质篆文卧羊钮，是汉皇朝赐给某一羌人酋豪的印信。在今天新疆的地名中，仍有不少带有“羌”字，如叶尔羌、阿特羌、阿羌等等，可想见当年古羌人在此留下的踪迹。

登上世界屋脊

古羌人与西藏的关系更为密切。早在战国时期，古羌人已向西藏迁徙。考证藏族的族源和习俗信仰，与古羌人关系密切，所以当代的藏学研究者中，多数持藏族源于西迁的羌人与原有居民之融合的观点。至今，西藏仍有“羌塘”这样的地域概念，意为羌人居住过的草原，“羌”在现代藏语中有北方的意思。翻阅西藏地图，你找不到称“羌塘”的地名，但当火车翻越唐古拉山口，来到安多与那曲之间，你会赫然看到“羌塘人民欢迎您”的标语。包括那曲、阿里地区的广阔藏北草原，都被称为“羌塘”。另有学者认为，羌塘是古羌人的发祥地，他们自古生活在这里，并从这里向四方迁徙、繁衍。

《新唐书·吐蕃传》载：“吐蕃本西羌属，盖有百五十种，散处河、湟、江、岷间；有发羌、唐牦等，然未始与中国通，居析（赐）支河西。祖曰鹘提勃番野，健武多智，稍并诸羌，据其地。蕃、发声近，故其子孙曰吐蕃。”东汉和帝时，烧当羌人迷唐在战败以后，率其部众近千人，继续经赐支河曲去投靠发羌，可见羌人传统的西迁西藏的路线的存在以及延续。汉代以后，发羌、唐牦在西藏地区有了进一步发展，融合了当地的其他部落，到隋唐之时，就有了“苏毗”、“羊同”等羌人方国或部落联盟出现。不久，在世界屋脊青藏高原上，一个生机勃勃的新民族，以吐蕃为名字，出现在东方的历史舞台上。

羌方邦国还有楼兰国（车师）、西夜国、蒲犁国、依耐国、无雷国（新疆地区）；清远国、咄坝国、悉董国、若（弱）水国、哥邻国、南水国、逋祖国、白苟国，史称“西山八羌国”，地域在西藏昌都、云南北部、四川西部地区。

从东汉到西晋末年，北方的大部分羌人已基本融入汉族之中。到了五胡十六国时期，西北氐、羌人建立了成（成汉，巴氐族李雄在成都所建）、前秦（氐族苻坚所建，都长安）、后秦（羌族姚苌所建，都长安）、后凉（氐族吕光所建，据凉州）等国家，但都只是昙花一现。时至今日，当年“乱华”的“五胡”匈奴、鲜卑、羯、氐、羌诸族，羌族已是“硕果仅存”的了。

西夏博物馆之元昊像

西夏王陵

西夏文

西女国和东女国

隋唐年间，羌人除在青藏高原建立的在羌塘北部及金沙江上游地区的苏毗国和在羌塘南部及怒江上游地区的羊同国外，还有两个母系氏族社会：在阿里西部和印度河上游的拉达克、列城一带的西女国和在澜沧江和怒江的中游地区，以昌都为中心的东女国（另一说法，东女国是在丹巴、金川一带的大渡河上游地区）；此外还有在青海西南部金沙江上游牦牛河一带的多弥羌部；在西康北部雅砻江和金沙江流域之间，以甘孜为中心的虎国；在雅砻江流域，理塘、巴塘一带的白狼羌部；在大渡河上游金川、丹巴、小金一带的嘉良夷；散居岷江上游地区的各部羌人，隋唐时称为“西山八国”；而在青海巴颜喀拉山至岷山一带，散居着白兰、大小左封、昔卫、葛延、白狗、向人等诸多羌人部落；党项羌人聚居在以青海河曲为中心的地带；以青海湖为中心的地带，是土谷浑国，虽然其王室为鲜卑人，但其臣民则多为羌人。唐王朝在今松、茂、汶、理等地设立了多个州和羁縻州，大多以当地羌人为刺史。吐蕃兴起后，羌人部落（王国）大多数被吐蕃所灭，大量羌人被吐蕃所同化，形成今日的嘉绒藏族、白马藏族等。

党项羌人的伟业

唐代末期，党项羌人拓拔思恭在夏州（今内蒙古与陕西交

布达拉宫

雪顿节

碉楼群

美丽的丹巴藏寨

界处的白城子）建立夏州政权，辖夏、绥、银、宥四州。党项羌有细封氏、费听氏、往利氏、颇超氏、野利氏、米擒氏、拓拔氏、党项氏八族，以拓拔氏最强，世为党项领袖，被赐李姓。后因受吐蕃不断的侵犯和骚扰，向唐朝政府申请内迁于陕西、宁夏一带。宋王朝时，党项羌做出了羌人最后一次大规模的精彩表演。在李元昊的带领下，在贺兰山下建立了能与宋王朝以及辽国（后来是金国）鼎足抗衡的西夏政权：元昊改姓嵬名氏，自称“兀卒”（青天子），立国号为“大夏”。西夏立国长达190年之久，最终覆灭于蒙古人的铁蹄之下。

元朝以及其后的明、清各代，均在民族地区推行土司制度（到清朝改土归流止），发展了封建领主经济，也进一步加强了羌区和汉区的经济文化联系，推动了羌区的发展。

3. 与古羌人有密切血缘关系的少数民族

迁徙各地的的古羌人后裔，除了有一支留在岷江上游而保存下“羌”的称呼外，其余分别演化为汉藏语系藏缅语族中的各个民族：藏语支的藏族、门巴族，嘉绒语支的嘉绒藏族，彝语支的彝族、白族、哈尼族、纳西族、傈僳族、拉祜族、基诺族等，羌语支的普米族和登人，景颇语支的景颇族、独龙族等等，以及分布在东南亚的缅语支的相关民族。

藏族 聚居在西藏自治区，以还散居青海、甘肃、四川、云南等省以及尼泊尔、巴基斯坦、印度、不丹等境外地区。

不少学者持藏人建立的第一个国家吐蕃源于“发羌”的说法；另有人则认为，藏族的先民很早以来就和许多古羌部落交错杂居，共同繁衍生息在千里青藏高原上，吐蕃是在兼并了羌人象雄、苏毗、羊同等而发展起来的。藏语分卫藏、康方、安多三种方言。

藏族崇拜的动物对象主要有猕猴、牦牛、羊等，另外还有犬、雪山狮子、鸟（鹏）等。

嘉绒藏族 “嘉绒”一名因嘉莫墨尔多神山而得名，意指墨尔多神山四周地区，包括大渡河上游的大小金川、马尔康，美人谷所在的丹巴以及理县、黑水和汶川部分地区。传说中的“西梁女国”就在这里。居住在这里以农业生产为主的藏族，为嘉绒藏族，藏区称这地区的藏民为“绒巴”（农区人）。古代此处居住着被称为“嘉良夷”、“白狗羌”、“哥邻人”、“戈基人”、“牦牛羌”等的氐羌部落。唐时吐蕃占领了这一地区，通过文化渗透和移民，逐渐藏化，上层更是如此。地方土司自认是藏系渊源，民众却多不认同。嘉绒话属藏语安多方言，有学者却将其归入羌语一支。黑牦牛是他们的主要图腾物。

白马藏人

十二相舞

白马藏族 在四川平武县西北部的白马、木座、木皮、黄羊关藏族乡，聚居着一支古老的民族，通称白马藏族。当地民众和许多专家学者都认为他们应是氐族，系古代白马氐（羌）的后裔。他们也是在吐蕃占领后被同化的。图腾以“白马”和“人面鱼身”为主。

火把节

彝族 彝族是中国具有悠久历史和古老文化的民族之一，有诺苏、纳苏、罗武、米撒泼、撒尼、阿西等多个支系，主要分布在云南、四川、贵州三省和广西壮族自治区的西北部。

彝族是古羌人南下在长期发展过程中与先后到达西南地区的土著百濮族群、百越族群不断融合而形成的民族。3000多年前，形成“六夷”、“七羌”、“九氐”，即史书中常出现的所谓“越嶲夷”、“青羌”、“侮”、“昆明”、“劳浸”、“靡莫”等部族。8世纪30年代，蒙舍诏统一六诏，云南彝族、白族先民联合各族上层建立了南诏政权。两宋300多年中，戎（宜宾）、泸（泸县）、黎（汉原）三州的彝族先民，处在宋王朝与大理政权的相互争取之中。元代彝人开始统一于罗罗族称之下。明代云、贵、川三省的水西（大方）、乌撒（威宁）、乌蒙（昭通）、芒部（镇雄）、东川（会泽）、永宁（叙永）、马湖（屏山）、建昌（西昌）等地建立了彝族土司。到清康、雍年间，才在彝族地区推行“改土归流”。

跳虎节

十月太阳历广场

哀牢山、凉山彝族都自称为“罗罗”，意为虎。虎是彝族

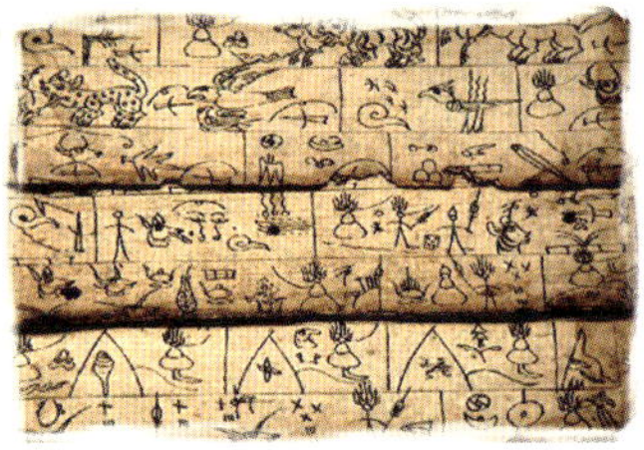
纳西族文字东巴文

崇圣寺三塔

白族民居

长龙宴

最主要的图腾。有些地方还以水牛、绵羊、岩羊、白鸡、绿斑鸠、獐、蛤蟆、黑甲虫等动物，竹、松树、葫芦等植物作为崇拜对象。

彝族十月太阳历据说渊源于远古伏羲氏。主要节日有“火把节”、“彝族年”、“拜本主会”、“密枝节”、“跳歌节”等。

纳西族 人口约30万人。主要聚居在云南丽江纳西族自治县，其余散布于维西、中甸、德钦、宁蒗、永胜等县。他们是南迁的牦牛羌、白狼羌与当地土著结合形成的民族，曾经被称为“摩沙”、“磨些”、“么些”、“摩梭”。“纳”有大或尊贵之意，“西”意为人。纳西族有自己的语言和文字。其语言属汉藏语系藏缅语族彝语支。纳西族民间传说《创世纪》中载：“纳西族、白族、藏族是同一母所生的亲儿子”。由于与汉族来往密切，自元、明以后，纳西族主要使用汉语文。纳西族还有古老的象形文字，主要由巫师“东巴”用来书写经典，故称“东巴文”。纳西人敬仰他们的保护神三多。据东巴经书记载，纳西先民既崇拜过老虎、木石，也崇拜过牦牛、青蛙、飞螺、大鹏。纳西人是相信万物有灵的。

泸沽湖畔的摩梭人也属纳西族。他们实行走婚制，是现代母系社会的最后一块活化石。

白族 人口180余万，主要聚居在云南省西部以洱海为中心的大理白族自治州。关于白族的起源有不同的说法，有人说白族是阿育王的后代，其祖先是“白饭王”；也有人认为白族的先祖为羌人。汉、晋时期白族先民被称为“昆明”；唐代称为“河蛮”、“松外蛮”、“白蛮”；元代称为“僰人”。现在白族人也自称“僰子”、“白尼”、“白伙”，意为僰人或白人。白族人中间也有不少历代入滇的汉人成分。唐、宋时白族人先后建立了南诏国和大理国，雄踞一方。白族先民崇拜的图腾有金鸡、白虎、龙、狮、凤凰、蝴蝶和葫芦、白石、沙石等。也有人把崇圣寺三塔认作白族图腾。

哈尼族 现有人口约130万，绝大部分集中聚居于滇南红

蘑菇房

目瑙纵歌

河和澜沧江的中间地带。对哈尼族的历史渊源，民族学和历史学界大致有四种观点：①东来说；②两向族源多种文化融合说；③红河两岸土著说；④“氐羌系统”南迁说。氐羌南迁说得到广泛认同。历代哈尼人被称为“昆明叟”、“乌蛮”、“和蛮”、“斡泥”、“窝泥”， 其义多为“和人”。他们主要从事农业，善于开垦梯田。哈尼族的图腾崇拜广泛而分散，有羊、猴、蛙、白鹇等。

景颇族 景颇族的来源与古氐羌人有关，先后出现了“寻博”、“峨昌”、“遮些”等名称。主要分布在云南德宏的潞西、陇川、盈江、瑞丽、梁河五县，人口13万多。“博”与“蕃”同音异字，“寻博”与“吐蕃”也有极深的渊源。藏王“松赞干布”，用景颇语直译是“远方来的身材魁伟的老大”。藏语和景颇语同属汉藏语系藏缅语族，景颇支语言与藏语相当接近。景颇先民跳目瑙纵歌时，先是用公山羊做祭品，而且在祭词中首先就唱织羊毛的内容，后来才改为杀牛祭祀。

其他与古羌人一密切血缘关系的少数民族还有门巴族、珞巴族、傈僳族、怒族、拉祜族、基诺族、普米族、阿昌族、独龙族。

土家族的先民与古代巴人有直接的渊源，廪君（巴务相）是他们的始祖和首领。另外，由“昆明”系彝族先民发展而来的“乌蛮”和移居的汉人也融入到这个大家庭。因此，土家语在藏缅语族中有比较独特的地位。而仡佬族内部差异很大，与古代居住在今贵州一带的“僚人”有密切的渊源关系。

有些学者认为，同属汉藏语系的一些民族与南迁的氐羌人也或多或少有些关系。他们是壮侗语族的壮族、布依族、侗族、傣族、水族、仫佬族、毛南族、京族和苗瑶语族的苗族、瑶族，黎族、畲族。他们多属“南蛮”中的“三苗”、“百越”和“百濮”。

同为汉藏语系藏缅语族的不少还在境外。其中缅甸最多：有缅族、克钦族（景颇族）、克伦族、克耶族、钦族、若开族、爱伲族（哈尼族）、傈僳族、崩龙族（德昂族）、拉祜族等。缅甸总人口在5500万至6000万之间，羌人民族大约占总人口的百分之九十。印度的阿萨姆邦的诸民族，有2000余万人；在泰国、越南、老挝等国也有少量的羌人民族。

属于阿尔泰语系的北方少数民族，包括突厥语族的维吾尔族、哈萨克族、柯尔克孜族、乌孜别克族、塔塔尔族、裕固族、撒拉族，蒙古语族的蒙古族、达斡尔族、东乡族、保安族、土族，通古斯语族的满族、锡伯族、赫哲族、鄂伦春族、鄂温克族以及阿尔泰语系中比较独特的朝鲜族，南亚语系的佤族、德昂族，概略分类也归属汉藏语系。突厥语族的几个少数民族都生活在古西域地区，与西出阳关的古羌人或多或少有些关系；蒙古语族和通古斯语族的少数民族则在北方，古称“戎狄一家”，北迁的古羌人犬戎部族的血液，或许都流淌在他们身上。佤族、德昂族先民应属“百濮”之列，与南迁的氐羌也有一些关系。

四川省阿坝州羌学学会杨光成会长撰文说：“羌族横跨亚、欧两大洲，欧洲主要在东欧地区，与亚洲相连，均在地球的东边，故称世界东方大族。”“羌族曾在亚洲的东南亚、东北亚、西北亚建都立国，成为世界性民族。”“羌族是世界性民族，羌族是世界东方大族，中国是羌族大本营。”

七、汉藏语系

1. 世界语言分类

语言学家按照谱系分类法将世界上的各种语言划分为若干组语群，语群中的几种语言具有某些共同的特点，被称为“语系”。语系划分的方法，学者们意见纷纭。最细致的，划分了13个语系，包括汉藏语系、印欧语系、高加索语系、乌拉尔语系、阿尔泰语系、达罗毗荼语系、南亚语系、南岛语系、闪-含语系、尼日尔-科尔多凡语系、尼罗-撒哈拉语系、科依桑语系、北美印第安语系；而最概略的只有三个语系：汉藏语系、印欧语系和非太语系，另还加上一个人造国际语系。

在此，我们还是概略地探讨一下。

印欧语系是最大的语系，下分日耳曼、拉丁、斯拉夫、波罗的海、印度、伊朗、高加索、乌拉尔等语族。世界上除了亚洲（不含南亚各国）外，各大洲大部分国家都采用印欧语系的语言作为母语或官方语言。使用人数大约40亿，占世界人口的70%。

汉藏语系是仅次于印欧语系的第二大语种。使用人数大约18亿。下分汉语和藏缅、壮侗、苗瑶等语族，还包括了被有些学者划为阿尔泰语系的突厥、蒙古、满-通古斯、日韩语族。

非太语系包括除欧亚语系、南北美洲以外其他各国的语言。非洲及太平洋诸国采用这种语言。包括尼罗-撒哈拉语族、尼日尔-刚果语族、科依桑语族、闪米特-含米特语族、南岛语族以及南北美洲土著印第安语言、澳大利亚洲土语语言。

关于汉藏语系的分类，学界争论不休。西方学者一般认为苗瑶语族和壮侗语族不属于汉藏语系，中国大陆的学者一般把这些语言划入汉藏语系。法国学者沙加尔还提出汉藏语系和南岛语系有发生学关系，这个理论得到中国著名语言学家邢公畹的赞同。近来叶尼塞语系也被认为和汉藏语系有关。

2. 汉藏语系的特点

典型的汉藏语系中各语言的一些类型学的特点：

（1）很多是孤立语；

（2）有声调；

（3）单音节词根占多数；

（4）有量词；

（5）以虚词和语序作为表达语法意义的主要手段。

最严格、最精细划分语系的西方学者认为，汉藏语系仅包含汉语族和藏缅语族（藏-克伦语族）。汉语族人口众多，有各种各样的汉语方言；藏缅语族则包含了藏语、门巴语、彝语、傈僳语、纳西语、景颇语、拉祜语、哈尼语、羌语、嘉绒藏语、白语、土家语等多个西南少数民族语言，还包括了缅甸语、克伦语等国外的语言。

学者们一致认为，这些语言有明显的“同源关系”。到底是什么把生活条件极不相同的汉族和藏族以及其他少数民族联系在一起的呢？是血缘，是古羌人流传下来的血缘关系！所以有些学者认为，汉藏语系其实可以更名为“羌语系”。

宽泛一些的分类方法，汉藏语系还包括了壮侗语族，包含壮语、布依语、侗语、水语、怒语，还包含国外的泰语、掸族泰语和老挝语，以及苗瑶语族，包含苗语、瑶语和勉语。细细分析，操持这些语言的民族，或多或少都和古羌人有关系。

被一些学者认为应独立列为“阿尔泰语系”的，包含突厥语族、蒙古语族和通古斯语族；它们基本是在亚洲的北方发展，彼此间没有同源关系，只是互相影响而已。戎狄同源，史上早有定论，为何语言上却有较大差别？令人怪异。另有朝鲜语、日本语和琉球语，它们的差异更大，有人把它们归于阿尔泰语系，有人却主张独立对待。

3. 羌语支

羌语支语言是我国汉藏语系藏缅语族内的一群语言。20世纪60年代初，我国从事少数民族语言研究的一些学者为了解决羌语的支属问题，借助同语族有关亲属语言的平面比较后，初步提出在藏缅语族内设立一个羌语支。后来随着研究的进一步深入，以及被研究的语种的增多，80年代初，在一些文献和著作里正式提出了羌语支的说法。

羌语支语言全部分布在我国境内，包括12种现行语言和一种文献语言。它们是羌语、普米语、木雅（古称“弥药”）语、嘉绒语、尔龚语（道孚语）、扎语（扎坝、扎巴语）、却隅语、贵琼语（鱼通语）、尔苏语（栗苏语、多续语）、纳木依语、史兴语、拉乌戎语和西夏语（文献语言）。羌语支本身可以分为北支和南支，前者受藏语支的影响大，后者受彝语支的影响大。有些学者认为嘉绒语应属藏语支，还有些学者认为西夏语应属彝语支。

北川

汶川

八、现代羌族

现代羌族自称“日麦”、“麦”（四川话发音mei，入声，带鼻音，是模仿羊的叫声）、“尔咩”、“尔玛”、“玛”，书面多用“日麦”与“尔玛”，意为“本地人”、“人民”，“日”、“尔”为发语词，无实意，“麦”或“玛”为实词。

1. 现代羌族的聚居地

现代羌族是古代羌支中保留羌族族称以及最传统文化的一支。

现代羌族主要聚居在四川省阿坝藏族羌族自治州的茂县、汶川、理县、松潘，绵阳市北川羌族自治县、平武县，甘孜藏族自治州丹巴县，贵州省江口县、石阡县，其余散居在阿坝州黑水、九寨沟、马尔康等县，成都市都江堰地区，雅安地区，甘肃南部，陕西西南，云南部分地区。据2005年统计，户籍登记为羌族的人口为32.65万。他们保留了“羌人”的称呼，保留了羌人对羊的图腾崇拜，保留了羌人的语言，保留了正宗的羌人传统文化和生活习性。

在2008年“5·12”特大地震灾难中，羌族人口损失将近10%。

岷江上游是古羌人分布的重要地区。传说时代的大禹便出生于这一带；史籍记载，这一地区其后均为氐羌人所居。最初是蜀山氏，曾在此地建立古蜀国最早的蚕丛王朝；后来便是建立冉駹国（统辖区域包括今四川阿坝藏族羌族自

猿王洞吊桥

治州以及绵阳之北川、平武等县）的冉駹人，他们在战国期间来到这里，以实行石棺葬为主要特征。《太平寰宇记》则称："冉駹本羌国，蚕丛后裔"。他们被西汉中后期南迁的羌人部落称作"戈基人"；后来者则自称"尔玛人"，现在羌族民间流传的最著名的史诗《羌戈大战》，就记载了尔玛人打败戈基人，并取而代之的历史。冉、駹原是属于氐人的两个部族，得名与"冉山"和"駹水"（均在今茂县境内）有关。

2. 云朵中的民族

羌人居住的村寨多高高建在半山上，故而羌族被称为"云朵中的民族"。

羌区境内有岷江、黑水河、杂谷脑河、青片河、白草河、

茂县曲谷喜福寨碉楼

湔江、清漪江等众多河流。这些河流水质清澈，水势湍急。羌寨前常见绳索吊桥，横跨急流，映衬着青山绿树和高耸的碉楼，美景令人流连忘返。

当年旅游至羌区，曾有这样的描写："急水清溪过吊桥，人家都在半山腰。晨曦谷底云烟起，疑是神仙住九霄。""5·12"地震后重建，许多原本住在深山里的羌族人搬迁到城中的新居，或者把新房建在靠近公路的平地上。

羌族建筑以碉楼、石砌房、索桥、栈道和水利筑堰等为最著名。羌语称碉楼为"邛笼"，已有2000余年的建筑历史。碉楼多建于村寨住房旁，用以御敌和贮存粮食柴草。碉楼有四角、六角、八角几种形式。高度在10至30米之间，有的高达十三四层。建筑材料是石片和黄泥土，修建时不绘图、吊线、柱架支撑，全凭高超的技艺与经验。建筑稳固牢靠，经久不衰。羌族民居为石片砌成的平顶庄房，呈方形，多数为3层，每层高3 米余。

北川祭祀大禹

索桥（绳桥）是羌人1400多年前的创造。溪流两岸建石砌的洞门，门内立石础或大木柱，拴上粗竹绳，少则数根，多则数十根。竹索上铺木板，两旁设高出桥面1米多的竹索扶手。栈道有木栈与石栈两种，方便在崇山激流间通行。举世闻名的都江堰水利工程，就饱含了羌族石匠的血汗和智慧。

"白石莹莹象征神"，羌民常都在石碉房和碉楼顶上供奉着五块白石，象征天神、地神、山神、山神娘娘和树神。有的地方却是供奉三块、七块不同数量的白石。崇拜白石的原因，有多种版本，主要是与"羌戈大战"有关，据说是天神提示羌人使用白石打败了戈基人。

广东援建的汶川新城大禹雕像

3. 大禹故里

北川、汶川都宣称是"大禹故里"。

"禹出西羌"、"禹生石纽"基本是历史上的共识。然而，石纽到底在哪里？却引起了诸多争论。

有学者指出，石纽地望有四说：今汶川县飞沙关山岭；今北川羌族自治县禹里乡南一里之石纽山；今理县通化汶山寨石纽山；今都江堰市之北龙池山。四说各有道理。

北川老县城禹里乡，早年建立的大禹纪念馆和禹穴沟，是缅怀治水先贤的好地方。禹穴沟因有三处摩岩石刻“禹穴”而得名，其中一幅传说为李白所书。沟内有刳儿坪、洗儿池、血石等遗迹。每年的农历六月六，北川都要举行大禹诞辰的祭祀活动。

汶川新近也在“5·12”地震中心映秀与县城威州之间的绵虒镇建立了大禹祭坛及殿宇。绵虒镇石纽山有摩岩石刻“石纽山”、“禹迹”、“大禹故里”等字迹，有刳儿坪、圣母祠。祭坛依山而起，面向奔腾的岷江，气势雄伟。

两县街头，都新竖立起大禹的雕像。

多数学者认为，“石纽”不可确指，汶（岷）山范围内，包括茂县、理县，都有许多禹迹，皆可视为大禹出生纪念地。

4. 羌族歌舞

羌族是能歌善舞的民族。羌族乐器中最著名的首数羌笛，在唐诗宋词中，

威州的民俗风情舞蹈

灾后新汶川锅庄舞

桃坪羌寨

米亚罗红叶

萝卜寨祭山会

我们早就熟悉了它。羌笛音色明亮柔和，哀怨婉转，悠扬抒情，牧人常于山间吹奏自娱。羌族民间舞蹈主要有“跳沙朗”（羌族锅庄舞）、“跳盔甲”（又名“铠甲舞”）、“跳皮鼓”、“兰干寿”等。沙朗有“唱起来，摇起来”的意思，此舞在羌区最为盛行和普及，是很古老的自娱性舞蹈。其音乐曲调欢快、流畅，节奏跳跃、明朗，歌词内容十分丰富。围火塘或场院，男女同舞，气氛热烈。

汶川、北川等地重建、新建的县城，都专门布置了“锅庄广场”。每到傍晚时分，男女老幼纷纷聚集在这里，兴致勃勃地跳起锅庄舞，直到晚9时才陆续散去。

羌族生活在川西北高寒的群山之间，不论男女老幼皆喜饮酒，但从不酒后滋事。羌民以高半山的特有的青稞为主料，或和以大麦、小麦、玉米精心酿制出一坛坛的青稞咂酒。有诗赞曰：“万颗明珠一坛收，王侯将相都低头。双手抱定朝天柱，吸得黄河水倒流。”民间还有“重阳酒”、“玉麦蒸蒸酒”，孩子和妇女们常饮加了蜂蜜的甜酒。

5. 羌区旅游胜地

羌区还是风景秀美、人文景观丰富的旅游胜地。

理县桃坪羌寨

理县桃坪羌寨是唯一仍保存完好的羌族古堡，奔流的杂古脑河映衬着高大的羌碉进寨映入眼帘的是参差交错的全由石头垒成的羌族古民居，都有上千年历史，显得古朴神秘。更令人啧啧称奇的还是地下供水系统，用就地取材的巨大的青石板拼砌而成，通过许许多多的暗道，清清的溪水流到每家门前。桃坪羌寨正在申报世界文化遗产。

米亚罗红叶

理县米亚罗群山连绵，林海浩瀚，杂古脑河贯穿其间，空气清新，四季风光宜人。其中尤以瑰丽的金秋红叶、神奇的藏羌少数民族风情驰名中外。风景区总面积达3688平方公里，是

汶川县萝卜寨古羌文化节

茂县叠溪海子

黑虎羌寨群碉

我国目前面积最大、景色最为壮观的红叶风景区。

羌王萝卜寨

汶川萝卜寨原是羌王驻地。地处高山，这里原汁原味的羌文化较少受到外来文化的冲击。羌族节日期间，寨子内小伙姑娘们深情对歌，围着火塘跳锅庄舞，吃着大块肉，喝着自制的咂酒，吹着羌笛、唢呐、口弦琴，打着羊皮鼓，通宵达旦，热闹非凡。农闲时节的羌寨，晒台上、门槛上就坐满了绣女。她们挑花、刺绣，一不打样，二不划线，全凭自己的构思，自由动用五色丝线，信手挑绣出富有羌族特色的图案，花、草、瓜、果、飞禽、人物，无所不有。“5·12”地震前，从成都往返九寨沟经过进萝卜寨的路口附近，可看到许多白牦牛，等着游客拍照留念。到萝卜寨的山路旁，据称有数以万计的汉代

"石棺墓"。

茂县叠溪–松坪沟风景区

茂县的叠溪-松坪沟省级风景区幽、奇、雄、秀，这里可以看到岷江上的多级堰塞湖，是1933年叠溪大地震淹没的蚕陵重镇遗址，属于世界上保存最完整的地震遗迹之一。

黑虎羌寨

黑虎羌寨以群碉著名，高峰期曾有88座高峻的碉楼，目前仍残存20多座。这里羌民被称为白头羌，妇女们戴的是"万年孝"，为悼念民族英雄格鲁从堡将军，传说要戴一万年。

茂县黑虎羌寨也正在申报世界文化遗产，是展示中国羌族历史文化和民俗风情的重要窗口。

北川九黄山猿王洞

猿王洞位于北川桂溪乡，溶洞巨大、深邃，形状、色彩独

猿王洞

黄龙

四姑娘山

特。大门口超巨型的羊头更是令人印象深刻。

周边的九寨沟、黄龙、四姑娘山、丹巴美人谷

羌人主要聚居区的周围，是羌人与嘉绒藏人杂居的地域。嘉绒藏人与羌人颇多相似之处，历史上也曾被称为“诸羌”。因他们受藏人影响较深，解放后被划归藏族。这些地方更多旅游胜地。如九寨沟、黄龙、四姑娘山、丹巴美人谷、甲居藏寨等。

2008年“5·12”大地震，这一带正是重灾区。有全国人民的大力支援，我们相信羌乡将以更瑰丽的姿态伫立在岷江边。

6. 大熊猫的家乡

国宝大熊猫是动物“活化石”，在地球上生存有800多万年的历史。联合国世界濒危野生动物基金会的会徽就是大熊猫，大熊猫成为野生动物的国际标志，也成为人与动物和谐关系的理念象征，具有国际象征性。

汶川县卧龙自然保护区是大熊猫的家乡。这里地势较高而且湿润，十分适宜大熊猫的主要食物——箭竹的生长，是大熊猫生存和繁衍后代理想的地区，曾养育数量众多的大熊猫。保护区始建于1963年，面积20万公顷，是中国最早建立的综合性国家级保护区之一，是国家和四川省命名的“科普教育基地”，已列为联合国国际生物圈保护区。

卧龙保护区一对顽皮的国宝幼崽

美丽的卧龙（“5·12”灾前），汶川大地震前山美水美

大熊猫形象非常可爱，憨态可掬，拟人化的动作较多，对人类具有很强的“亲和感”，因而在观众中人气旺盛，大熊猫的 “出嫁”或“出访”，往往会在异国引起举国若狂的观赏热，在一定意义上也提高了中国的影响力。1972年，中国向美国赠送一对大熊猫“玲玲”和“兴兴”。大熊猫抵美时，8000名美国民众冒雨前往迎接。初次在华盛顿国家动物园与美国观众见面时，动物园前交通阻塞。开馆第一个月观众就达110多万人。这一年被美国人民称为“熊猫年”。

大熊猫是珍稀动物，物以稀为贵；大熊猫为中国独有，它的唯一性就具有了一种国家的代表性和象征性。作为国家的政治礼品，大熊猫才有可能离开中国。1999年3月，中央人民政府赠送给香港特区的珍贵礼物“安安”和“佳佳”，这对熊猫就是出自汶川卧龙保护区。

大熊猫出使可享元首级待遇。1974年，熊猫“天天”和“宝宝”运抵联邦德国时，受到了“红地毯的接待”；1972年，熊猫“兰兰”和“康康”的座机一进入日本领空，就有一个战斗机编队在护航。

汶川县位于四川省西北部、阿坝州境东南部的岷江两岸，是阿坝州的南大门，有“川西锁钥”和“西羌门户”之称。“5·12”汶川大地震中，世界上首屈一指的、地处汶川的中国（卧龙）大熊猫研究中心保护了大熊猫免受难，并及时将大熊猫转移到安全地点。

7. 羌绣

云云鞋

在羌族地区，随处可见穿着民族服装的羌族人，衣服上漂亮的图案，大多为手工刺绣，这些刺绣在羌族的历史上可谓源远流长。羌族刺绣，是农村妇女在劳动间隙完成的民间工艺品。羌绣的色彩鲜艳，精美绝伦，不但显示了羌族妇女的聪明才智，更表达了羌族人民崇尚美的愿望和创造美的本领。

云云鞋和绣花围腰是羌族刺绣中最具代表性的工艺品。其

汶川县羌峰寨释比王治升

释比杖首羊角状雕像

他还有统包、挎包、帽子、氆氇、毡子、褥子、壁挂、衣裙、鞋子、头帕、腰带、飘带、通带云、背带、袖套、裤子、裤管、鞋帮、鞋垫、枕巾、手帕、衣边、衣袖口、香包等，也都精美绝伦，从中折射出羌民族服饰文化的历史。

历经千年传承和发展，羌绣似乎浓缩了历史精华，形成了独特的民族传统风格，浓郁的地方情调，集实用与审美于一体，已渐被人们认同与湘绣、苏绣齐名的绣中之精品，成为中华文化瑰宝中的一朵奇葩。

8. 释比

释比是羌族的宗教活动者。由于羌族没有自己的文字，释比同时又是羌族传统文化的主要传承者。

传说羌族释比的祖师“阿爸木拉”原是天神“阿爸木比达”家中专管占卜吉凶、驱邪、治病的神，释比经典中说他法力无边，能驾驭凶禽，驯服猛兽。阿爸木比达的三女儿木姐珠与凡间羌人热比娃相爱结婚，下凡居住，繁衍羌人。那时人间多有邪魔妖怪作祟，人畜不得清静，瘟疫流行。阿爸木比达就派阿爸木拉下凡，为木姐珠和凡间羌人占卜祸福、驱邪禳灾。于是，阿爸木拉就成了人间的第一个释比，如今的羌族释比常以猴头作为祖师的象征加以供奉。

释比从事的活动，按照不同的作用可分为四类：一类以祭祀为主，他们能唱颂数十部经文，用麦草、树枝、藤条编织成人、神、鬼的塑像，还会用荞面塑造各种鸟兽。第二类释比专门从事宗教舞蹈表演，这就是“释比戏”。释比戏分上坛戏、中坛戏和下坛戏，分别表现神、人、鬼的故事。一人可扮演两个或多个角色，既演男子，又扮女子。以释比为主，群众也可以参加，表演风格原始古朴。还有两类释比，一类擅长利用法术驱邪治病，另一类则是羌族的乐手，他们是最好的羊皮鼓手，有人说他们还能够演奏羌笛、唢呐等民族乐器。

第三章

龙图腾

北京天安门华表

一、龙图腾——民族的主图腾

龙，是我们祖先的伟大创造。

这是一种神奇的生灵——说“动物”、“生物”是对它的亵渎。它在世界上从未真实存在过，却在精神意识上深刻影响着至少四分之一的人类。从这一点看，它比任何一种实际存在的动物都更强而有力。

龙，相貌神奇。它有似骆驼的头颅，鹿一般的犄角，虾蟹般突起的眼睛，像驴一样开阔的嘴巴，类似山羊的缕缕胡须，如同巨蟒的身躯，鱼一样的鳞甲，胜于虎豹的雄健脚掌，鹰隼般锐利的爪子，鲸鱼一样有力的尾巴……许许多多的生物，都能在它的身上窥见自己的影子。

龙，威武雄壮。它身躯夭矫，目光如电；它腾云驾雾，蹈海凌波；它来去无踪，见首不见尾；它鳞甲鲜明，趾爪锐利，孔武有力，无坚不摧。

龙，神通广大。它上能登天，中能行地，下能潜海；它能兴云作雨，喷火呼风；它能显能隐，能细能巨，能短能长，变

北京故宫九龙壁

金龙

元代三爪猛龙

光绪元宝

水龙

化莫测；中国古代把它视为“四灵”（包括龙、凤、麒麟、龟）之首。它似乎总是和神仙世界联系在一起，成为万物之灵。

数千年来，中国人喜欢龙，崇拜龙，敬畏龙，伺奉龙，在旗帜、宫殿、庙宇等各类庄严的地方装饰着龙，在节庆、庙会等欢乐的时候舞弄着龙，在祈雨救灾的时刻跪求着龙，在抵御强敌国家危难的时期怀念着龙。龙的形象已深深渗透到中国社会文化和生活之中。除了在中华大地上传播承继外，还被远渡海外的华人带到了世界各地，在世界各国的华人居住区内，最多、最引人注目的饰物仍然是龙。因此，“龙的传人”、“龙的国度”也获得了世界的认同。龙成了中华民族的代表，成了中国的象征、中华文化的象征，成了中国无可替代的图腾。

此处借用“图腾”一词，并不完全等同它原本的含义。中国人虽喜欢、崇拜龙，并以它作为国家、民族的象征，但并不把龙看作是极其神圣的。饲龙、屠龙、戏龙、伏龙的说法时有所见。在文艺作品中，难免也有龙的负面形象出现，如《哪吒闹海》中的龙王和三太子，如《柳毅传书》中的泾水龙王十太子。

龙的形象，也经过了长时间的演变。最古老的龙都比较简单，光溜溜的和蛇差不多，只是加上了人首或兽头。后来，人们根据自己的想象，创造出各式各样的龙：有鳞的蛟龙，带翼的应龙，单足而吼声如雷的夔龙，盘曲而长角的虬，无角雌性的螭，盘绕柱梁的蟠龙，鲤鱼跃过龙门化成的鱼龙，巨蛇修炼初成的蟒龙……更有“龙生九子”的说法，各种版本虽不同，大致都是说，龙生九子不成龙，各有所长：赑屃最喜欢背负重物，所以背上驮一块石碑；鸱吻最喜欢四处眺望，常高踞在屋檐上；饕餮最贪吃，多见于鼎鼐；睚眦嗜杀喜斗，适合在兵器刀环、剑柄；狴犴最憎恶犯罪的人，把守着监狱的门楣；蚣蝮最喜欢水，盘桓在石桥栏杆顶端；狻猊性好烟火，故成为香炉盖子的盖钮；椒图最反感别人进入它的巢穴，固执地守护着大门口；蒲牢最喜欢音乐和吼叫，往往流连于大钟的钟纽上。此外还罗列有囚牛、负屃、狻猊、嘲风、虮蝮、金猊、螭首、麒麟、朝天犼等。九为多数，并非一定恰是九。

南海神庙赑屃。赑屃，也称龟趺。形状像乌龟，好负重。长年累月地驮载着石碑。

睚眦，平生好斗喜杀，刀环、刀柄、龙吞口便是它的遗像。

青铜器饕餮。饕餮：形似狼，好饮食。钟鼎彝器上多雕刻其头部形状作为装饰。

二、图腾的多元性——使四鸟

每一个民族都有自己的图腾，几乎所有的图腾都带着浓厚的神话色彩。多样性的生态环境与多样性的民族聚居，造就了多样性的图腾崇拜，这在许多民族都可以找到例证。

彝族自称为虎族，崇尚黑色，黑虎是彝族最主要的图腾。除虎之外，从彝文古籍与氏族名称中发现的其他动物图腾还有马、鸡、白鹤、凤凰、鸭、飞燕、狐狸、蜂、鸟、雁、豹、獐、鼠、猴、蛇、龙等，从零星的资料中还看到有狮子、松鼠、猫、喜鹊、蛙、鱼等。彝族还特别崇拜葫芦，把葫芦当作老祖公，摆上供桌进行祭祀。葫芦代表生育神，象征儿孙满堂，福禄双收。从图腾物的多样性可以看出，彝族是一个多支系的民族。我们已知道，彝族是从古羌人发展而来，他们继承并发展了古羌人的多元图腾崇拜，也就毫不奇怪了。陕西临潼出土的仰韶文化彩陶葫芦瓶上的虎首人面像，是远古羌戎部落的图腾。它与今日彝族“在葫芦上绘虎头以象征伏羲”的风俗遥相呼应。

以龙为主图腾的华夏族，也有类似的情况。在主图腾之下，各分支还有分图腾。黄帝未成为天下共主之前，也曾以熊为图腾，被称为“有熊氏”。黄帝在与蚩尤大战时，曾带领熊、罴、貔、貅、貙、虎等猛兽厮杀，其实就是率领各种猛兽为图腾的部族参战。黄帝战胜登上帝位，接过了龙旗，将各部族图腾的因素都统合到龙身上。往后相当长一段时间，各分图腾还是存在。如《尚书·舜典》称：“於！予击石拊石，百兽率舞。”就是描写天下太平，各族共贺的欢庆场面。

《山海经》有多处关于帝俊之裔“使四鸟”的记述，如《大荒东经》中说“有蔿国，黍食，使四鸟：虎、豹、熊、

云南滇池之滨的民族村中，彝族村“三虎浮，雕”和虎山，展示了彝族灿烂的虎文化

仰韶文化彩陶葫芦瓶虎首人面像

河南临汝闫村彩陶缸鹳鱼石斧图，图腾解读：鹳、鱼分别代表阳和阴、父系和母系的图腾，或两大家族、氏族、部族的图腾；鹳氏族（主族）兼并了鱼氏族，或两族融合形成新的复合型图腾。

罴”；“帝俊生中容，中容人食兽、木实，使四鸟：虎、豹、熊、罴”；“帝俊生晏龙……食黍，食兽，是使四鸟”；“帝俊生帝鸿，帝鸿生白民，白民销姓，黍食，使四鸟：虎、豹、熊、罴”；“帝俊生黑齿，姜姓，黍食，使四鸟”。《大荒南经》中说“帝俊妻娥皇，生此三身之国，姚姓，黍食，使四鸟”。虎、豹、熊、罴明明是兽，却偏说是“四鸟”，清嘉庆时著名经学家、训诂学家郝懿行解释：“经言皆兽，而云使四鸟者，鸟兽通名耳。使者，谓能驯扰役使之也。”其实，虎、豹、熊、罴应是部落图腾，“使四鸟”便是征服并统领这些部落。“使四鸟”是图腾多元性的文化表述形式之一。

成都金沙遗址出土的“太阳神鸟”金饰，中间日轮顺时针转动，火焰拖在后面；外层四鸟逆向飞行，代表四季；每只鸟对应三个月牙，代表一年有十二个月。这是否与“使四鸟”有关？是否为“使四鸟”的传承与创新？

三、龙图腾——复合型图腾

1. 龙的诞生

龙的形象又是如何得来的呢？历来学者们众说纷纭。

有人说，龙的基本形态是鳄鱼，或说龙是取材于鲵（娃娃鱼），或说龙就是戴角的蜥蜴；另有人说，蟒蛇是龙的原形，早期的龙更是与蟒蛇相差无几；有人说，龙的形象是源于对中华文明有重要贡献的蚕，甲骨文中“龙”字与“蚕”字就有几分相似；还有人说，龙的主要部分是取像于河马；更有人说，龙就是牛与蛇的结合，是“牛鬼蛇神”。

有些学者则主张，龙是起源于对恐龙的记忆。这恐怕是遗忘了基本常识：恐龙灭绝是在6500万年前，而最古老的猿人化石也不过二三百万年之谱。恐龙在世时，恐怕连猿猴都还没有，何来记忆？

更可笑的是有些人认为龙是从外国传入的。外国或许也有过类似“龙”的生物，但和我们的龙可说是“风马牛不相及”。

龙的形象，其实是起源于对雷电的震撼和想象。

龙的形象诞生于伏羲、女娲时代。古籍上多见华胥氏生伏羲、女娲的传说，如唐司马贞《补史记·三皇本纪》：“太暤包牺氏，风姓，代燧人氏继天而王。母曰华胥，履大人迹于雷泽，而生庖牺于成纪。蛇身人首，有圣德。”

这段话包含了非常丰富的信息。伏羲（也包括女娲，下同）生于父系氏族与母系氏族交替的时期，华胥氏是华夏族的始祖母，这些都将在下面的章节探讨；伏羲诞生在成纪，是在羌人生活的西部地区，今后的章节还将论述到；在本章，我们最关注的是伏羲是其母“履大人迹于雷泽”而生，且是“蛇身人首”。这当然是经过精心加工的神话传说，在上古时代毫不奇怪。

雷泽，顾名思义，就是经常打雷闪电的巨大水面。七八千年前的西北地区，还是温润潮湿，植被浓密，湖泊密布的地方。罗布泊、居延海的干涸，也不过是近几十年才发生的事。雷雨发生的过程，是非常震撼人心的，特别是在上古人类的眼中。起初是狂风怒号，继而是黑云翻滚；天空突然闪现了强烈刺眼的光亮，炸裂的霹雳声后，是“隆隆”的响声撼人心弦；森林起火了，百兽狼奔豕突；雨滂沱而下，雷电还是连续不断；山溪骤涨，江河奔腾，湖海滔天。雷雨过后，又是另一番景象：河山新沐，彩虹高挂，草木欣荣，飞鸟和鸣，走兽欢悦，处处呈现勃勃生机。人们对雷雨是怀着既敬畏，又感激的复杂心情。

雷泽的大人是谁？当然是司雷电之神灵。《山海经·海内东经》曰：“雷泽中有雷神，龙身而人头，鼓起腹则雷。”于是，伏羲理所当然就是雷神之子。古人从雷电的形状和声音想象出神奇的“龙”——龙发出“隆隆”的震撼人心的声音，“龙”也因此“隆隆”响声而得名；和雷相伴的闪电就是龙的夭矫形状。因此，雷神就是龙神，伏羲便是龙神的儿子，女娲

扬子鳄

蟒蛇

蚕

甲骨文“龙”字

便是龙神的女儿，龙的儿女自然要生得“龙身而人面”——像汉代画像石画的那样了。这是“龙的传人”一说的最早源头。当然，最初的“龙”显得相当简单，好像近年出土的“C型龙”，光滑的身子，无鳞无爪，跟蛇相差不多，于是被说成是“蛇身人首”，这只是后人的误会。

打雷闪电

彩虹

龙卷风

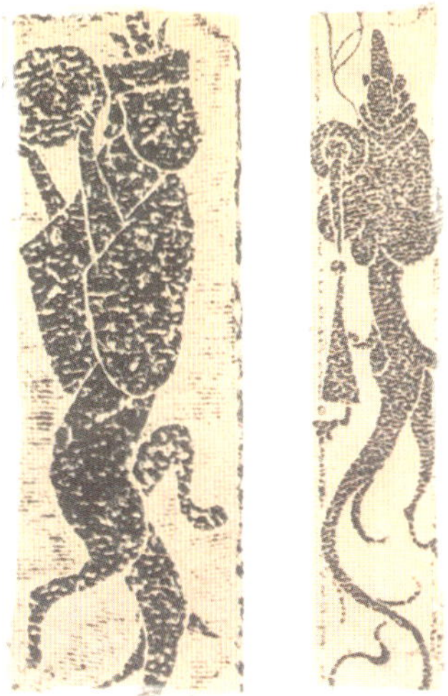

汉代画像石伏羲、女娲

甲骨文中“龙”字为兽首蛇身之状，头顶着一个表示刀状器的“辛”字符号。兽首表示层状闪电照亮云团时呈面状，与兽的面部相似，给人以苍天发怒的震撼力；蛇身代表条形闪电；“辛”字符号代表“被驱使”之意。“龙”字读音正是“隆隆”的雷声。所以，龙是被天驱使驾驭云团播洒雨水的闪电，发出隆隆雷声。

在龙的形成过程中，虹霓、云霞、龙卷风等自然现象也发挥了有力的助推作用。

《左传·昭公十七年》曾引郯子语，称：“太皞（昊）氏以龙纪，故为龙师而龙名。”孔疏引服虔说：“太昊以龙名官,春官为青龙氏，夏官为赤龙氏，秋官白龙氏，冬官为黑龙氏，中官为黄龙氏。”《竹书纪年》则说，属于太昊系统的有长龙氏、潜龙氏、居龙氏、降龙氏、上龙氏。以龙纪官，分理九州。也就是说，自太昊伏羲氏起始，他下属的各部族已将龙作为自己族系的图腾，制成约定俗成有凝聚力量的旗帜。与此相对应，“少昊氏以鸟纪”，龙图腾与凤图腾的旗帜一起飘荡在华夏大地的上空。少昊氏成为“五帝”之一，是在黄帝之后。但作为一个部族，却有极古老的历史，是和太昊伏羲氏是同时期存在的。

周文王在羑里演绎的《周易》，是在伏羲“先天八卦”基础是发展起来的，称为《易经》。《易经》中第一卦为“乾卦”，“乾卦”中“九五”爻的卦辞为“飞龙在天”。不难看出，“九五”爻的卦辞与确定龙的图腾、确定“龙师”的太昊元年九月初五日，有着某种内在的关联。或许，“飞龙在天”的卦辞正是太昊伏羲氏对太昊元年九月初五日所发生的天相事体的真实记录。

查海石堆龙

濮阳蚌壳龙

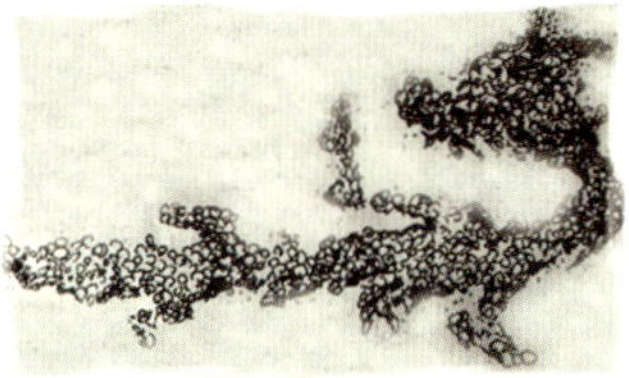
黄梅卵石龙

牛河梁玉猪龙

良渚玉龙

现在考古发现，最古老的龙据说应当算辽宁阜新的查海石堆“龙”，全长19.7米，龙身宽1.8—2米，龙头朝西南，龙尾向东北，昂首张口，弯身弓背，尾部若隐若现，势欲腾飞，据考证是8000年前的产物；此外还有宝鸡北首岭出土的仰韶文化半坡类型蒜头壶上彩绘的鱼啄龙尾的原龙纹，距今6800年；在河南濮阳西水坡仰韶文化遗址中，有距今6400年的蚌壳龙；湖北省黄梅县发掘出距今5000—6000年的鹅卵石摆塑的龙形；辽宁省朝阳牛河梁红山文化遗址出土有距今5500年的玉猪龙，是原始宗教信仰对神灵的崇拜物，与女神一起供奉；在内蒙古翁牛特旗三星他拉村的大玉龙，距今5000年；距今5000年的良渚玉龙，则是牛、鹿、猪等各种动物的组合；还有距今4500年的山西陶寺龙山文化墓地出土的的彩绘蟠龙纹图案，这些龙显得比较简单，形状各异，都是龙文化初期的形象。

上面提到的几处考古发现的龙，是否同出一源呢？查海等地“龙”的发现，是否把中国人崇龙的历史上推到8000年前，甚至比伏羲氏族更早呢？现在学术界恐怕都无法作出确定的答复。或许是伏羲氏族的传人在长时间扩张活动中将龙的形象带到了各地；或许各地分别各自独立产生了类似的龙形象。如红山文化遗址出现的“C型龙”，有人就怀疑它只是早期胚胎的模样，是生殖崇拜的象征。即使其他地方确实也出现了“龙”的形象，都无法取代伏羲氏族创造的龙，它依托着华夏族的强势文化，成了中国龙的主流；它以生生不息的强大生命力，不断发展壮大，登上了至高无上的位置，即使它或许不是最早出现的。

2. 龙图腾的确立——釜山合符

龙大致形成今天的模样，应该是源自黄帝“釜山合符”一举。

炎帝、黄帝都是伏羲的直系后裔，他们是否继承了龙图腾呢？传说似乎有点变异：《左传》中有炎帝以火纪，黄帝

妇好墓玉龙

轩辕黄帝故里

黄帝战蚩尤

以云纪，共工以水纪的说法。其实一点也不必惊讶，火、云（雨）、水都是龙所司的功能，他们不过是各有所长，各司其职罢了。

炎帝、黄帝的出生，都和龙联系上了。《帝王世纪》称：“炎帝神农氏，姜姓也，母曰任巳，有蟜氏之女，名安登，为少典正妃，游华山之阳，有神龙首，感女登于常羊，生炎帝。”黄帝的母亲附宝，与安登是姐妹，同为少典妃，则是见“大电绕北斗而生黄帝”；此绕北斗的电光，正是龙的形象。

黄帝号“有熊氏”，有学者认为，“熊”字是“龙”字的同音假字，它们可以替代换用。古语云：“云从龙，风从虎。”云、雨、雷神名叫“丰隆”（隆、龙古字相通），“黄帝以云纪”恰说明了黄帝继承了“以龙纪”的伏羲氏的传统。也不排除黄帝族早期曾使用过“熊图腾”的可能。在种族总图腾的旗帜下，部族另立分图腾也是常有的事，毕竟当时是炎帝族当政。

炎、黄联合，在涿鹿打败九黎集团的蚩尤后，黄帝成为天下共主，他在釜山举行了盛大的合符仪式。这是包括华族各支系和东夷、九黎、羌狄等多民族国家雏形诞生的“开国大典”。所谓合符，不只是统一了军令的符信，还包括了旗帜上的符号。黄帝不是强逼新建立的民族联合体接受代表华族的龙旗，而是创造性地将各部族图腾上的因素，加到龙的身上来。于是，龙有了角，有了鳞，有了爪，有了胡须，有了突出的眼睛……接近了今天的模样。黄帝堂堂正正打出了修改后综合性的龙旗，新加入的部众都很满意，他们在新出现的龙身上，看到了他们以往部族的影子，不管他们先前的图腾是龙是蛇，是虎是狼，是鱼是鳄，是羊是牛，是马是驼，是鹰是鹫。因此说，龙是复合型的图腾。

这是一个伟大的创造。它充分体现了中华民族“和合”、“和而不同”的伟大理念。到《尚书·尧典》，更提出了“协和万邦”、“九族和睦”的政治理想，希望所有方国、部落、氏族和谐平安地生活在一起。从此，龙成了中国的象征。

在黄帝之后的“五帝”时代，除了东夷出身的少昊以凤为旗帜外，其余都是高举龙旗。颛顼据说是其母女枢感虹光而生的。《大戴礼·五帝德》记载，“帝颛顼乘龙至四海”，“帝喾春夏乘龙”，都应理解为他们是举着龙旗到地方去巡视。帝尧的母亲陈锋氏，名庆都，为炎帝族的后裔。传说她生而神异，常有黄云覆其上，成人后随父亲到三河（黄河中游）一带游览，常有龙跟着她。龙将背负的图文授给她，由于“青龙感之，孕十四月而生尧于丹陵”（另一说是庆都遇赤龙而生尧）。帝尧是以“龙的传人”自居的又一个例证。而帝舜“母曰握登,见大虹意感,而生舜于姚墟”，于是舜生得“龙颜大口”。“天子龙颜”，帝舜可说是第一人。当时还有董父为帝舜“豢龙”的说法。

3. 帝王垄断

夏、商、周王朝天子与龙关系的传说比较少，但他们继续以龙为图腾却是毫无疑问的。夏代留下的器物被发现的极少，仅在二里头文化遗址发现了绿松石镶嵌的龙形器。绿松石龙形体长大，巨头蜷尾，龙身曲伏有致，形象生动传神。龙头略呈浅浮雕状，为扁圆形巨首，鼻、眼则充填以白玉和绿松石。夏王族姒姓，姒，通于同音的“巳”，正是龙蛇的形象，也是以蛇为代表的十二地

釜山合符坛

黄帝陵“桥山龙驭”石碑

支之一。晋西南的陶寺遗址被认为与夏文化有关，其中几座早期大墓中都出现了彩绘蟠龙盘，显然是夏族部落崇奉龙为神物的原始标志。

到了商、周时期，以龙为装饰的青铜器、玉器就大量出现了。在殷墟就发现了不少龙的造型或纹饰，如台北故宫珍藏的蟠龙纹盘，如妇好墓出土的玉龙。周代出土的文物中，龙的形象就更常见了。

有些学者看到，饕餮是商周鼎的主要纹饰，而宝鼎是华夏民族在青铜时代的立国重器，用作祭天祭祖，在华夏先民心目中处于民族“图腾柱”的地位；于是猜想，在商周时，华夏族可能还仍然处在崇拜虎狼图腾，或是其他猛兽图腾崇拜的时期，当时的“龙”可能还没有被普遍接受，尚未真正成为华夏族的民族图腾。特别是周起源于西戎，而西戎大多是崇拜狼图腾的游牧民族，所以喜欢似虎狼模样的饕餮。其实这恐怕是大大的误会。“龙生九子”的观念，当时应是已经萌芽。饕餮为龙九子之一，最初并不含贬义；而它偏又是个能吃善饮的角色，出现在食器鼎鼐上，真是再适合不过了。商、周鼎上的纹饰主要由饕餮纹和云纹所组成，“云从龙”，也把尊龙的意思包含在内了。

到秦统一天下，嬴政称“始皇帝”，要有至高无上的权威。为体现“君权神授”，嬴政把自己与龙联系起来，自认是“祖龙”。并根据阴阳家倡导的“五德”说，“更命河曰德水，以冬十月为年首，色上黑，度以六为名，音上大吕，事统上法”（《史记·封禅书》）在秦朝，代表 “黑龙”（祖龙）水德的黑色与六之数（因传说中龙的第六子𧈢𧏡“性好水” ）都被“上”（尚，崇尚）起来，可以说是无孔不入，随处可见。

汉代是中国古代历史上最强盛的时期之一，国家统一而强大，各民族空前融合，特别是当时的皇帝把自己与龙的形象联系起来，更加夸大龙的灵异、神秘和权威。他们声称自己的诞生与龙有着神秘的联系，将自己说成是龙的化身，自己的后代

龙椅

龙袍

五爪金龙

是龙子龙孙，龙成为帝王个人的私有物，皇帝的吃、穿、用、行全部都有龙的标记。这种由上自下的绝对权威在以后一千多年的封建时代里进一步得到强化。

自公元前2世纪以后，龙的形象与皇权联系起来，成为皇家的徽记。皇帝自称“真龙天子”，他的后代称为龙子龙孙，他的服饰被称作龙袍，他的一切用品都刻画上龙的形象。在以后二千多年的封建时代里，龙的神秘性和权威被绝对化，并渗透到国家意识形态中。

龙的神奇传说，到了汉高祖身上就变得更加光怪陆离了。刘邦，沛县丰邑中阳里人，排行老三，故称刘季。父太公，母曰刘媪。刘邦的出生，据《史记·高祖本纪》云：“刘媪尝息大泽之陂，梦与神遇。是时雷电晦冥，太公往视，则见蛟龙于其上；已而有身，遂产高祖。”

这就明摆着说，刘邦的出生，非太公自己经手。这成了后世说明私生子特别聪明能干的极好例证。当时进入父系社会已久，宗法观念早已深入人心，此等事为礼法所不容。为了遮掩“家丑”，特别是在刘邦显贵之后，不得不编造出如此神奇荒诞的故事来，加上风雨雷电，显得格外生动。以往改朝换代登上天子位的，无论是禅让还是经过革命，都是有来头的世家出身，即使如大舜曾经落魄，也可考据出是黄帝后裔，也可算是“贵胄”，何况是已被帝尧招为乘龙快婿。刘邦倒是中国历史上第一个贫贱出身的皇帝。父兄都是老实巴交的农民，他自己原来也只混了个“亭长”（最基层的乡村干部）做做。

此后将刘邦与龙联系起来的传说就更多了。《史记·高祖本纪》当中就有不少记录：“高祖为人，隆准而龙颜，美须髯，左股有七十二黑子（痣）”“（刘邦）常从王媪、武负贳（赊）酒，醉卧；武负、王媪见其上常有龙，怪之。”“范增说项羽曰：……吾令人望其气，皆为龙虎，成五采，此天子气也。急击勿失！”刘邦夫妇也合演好戏。徐州市西南边有座云龙山，据说当年刘邦进入山中，吕雉寻来，看到山间云气如龙，就知道刘邦在此，上山果然找到。因此，山被称为“云龙

徐州汉高祖刘邦塑像

山”，旁边的湖被称为“云龙湖”。不但此处，据说刘邦遁迹于芒、砀山泽岩石之间，吕雉皆能望云气而寻得。刘邦为此暗暗欢喜，传扬出去，沛中子弟多来依附追随。当上汉王后，姬妾薄氏也很识趣。刘邦召见她，她就说：“昨日梦龙据妾胸。”刘邦一高兴，宠幸了她，于是有了汉文帝。经过刘邦的大肆渲染，龙和皇帝就成了一体。龙和皇权一结合，开始显得神圣起来，不再可被戏弄、豢养、驾驭、屠宰了。

唐代以后，龙更被绣上皇袍，镌上皇冠，雕上皇宫的梁柱、丹墀，日益显得威严尊贵，至高无上。为了巩固皇权，帝王们极力要把龙的形象垄断起来。皇帝被直接称为“真龙天子”，皇帝高兴称为“龙颜大悦”，得罪皇帝称为“批龙逆鳞”，皇帝的儿孙被称为“龙子龙孙”……龙几乎成了皇帝的化身。

但是，龙文化在民间传播已久，要垄断亦非易事。龙为十二生肖之一，即使按平均概率，属“龙”的也要占总人口的

云龙湖

山西大同九龙壁的四爪龙

北京北海九龙壁的五爪龙

丰顺舞火龙（非物质文化遗产）

十二分之一（由于人们对“龙子”、“龙女”的偏爱，实际比例肯定超过这一数字）；以人们“龙”字取名作字的，也不在少数；大年新正，民间纷纷舞龙舞狮；端午将至，城乡处处龙舟竞渡，根本无法禁绝。百姓眼里，“龙”虽是神灵或帝王的化身，百姓们还希望自己的儿孙也能成“龙”，更有“望子成龙”之说。

统治者只得另辟蹊径，开始为龙画出禁止民间沾惹的“标准相”，还规定了“三爪龙”、“四爪龙”、“五爪龙”的不同等级。最高贵的“五爪龙”绝对只有皇帝才能使用。如有僭越，就有“谋逆”、“大不敬”的罪名，杀头、灭族都有可能。山西大同有座“九龙壁”，据说是全国最大规模。但因是藩邸之物，只能塑代表藩王的“四爪龙”，不敢像故宫、北海的“九龙壁”上的“五爪龙”。建筑、衣饰被划定为禁止用龙装饰的范围。我国三大宫殿式建筑之一的曲阜孔府大成殿，是世上仅次于故宫太和殿的壮美建筑。前檐下的十根巨型龙柱，深雕双龙戏珠，衬以云彩波涛，精美非常。据说雕功比皇宫金銮殿的龙柱还生动精彩。每每皇帝来祭孔，恐怕被说成是僭越，得罪圣上，只得围上彩绸来掩蔽。皇上怪问其故，却谎说“此处野龙不能参见真龙，恐生争斗”。

4. 龙的时代

近百年来，中华民族逐渐走上了复兴的道路，虽然也是步履蹒跚。

尽管在漫长的封建时代，龙是王权的象征，但在中国民间，龙的形象始终保留了它的原始意义，就是作为吉祥和富贵的象征。这种象征意义体现在风俗和日常生活的很多方面。比如，在中国最隆重的传统节日春节期间，差不多各民族都有舞龙的习俗。其时，几个人甚至十几个人架着一条巨龙，踏着音乐锣鼓起舞，气势十分宏伟。人们借此表达避凶趋吉、事业兴旺的美好愿望。其他的，像挂龙灯、赛龙舟等民间风俗也都寓含了祈求吉祥的意思。中国人给新生儿命名，甚至给动植物命名，也要加一个“龙”字。一对年轻男女结婚，人们也会祝他们“龙凤吉祥”，把男子喻为“龙”，把女子喻为另一种传说中的灵异物“凤”。人们以带有“龙”字的成语或典故来形容生活中的美好事物和丰富内涵，与龙相关的人文地理传说故事诗词文章节庆习俗也浩如烟海。

中华畲族宫门口的龙杖

中华大地上，到处可以看见“龙”，从划龙舟，舞龙灯，到龙的绘画，龙的雕刻，龙的旗帜等。龙，深深扎根于中国人的心中，成为中华民族的象征。龙作为一种中国人喜爱的形象，经历了数千年而不衰，并被不断赋予吉祥、和谐、积极进取、不怕困难等精神含义。在今天，“龙的传人”已经成为流传在中国人当中最有亲和力和号召力的字眼。

广州龙舟赛

玉龙

直到今天，龙的形象还广泛运用于建筑、艺术、文学、宗教、绘画、雕塑、服饰、剪纸、瓷器等各种领域，寄托人们对未来的美好愿望。可以毫不夸张地说，有中国人生活的地方，就有龙的形象以不同的形式出现。

如今，人类的活动范围早已突破了陆地的限制，不但纵横于海洋，更遨游在太空。只有上天、入地、下海无所不能的神龙，才能适应这样的时代。我们要自豪地说，这个时代就是中国龙的时代！

四、龙图腾的文化涵义——多元、阳刚、祥和

龙是融合的神物，是多元共存文化标志。

宋代人郭若虚提出了“龙有九似”说，即角似鹿、头似驼、眼似兔（龟）、项似蛇、腹似蜃、鳞似鱼、爪似鹰、掌似虎、耳似牛。其实，龙的取材对象远远不止这9种，鳄、蜥蜴、猪、马、熊、鲵、象、狗、羊、蚕、鸟类，以及云雾、雷电、虹霓、龙卷风、古动物化石等等，都不同程度地参与了龙的融合。融合是兼容、包容、综合、化合的概称，融合意味着凝聚、团结、协作、合力。融合是一种世界观，也是一种方法论。融合而成的龙是多元的。

中华民族的形成过程是一个融合的过程，“龙”代表了多民族的统一。中华民族以炎帝、黄帝的华族联盟为基础，逐步融合了古羌人、东夷人、九黎人、荆楚人、三苗人、百越人、巴蜀人、氐羌人、百濮人、匈奴人、东胡人、突厥人、回纥人、吐蕃人、鲜卑人、契丹人、女真人、蒙古人、朝鲜人……甚至来自波斯、阿拉伯的回人，来自欧洲的俄罗斯人都陆续融合到这个大家庭中。后来加入中华民族的人民，尽管有些无法在血统上认同“炎黄子孙”的说法，但他们大多赞赏龙。只要将自己民族的因素添加到龙身上，他们都乐于认同自己是“龙

祥龙

飞龙在天

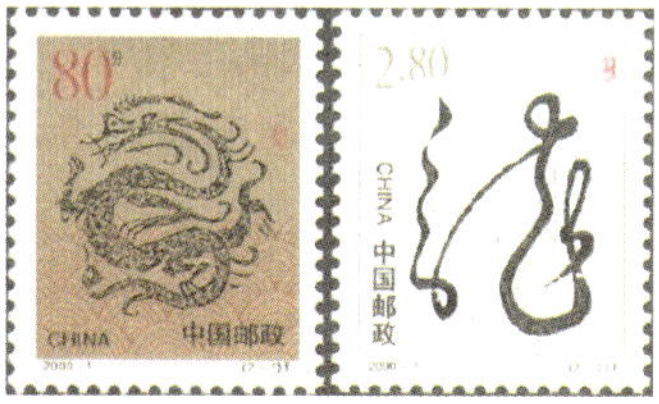

的传人”。龙的传人也是多元的。

经过数千年的演绎，龙已渗透了中国社会的各个方面，成为一种多元的文化凝聚和积淀。它融合了膳食文化的猪（龙喙为猪），性文化的蛇（龙身为蛇），生殖文化的鱼（龙鳞为鱼），康寿文化的龟（龙颈为龟），权力文化的鸟（龙爪为鸟）以及君子风范的鹿（龙角为鹿），忠实品格的狗（龙形为狗），祥和文化、与人为善奉献牺牲的羊（龙髯为羊），筚路蓝缕、开拓进取的牛，健康向上、建功立业的马等等图腾崇拜的元素。

融合、多元是中国龙文化中最本质、最重要、最需要传承和弘扬的部分，融合使多元的龙成为中华民族的文化标志和情感纽带。多元的龙具有很强的现实意义，大到国家统一、民族团结、构建和谐社会、处理国际关系，小到个人事业、人际交往、家庭生活，它都可以提供智慧参照、精神动力和象征载体。

龙，又是阳刚的，奋发向上的，与时俱进的。最早的龙是伏羲时代简单质朴的“原龙”，到黄帝时初步融合成的“复龙”，再经夏商周时期神秘抽象的“夔龙”、春秋战国与秦汉之际粗犷雄健的“飞龙”、魏晋隋唐期间刚柔并济的“行龙”、宋元明清年代复杂华丽的“黄龙”，直到当代的吉庆嘉瑞的“祥龙”：中国龙的进化历程是不断开拓、不断发展、不断吸纳、不断创新的历程，充分体现出“天行健，君子以自强不息”的阳刚精神。中国人用这个他们亲手缔造的而且仅仅存在于他们的想象之中的神物来表达对自然的畏惧和崇拜。

夭矫腾飞的龙时时彰显着神奇的力量，它兼备各种动物之所长，能兴云作雨、影响万物，善于变化、甚至无所不能。它总是以扬头挺胸、瞠目振鳞、精神抖擞、意气风发的面貌出现在世人的面前。镇守在宫廷庙宇的龙威武雄壮，欢腾在节日聚会的龙健硕活跃，遍布水乡各地的龙舟竞渡，那种人人努力，奋勇争先的场面，更是令人感奋，鼓舞人心。近年来，一些学者提出了“竞和”的理念，意思是通过竞争达到和谐。阳刚奋进的龙正表达着这样的理念。

龙，造福众生、诚心诚意为众生服务。它是水利神和农业神，以兴云布雨、司水理水为天职，以天下人间的风调雨顺、五谷丰登，老百姓衣食无忧、安居乐业为理想境界。它又是功业神和人格神，中国古代的创世英雄、圣哲明君、精英贤良，多有龙之比、龙之名、龙之誉，这些人物所开创和从事的兴国利民的事业，所建立的千古传颂的功德，也常常被比附为龙的事业和功德。它更是喜庆神和吉祥神，具有显灵、兆瑞的神性，人们相信，龙能给他们带来绵延不绝的幸福和嘉惠多多的好运。龙更是正义与祥和的象征。

《山海经》人面蛇身

五、中国人是龙的传人

黄帝陵驭龙升天

伏羲氏是以龙为图腾的，伏羲被称为“龙师”，“以龙命官”，下属支系都以各种龙为图腾，如长龙氏、潜龙氏、居龙氏、降龙氏、上龙氏等。他的直系传人炎帝、黄帝、颛顼、帝喾、尧、舜，以及共工、祝融、鲧、大禹等，虽也曾使用过其他图腾标志，但龙图腾总是他们的主图腾。他们都是“龙的传人”。

神农炎帝母族为羊图腾的羌人，更有他生而“牛首人身”的传说；支系也有以蟜虫、蛇、龟、鸟为图腾的。《易·系辞》称“庖牺氏没，神农氏作”，炎帝是继承伏羲氏为天下共主的，义不容辞要高举龙的大旗。“神龙，感女登生炎帝”的传说更证实炎帝是真正的“龙种”。

祝融、共工都是炎帝后裔，他们无疑也是龙的传人。祝融八姓中，董姓称“豢龙氏”，曾为帝舜养“龙”，足见当时的龙绝非高不可攀；已姓也是龙族。共工的图腾是蛇，《山海经·大荒西经》说：“共工人面蛇身”，也可归入龙的范畴。

同为伏羲后裔的黄帝族在未取代炎帝成为部族联盟领袖前曾以熊为图腾，下属部落的图腾还有蟜虫、电、星、风、云、

商丘颛顼乘龙像

罴、貔、貅、貙、虎、狼、豹、雕、鹖、鹰、鸢、鸟、鸿、狗、马、牛、羊、豕等。当他坐上帝位，马上实施“釜山合符”，将各种动物图腾的因素附加在龙身上。他所创造的复合型龙的旗帜，当然由他高高擎起。他是其母附宝“见大电绕北斗而生”，也是龙体附身。《史记·天官书》称“ 轩辕黄龙体”，《竹书纪年》说黄帝“龙颜”，都是有所指而言。

颛顼、帝喾、尧、舜、鲧、禹都是黄帝的儿孙，当然都是龙的传人。他们的出生，也往往与龙有关。

颛顼据说是其母女枢感虹光而生的，他常“乘龙至四海”。其族人的图腾是星、龟、鱼、龙、蛇、豕、鸟等，姓中有夔，也是龙族。

帝喾“春夏乘龙”，其后人尧、商契、周弃都是龙图腾；

尧族是龙图腾，《竹书纪年》记载：“帝尧陶唐氏，母曰庆都，生于维之野，常有黄云覆其上。及长，观于山河，常有龙随之，一旦龙负图而至，其文要曰：亦受天佑。眉八采，须发长七尺二寸，面锐上丰下，足履翼宿，即而阴风四台，赤龙感之，孕十四月而生尧于丹陵。”由此观之，尧确为龙的子孙。

舜也是龙种，《竹书纪年》曰：“帝舜有虞氏，母曰握登，见大虹意感而生舜于姚墟。目重瞳子，故名重华，龙颜大口，黑色身长六尺一寸，舜父母憎舜，使其涂廪，自下焚之，舜服鸟工衣服飞去；又使浚井，自上填之以石，舜服龙工衣，自旁而出。”说明舜族内有鸟、龙图腾。

禹的图腾，母族图腾是星和薏苡；鲧是玄龟(鳖)，据《山海经·海内经》注引《开筮》说：“鲧死三岁不离，剖之以吴刀，化为黄龙”。禹姒姓，姒通巳，是为龙蛇。《拾遗记》说，“禹尽力沟洫，导川夷岳，黄龙曳尾于前，玄龟负泥于后”。夏的祖族是龙图腾，夏墟考古有多处龙纹图案出现。

殷商人虽居住海岱地区已久，深受东夷人影响，有“玄鸟生商”的说法，毕竟还是帝喾的直系子孙，龙的旗帜是不会丢掉的。

国庆60周年天安门彩车巡游中，广东的彩车“领潮争先”龙舟

周人更以黄帝的长房嫡系子孙自居，继承了黄帝的“姬”姓。他们是龙的传人绝无丝毫疑问。

秦始皇自称“祖龙”，龙开始与帝王直接联系起来，皇帝被称为“真龙天子”。帝王们努力把龙垄断起来，但无法完全成功。即使是天潢贵胄的“龙子龙孙”们，也不是个个可以称帝称王。于是有了“龙生九子不成龙”的说法。

刘备就是一个极为生动且为大家熟知的例证。刘备是汉武帝兄弟中山靖王刘胜的十三世孙。汉武帝兄弟就有十来个，刘胜更有一百二十余个儿子，怕是降级封侯也难以遍及。到了第十三代后，情况可想而知。据说刘备是要靠“母亲以贩履织席为业”来度日（《三国演义》说成是他本人）。要不是汉献帝岌岌可危，急于捞根救命稻草，怎会认他这么个卑微出身的

双龙闹土楼

长城

长江三峡

“皇叔”呢？

至于普通百姓，几乎都与“龙的种族”绝了缘，只能在生肖、姓名中沾点龙的光彩，聊以自慰。

辛亥革命扫除了皇冠，龙又回到了民间。虽然中国不再以“龙旗”来作为国家的象征，但龙的形象早已深入人心。中国人又有了以“龙的传人”自称的自由。

一曲《龙的传人》强烈震撼着海峡两岸人民以及海外华人的心弦。中国人是“龙的传人”的说法被广泛接受，也以身为龙的传人而自豪。

侯德健版的《龙的传人》

遥远的东方有一条江/它的名字就叫长江/遥远的东方有一条河/它的名字就叫黄河/虽不曾看见长江美/梦里常神游长江水/虽不曾听见黄河壮/澎湃汹涌在梦里/古老的东方有一条龙/它的名字就叫中国/古老的东方有一群人/他们全都是龙的传人/巨龙脚底下我成长/长成以后是龙的传人/黑眼睛黑头发黄皮肤/永永远远是龙的传人/百年前宁静的一个夜/巨变前夕的深夜里/枪炮声敲碎了宁静夜/四面楚歌是姑息的剑/多少年炮声仍隆隆/多少年又是多少年/巨龙巨龙你擦亮眼/永永远远地擦亮眼/巨龙巨龙你擦亮眼/永永远远地擦亮眼。

龙的传说历史悠久，商代甲骨文中已有结构完备的“龙”字，龙的图案和传说更可追溯到遥远的史前文化。一般认为，传说中各种各样的龙其实都是远古时代中华各族的族徽图腾。远古时代，各氏族不断碰撞、交融，有的胜利了，有的失败了，有的联合起来，有的分裂出去。各血缘氏族之间的兼并融合，必然反映到族徽、图腾、墓葬和祭祀上。表征神武或联合的想象物龙出现了。龙的形成记录了古代民族的发展、聚合过程，体现了中华各部落的大联合，大团结，它在人们心目中所具有的强大的生命力，也正是中华民族无可估量的创造力的象征。龙是中华民族发祥和文化肇端的标志，是吉祥喜庆的信物，是整个中华民族威武奋发、勇往直前、博大兼容的民族精神的象征。

龙崇拜包含有自然崇拜的因素，人们把龙当作雷电、雨水

黄河壶口图

之神来崇拜。雷电的神奇与震撼，是人所共知的，雷电却带来雨水。雨水既是农业生产的命脉，暴雨又造成洪涝灾害，伏羲、女娲时代几乎造成民族灭绝，大禹时期让先民无安家立足之地。雷电、雨水既可亲可爱可敬，又可怕可畏。

三皇五帝都是伏羲氏一脉传承的儿孙，都是龙的传人。龙崇拜包含着祖先崇拜的渊源。

“龙”在古代被定为中国图腾形象，在现代仍然是中华民族的象征。如今，绝大多数的中华儿女（除极个别因个人情感因素）都喜欢龙，热爱龙，乐意做龙的传人，尽管他认可或不认可是炎黄子孙。

六、西方的Dragon

西方神话中，有一种邪恶的怪物Dragon，身子像条大蜥蜴，还长着蝙蝠一般的肉翅、蛇一般带鳞的尾巴。它有贪财的特性，在《圣经》故事中，总是与上帝作对的罪恶象征。圣徒们也总以杀死Dragon作为自己的使命。

汉水与长江交会处龙王庙

西方的Dragon与东方的龙，本来是“风马牛不相及”的，不知是西方还是日本的翻译牵强地将二者联系在一起。如此一来，就生出了无限风波。在中国孱弱的往昔，西方人喜欢将他们厌恶的Dragon套在中国和中国人身上，于是他们成了屠杀、征服邪恶的“英雄”；在中华崛起的今天，西方还有一些别有用心的人，总喜欢将东方腾飞的龙和他们心目中的Dragon等同起来，借以宣扬“中国威胁论”。

这原本就是错误翻译引发的问题，正本清源，将译法改正过来就是。然而，我们的一些吃过几片洋面包的学者却自己心虚起来，急急忙忙承认，龙的形象“太凶了点”，龙是“封建帝王的象征”，提议要“更换图腾”，以熊猫等温和形象来代表中国。真正凶狠的是西方的Dragon，绝不是我们的阳刚而又祥和的龙；龙已有8000余年的历史，封建帝王企图垄断龙形象的年代不过2000年左右，也从未垄断成功，何来龙就成了“封建帝王的象征”？这些人数典忘祖，轻易要抛弃老祖宗流传下来的宝贵精神财富，一点做中国人的骨气都没有。

哪里出问题，就应当在那里解决。西方的Dragon，在中文中再不许翻译为龙，或者意译为“魔蜥”，或者音译为“劫根”，或者干脆译作“西方怪兽”了事。至于我们的龙，可按汉语拼音，译作“Long”，第一个字母永远用大写，可以和英语中表示“长”的形容词“long”区别开来。如真不妥当，译成“Loong”亦无大碍。学者们可先讨论酌定，一旦有定论，就首先在国内认真执行，再努力推行到全世界。经过一段时间，不照此执行的作家、学者、艺人，书籍、报刊、影视作品，我们不但可以强烈谴责，还更应以国家的权势和力量，封锁排斥。

其实问题更大的还有我们的国名翻译。我们曾极其反感一些日本佬称中国为“支那”，那是一种带贬义的蔑称。但我们仔细看英语单词“China”，如果用汉语拼音来拼读，不也跟“支那”近似？当然，“China”一词并不含贬义，据说最初是和“秦”有关，也有说法是与“丝”有关。这些都只能让

Dragon

学者们去考证了，我们现在读起来，只能联想起“瓷器”。瓷器固然不是什么坏东西，但我们的国名是堂堂正正的“中国”呀！我们应该用堂堂正正的音译“Zhongguo”昭示全世界，让大家都改正过来。俄罗斯人称中国为Китай（kitai），意思就是契丹，是源于历史上的误会，也应借此改正。

相应地，如果我们对别的国家、城市名称翻译有错误或欠妥，也可与他们商量着改过来。韩国的首都原称“汉城”，他们使用汉字时自己也这样叫了几百年。现在他们不乐意了，要改为“首尔”，来一纸通知，我们不也就给改过来了吗？

第四章

多元的羊图腾

——阳、鸟、凤图腾

1991年贺年明信片

中华图腾文化中的羊图腾是多元的，广义的羊图腾涵盖了阳图腾、鸟图腾和凤图腾。

一、“羊”通“阳”

1. 三羊开泰

国家邮政于1991年、2003年两次发行贺年明信片，均以“三羊开泰”一词作为祝贺新春的吉祥语，引发了小小的波澜。有人投书《中国集邮报》，认为“三羊开泰”是用了错别字，但另有人却发文加以反驳。

中国民间风俗绘画、雕刻、剪纸、刺绣等工艺品，常有一些含义吉祥的画面。如花瓶装上牡丹，是期盼“富贵平安”；如意傍着羊只，则表示“如意吉祥”；梅花枝头喜鹊象征“喜上眉梢”；五只飞翔的蝙蝠寓意“五福临门”；一个胖娃娃抱着莲花和鲤鱼，意味着“连年有余”；春日里的三头羊当然就是“三阳开泰”了……在此间，人们会留意到一些关键词语是巧用了同音或谐音。

然而，其中大多数借用的同音或谐音的物品，只能用画面表现，却不能写出来。比如写成“喜（鹊）上梅梢”、“莲年有鱼”，实在平淡无奇，失去了喜庆的意味；若是“五蝠临门”，则心中不知是何滋味；看到“牡丹瓶安”，更加莫名其妙了。唯独“羊”，你写“如意吉羊”，写“三羊开泰”，却都能让人会心一笑。

这又是为何呢？

这是因为中国古文字特有的“同音通假”现象。其间又分两种情况。

一是原本没有这个字，借用一个同音字来表达。“假借”是“六书造字法”之一。《说文·叙》说：“假借者，本无其字，依声托事，令长（注：本作良）是也。”“羊”通“祥”，就是假借。上古时代原本还没有“祥”字，为了表达

陈家祠石雕·喜上眉梢

陈家祠木雕·创大业，儿孙永发

广州市陈家祠“三羊启泰”

三代吉金文存

“幸福”“吉祥”一类的概念，古人马上联想到羊，想到拥有羊群的满足，想到吃羊肉的美味，想到穿羊皮的温暖，想到用羊献祭能得到神灵和祖宗的保佑；有了这些幸福的感觉，于是他们自然而然地用“羊”来代表“祥”的意思。后来，人们又在“羊”字左边加上部首“礻”，专门表示“祥和”，读音也略有变化。

另一是“本有其字”的假借。这种假借是临时性的，它的意义要看上下文来决定。如《史记·项羽本纪》中有一句：“旦日不可不蚤自来谢项王。”这里“蚤”就是代替了“早”。

类似的还有“案”通“按”，“辩”通“变”，“从”通“纵”等等，多得不胜枚举，其间也毫无规律可循。有人说，这是古人在写错别字，也不无道理。但这也只能是古人的“专利”，后人再滥用，就不足为训了。

2. “羊”通“阳”

“羊”字通“阳”，这也是有例可循的。商务印书馆1988年7月出版的《辞源》（修订本）在“羊”字部（第1352页）既有“羊通祥，古吉祥多作吉羊”之释，又有“羊通阳”一说，都有详细引证。在“羊通阳”中的引证是：“《史记·孔子世家》：眼如望羊。”释名：“望羊，羊，阳也。言阳气在上，举头高低若望之然也。”疏证：“古羊、阳字通。”

三皇五帝之一的颛顼“高阳氏”，亦作“高羊氏”。他的徽铭用“高”字与“羊”字组成。这也是古代“羊”、“阳”相通的一个例证。

至于“羊”通“阳”是属第一类“通假”还是第二类“通假”，恐怕要劳烦专家们去考证了。

《礼记·郊特牲》载：“郊之祭也，迎长日之至也，大报天而主日。”郑玄注云：“天之神，日为羊。”

在实际生活中，我们还可举出不少“羊”通“阳”的事例。

微山两城汉画像石

社火

绍兴土谷祠

祭祀牺牲

山东济宁市博物馆藏汉画像石四叶同心圆上饰以羊角，而同心圆是太阳的象征。山东滕县出土的汉墓画像石，中心穿壁纹玉璧同心圆上也饰有羊角，山东微山两城汉画像石，扶桑树上数只金乌，还有一对猴。树下左右两羊相背，旁立一人，右上有一羊首人身之物，扶桑是托太阳升起的树木，金乌是太阳的代称。

古羌人生活的渭河流域现保留有将太阳与羊融为一体的习俗：六月六忙罢后，娘家会给女儿家送“曲连”即一种面做的圆饼。曲连中心圆空，似汉墓出土的玉璧同心圆，上刻羊角纹，周边饰太阳光芒。

在湖南等地的少数民族中，至今羊与阳相通，阳姓为大姓，羊、杨、扬、梁、欧阳等十二姓都源于阳姓，总称十二王阳。

下面我们还会列举一些“羊”通“阳”的理由，但不属于文字学的范畴。

3. 祭祀杀羊升阳气

祭祀祖先，礼拜神明，是中国人非常重视的重大仪典。祭祀有一套非常严格而隆重的仪式和礼制。

祭祀的对象，首先是天地神祇。古代帝王、诸侯往往建立宫殿庙宇来祭拜天地，如祭天的天坛和祭地的地坛、社稷坛。社稷就是土神和谷神。在农业社会，土地和五谷是国家的根本，因此社稷也就成了国家的象征。古代帝王特别隆重的祭拜天地，还要到名山如泰山、嵩山去“封禅”：封土为坛以祭天，叫“封”；扫地为墠以祭地，叫“禅”；民间也可以立社祭祀土地神，社日成为睦邻欢聚的日子，同时还有各种欢庆活动，如“社戏”、“社火”。唐宋诗词多见生动的描写，如晚唐王驾的《社日》“桑柘影斜春社散，家家扶得醉人归”，南宋陆游的《游山西村》“箫鼓追随春社近”，都是极好的例子。鲁迅先生笔下阿Q所栖身的“土谷祠”，就是民间版的“社稷坛”。

地坛

社稷坛

天坛祈年殿

西安秦始皇陵

太庙

中国人特别重视的祭祀对像却是祖先。祖先是中国人感觉最亲近、关系最密切、最能保佑自己幸福和家族繁荣昌盛的神灵。祭祀祖先的场所，帝王是在太庙和先王陵寝，民间是在宗祠和祖先坟墓。

祭祀就是为了升阳气。古人认为，天地万物都含阴阳。人去世后，阴阳阻隔，灵肉分离。肉体归土为阴，灵魂得精纯之阳气上升，则登天为神；否则只能游离在天地之间，甚至沉沦地狱为鬼了。

古代祭祀，多用肉食动物，称为“牺牲”，包括马、牛、羊、鸡、犬、豕等，称作“六畜”。六畜中最常用的是牛、羊、豕，特称“三牲”，又称“太牢”，是帝王、诸侯祭祀时所必需的。卿、大夫祭祀多用“少牢”，只有羊和豕。普通百姓能用整只猪、羊祭祀的极少，一般只能用猪羊肉块。南方羊少，更是只能用鸡、鱼等替代。原本“祭”字，就由“手”“月（肉）”“示”（敬神）三个独体字组成，展示祭祀时面对神主手捧牺牲（肉块）的形象。祭祀为报谢天之所赐，又以天之所赐而献于祖宗，是为“尊天敬祖”。无论如何，必须保证祖宗得到“血食”，这是国家存亡、家族延续的象征。

《周礼卷四·夏官司马》记：“羊人掌羊牲，凡祭祀，饰羔。祭祀，割羊牲，登其首。”其意是：羊人掌管供祭祀和食用的羊；祭祀要用羊羔；祭祀时，要把羊头割下来挂起来。为什么要把羊头挂起来？“升首，报阳也。”（《文献通考·卷七十一·郊社考四》）也就是助阳气。

最早的祭祀方式，是将奉献的牺牲焚烧了，称为“燔祭”。燔祭时烟气缭绕，直达高空，人们似乎可以直接看到阳气的升腾。后来人们不再直接焚烧牺牲了，改烧香火来向祖先、神灵传递信息。这种氤氲的气息，古人称作“兮”。“兮”字与伏羲的“羲”字、牺牲的“牺”（繁体为“犧”）同音，“羲”字、“犧”字中也包含了“兮”。它们之间，必然有某种联系。

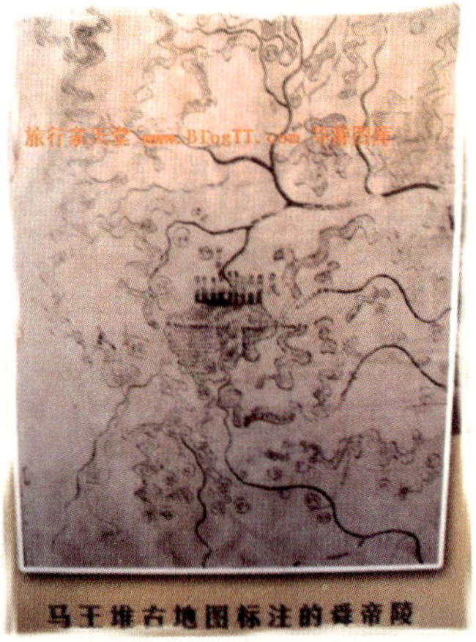

九疑山地图

丹霞山阳元石

丹霞山阴元石

4. 羊字与阳石

在甲骨文、钟鼎文中，羊字（）字形似阳性生殖器。因此古人在生殖崇拜中，往往把表示雄性生殖器的“阳”和“羊”联系起来。

人类社会的发展，有两大支柱：一是物质生产，又称产食文化；一是人的生产，又称生殖文化。在人类的远古时期，人的平均寿命短，婴儿成活率又低，种族的繁衍占有极重要的地位，原始人把生育后代视为氏族部落的头等大事之一。祈求生育而崇拜女祖先、崇拜阳（羊）根等都是生殖崇拜的表现。

“阳石”又称“石祖”，富有“阳刚之气”，是象征男性生殖器的石神柱。拔地而起的石头昂首挺立，直指云天，威武雄壮，势不可当，借用四川话，可谓“雄起”。

古代祭祖时祭桌上摆设的老祖宗的神主牌（灵牌）以及坟茔前的墓碑，其形就是源于男性的生殖器，这也是“且”字之形和源。“且”是“祖”的初文，“且”是象形字，甲骨文像雄性生殖器，是生殖崇拜的体现。“阳器”是男性的生殖器，“羔”与“睾”同音，“睾”也是阳性具有生殖功能的器官。

从江浙到云贵川，多处遗留着古越原始初民男性生殖崇拜的底蕴。“牂牁”就是越语中的“且”，在吴越古语里“牂”指男根，“牁”指柱状之物，牂牁便是对一切人工制作的或天然形似的男性生殖器模样的物体的称谓。牂牁象征祖先牡器加以崇拜，反映了他们是处于父权制社会。祭祀祖先神灵，必须先拜一拜“牂牁神柱”。

几年前，在绍兴还可以见到众多称作“云石”的牂牁神柱遗物；在扬州一带，旧时还流传着无嗣妇女“偷桩”求子习俗。壮、土家等族在盛大的祭祀活动时，也还有立牂牁柱的习惯，一般都是以竹木为柱，柱顶都有一只立鸟（俗称男性生殖器为“鸟”），柱上还刻绘了许多图案，非常美观。马王堆西汉墓《九疑山地图》上的牂牁柱虽然没有立鸟，但其形象却是“且”字的象形，仍然表示生殖崇拜。

羞女岩

由于祭祀大典常在山巅或河岸边举行，岸边立牂牁柱的江河往往被称为“牂牁江”。如同华夏族居住地区多处有“沮水”一样，“牂牁江”遍布古越人势力所及的地方。如珠江最大一支西江，以及其上游一支郁江，都曾被如此称呼。其中最著名的当然是夜郎古国所在的贵州西部属北盘江水系的牂牁江。或许是楚曾派庄蹻南征夜郎、滇池，把百越的血统和文化带到了“西南夷”的地盘。

羊与人一样，都是胎生。“羊水”是子宫腔内羊膜囊中的液体，可保护胎儿不受外界震荡。“羊膜”是人和某些脊椎动物胞衣最内层的薄膜，这种膜在羊胎中特别显著而得名。“羊水”和“羊膜”都与生殖有关。

“阳石”、“睾”是阳，“羊水”、“羊膜”是阴。

我国多处风景区发现有类似男女生殖器的景观。随着旅游的发展，以及人们思想观念的开放，这些景观逐渐广为人知。它们往往是天造地设，成双成对出现。

鹰潭龙虎山金枪峰

最著名、最生动的是广东韶关丹霞山的阳元石和阴元石。

同样有名的还有江西鹰潭龙虎山的金枪峰和羞女岩，福建连城冠豸山的“生命之根”和“生命之门”，四川盐源公母山的“公山”和“母山”。

还有一些暂时未能“配对”的，如：

酷似男根的云南泸西阿庐古洞天然钟乳石，浙江绍兴大禹陵的“窆石”（距今约4000年），酷似女阴的有云南香格里拉白水台的“神女显灵”。

5. 羊肉壮阳

《本草纲目》

中医食疗以羊肉为补阳药。

中医认为羊肉性温、味甘，具有益气补虚，温中暖下的功效，可用于虚劳羸瘦、腰膝酸软、肾虚阳痿、产后虚冷、腹痛、寒疝、中虚反胃等症。中国著名医典《本草纲目》中说，羊肉能“补虚劳，益气力，壮阳道，开胃健力”。

现代医学和保健研究则发现，羊肉是一种良好的滋补强壮品，可提供充足的营养，促进血液循环，增加热量，抵御寒冷，增强消化功能，保护胃壁，还有抗衰老和预防衰老的作用。

将羊肉煮熟，吃肉喝汤，可治男子五劳七伤及胃虚阳痿等，并有温中祛寒、温补气血、通乳治带等功效。中国人都习惯冬季进补羊肉，而西部、北方游牧民族更是四季都吃，甚至每天都离不开。

二、阳图腾

1. 太阳崇拜的世界性

马丘比丘

太阳崇拜是全世界普遍的现象。这毫不奇怪，因为生命的起源，生命活动所需的能量，无不依赖太阳的光和热。水的流动，风的吹拂，无不源自阳光照耀。植物靠光合作用积累能量而成长，动物依赖植物而生存。即使是地下的煤和石油，也是古代积存的太阳能。世上的一切生命都依赖太阳，没有太阳，地球将是一个冰冷而死寂的世界。

梵天

秘鲁马丘比丘距古印加帝国都城库斯科120公里左右，古印加人称自己为“太阳的子孙”，他们将太阳视作“燃烧的火鹰”，渴望用“拴日石”将带来光明和温暖的太阳永远留在天上。他们住在山的最高处，以便距离太阳更近而有利于和太阳神沟通。直到今天，对太阳的崇拜仍在印加民间流传。每年6月24日，秘鲁印第安人-克丘亚人在库斯科市近郊的印加遗址萨克萨瓦曼城堡举行庆典，祭奉太阳神，吸引大批的国际游客，十分兴盛。

印度科纳拉克太阳神神庙位于孟加拉湾，离加尔各答400公里。主殿内设有三尊由黑石雕成的太阳神：正面是印度教中的创造神梵天（代表朝阳），两侧的是保护神毗湿奴（代表正午的太阳）和破坏、再造神湿婆（代表夕阳）。每天清晨从海

毗湿奴神殿

湿婆

阿布辛贝勒神庙

德尔菲-阿波罗圣殿

上升起的第一束朝阳便映射在太阳神头上，太阳绕着庙宇旋转一周，始终照在这三尊太阳神的身上。如今多被摧毁，只剩下原来的一半，但这些残垣断壁仍然不失其当年的魅力，深深地吸引着来自世界各地的游人。

埃及阿布辛贝勒神庙是阿斯旺的旅游重点，是古埃及最伟大的法老拉美西斯二世所建。3000多年前的神庙设计者精确地运用天文、星象、地理学知识，设计成只有在拉美西斯二世的生日（2月21日）和神庙奠基日（10月21日），旭日的光辉才能从神庙大门射入，穿过60米深的庙廊，洒在神庙尽头的拉美西斯二世石雕巨像的全身上下，而左右的其他巨型石雕都享受不到太阳神赐予的这种厚爱，人们把这一奇观发生的时日称作太阳节。因此，埃及每年有两次太阳节。更巧的是，2月太阳节正好是麦收的开始，10月太阳节又正好是尼罗河涨水的结束，由此可见古埃及天文学的高明程度。

希腊德尔菲-阿波罗圣殿距离雅典两个小时车程，是古希腊神秘之地，是献给太阳神阿波罗的。希腊神话中，宙斯神为了确定“世界的中心”，从相反方向放出两只老鹰让它们反向飞行，相会的地方就是“世界的中心”，然后委派他最疼爱的儿子阿波罗太阳神来管理，并赐他一块卵形石，使德尔菲成了“神谕”的起源。因为有了这个神谕，德尔菲一度成为希腊人的朝圣胜地而声名远播，后来基督教兴起，神谕活动被禁，神殿被封，德尔菲渐渐沦为废墟。

2. 古中国的太阳崇拜

在古代中国，对太阳的崇拜也同样热火，无论东、西、南、北、中，各地都能罗列出大量的事例。

东方的东夷人是典型的崇日一族。“东”字的繁体“東”，就表现了“日”歇息在“木”（扶桑）中。据《山海经》记载，羲和族的女人嫁给帝俊，生了十个太阳。帝俊是东夷人最崇拜的天神。天台山位于山东省日照市，是东方太阳崇

日照市天台山

天台山太阳神石

秭归“太阳神”石雕像

拜和太阳文化的发源地，是东夷人祭祀帝俊的圣地。山中有汤谷（亦称旸谷），有太阳神石、太阳神陵、老母庙、老祖像、反映太阳崇拜的石刻岩画、古人观测天文确定四季的量天台、石质日晷、祭祀台、积石冢等遗存，是羲和部落的遗址。日照地区出土的6000年前的“日火山”陶文，反映的就是远古人类在高山之巅点火祭祀太阳神的场景。日照有一个民俗节日太阳节，每年的农历六月十九日人们都要到天台山进行祭祀太阳神的活动，并把新收获的麦子做成太阳形状的饼，供奉给太阳。

东夷族的领袖被称为“太昊”和“少昊”。“昊”，明明就是“天上之日”，就是太阳；太昊、少昊都是太阳神。帝俊是太阳之父，称“太昊”是当之无愧的。然而，除在《山海经》还残存一些有关帝俊的传闻，在其它典籍中都销声匿迹了。“太昊”的光辉称号被转移到华族的伏羲氏身上，其它事迹和荣誉甚至妻子、儿子都被华族的帝喾、帝尧瓜分。这也许是东夷族消融并入华夏族的结果。

南方的太阳崇拜，也是不落人后。湖北秭归东门头出土的我国目前发现最早的“太阳神”石雕像，已足有8000余年历史。距今约7400年的湖南黔阳高庙遗址出土的一件白色陶罐，其颈部和肩部各戳印有东方神鸟（包括兽面、太阳）图案，一只朝向正面，一只侧面回首。7000年前长沙大塘遗址出土的陶器，上面绘有四个太阳、四只太阳鸟、四组生命树，还有村落、江水、稻田、花朵、X形、绳索形等巫术符号。

南方是炎帝部族最后落脚的地方。炎帝及其后裔祝融既是火神，也是太阳神。

在西方，三星堆大立人青铜像的头顶花冠正中，就有一个圆形的代表太阳的标志。从它所在的位置看，似乎是在代表太阳神行使职能，或许他本身就是太阳神。成都近郊金沙遗址出土的四只鸟围绕着日轮飞翔的“太阳神鸟”金饰，已经被中国国家文物局用作中国文化遗产标志，并被“神舟六号”载入太空。

银川附近贺兰口的“太阳神”岩画图案，是世界所有的岩画图案中唯一的一个太阳神。

云南沧源新石器时代太阳神巫祝岩画，画中间手持弓箭的是太阳神，旁边头戴长羽冠饰、手举弓箭的当为对着太阳祭祀舞蹈的巫祝。

到北方，我们也可看到如内蒙古磴口县格尔敖包沟拜日岩画。萨满教的宇宙观也着重表现为对太阳的崇拜。

贺兰山岩画、阴山岩画、半坡陶盆的圆形人面太阳神，是把太阳，太阳神、部族首领合成一个整体。中国上古时代，太阳崇拜极为普遍，伏羲、炎帝、黄帝都是太阳神。神农、轩辕氏等的族徽上都有太阳，直接用太阳为号的有太昊和少昊。昊，古字形为太阳底下正立人形，表示太阳神。古华族是以太阳图腾的部族，华北称太阳为“老爷儿”正是上古太阳与部族首领合一的观念的反映。

高庙东方神鸟，大塘遗址陶器

贺兰山岩画 太阳神

3. 中华太阳图腾之纹

图纹

汉字，是形意字。汉字的形成历经画纹与“纹”化的过程，即由“纹”到“字”。

文字之“文”源于“纹”。文字最初是古人模仿各种事物的轮廓而画成的图形，犹如花纹。我国文字最早的叫法是“文”，本指彩色交错的现象或图形。《易·系辞下》：“物相杂，故曰文。”唐代张怀瓘《文字论》：“察其物形，得其文理，故谓之曰‘文’。”

早期形似太阳的纹，就是氏族、部族的图腾。

根据专家、学者的研究，具有太阳图腾的图纹有：

云南沧源“太阳神”岩画

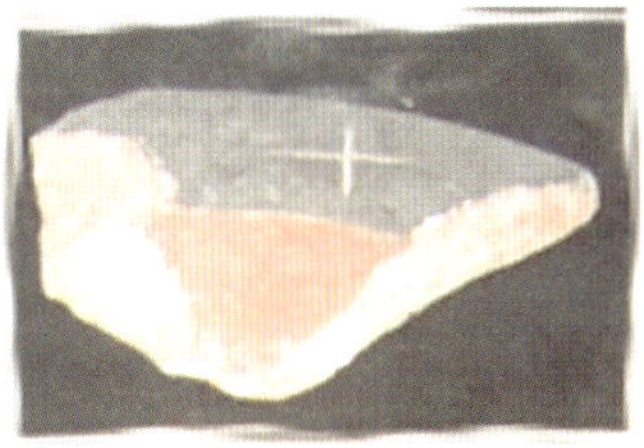
大地湾出土陶片

第四章 广义的羊图腾——阳、鸟、凤图腾

马家窑陶罐

“昜”字的起源，金乌负日图

十字纹

万（卍）字纹

日纹

鸟纹以及以下“花华符号”图纹等。

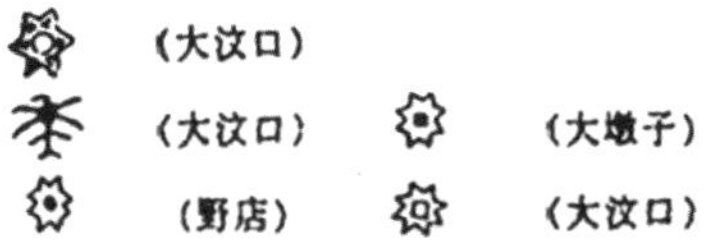

中华太阳图腾之纹是汉字“日”与“昜”（古阳字）之源。

字

日，甲骨文为“⊙”。《说文》：“日，实也。太阳之精不亏。从口、一。凡日之属皆从日。”即是说，汉字是形意字，由“日”为形旁构成的字，与太阳有关。如以下字为姓、名者，其族是太阳为图腾。

皞，太皞伏羲；

昊，经天之日，太昊、少昊为东夷部族首领；

黄，由“光”与“田”字组成，“田”为“日”之形，黄帝即光帝，太阳神；

夏，古字是头顶或手托太阳之形。

湯，商汤（成汤），以鸟（日）为图腾；

音

汉字为形音字，通假是早期文字造字的方法之一。

与“阳（陽）”字同源、同音，意义又有关联的字有“昜”、“旸（暘）”、“扬（揚）”、“汤（湯）”、“杨（楊）”等字。“羊”与“阳”也常见通用。

昜，是金乌负日之纹，上日下乌（鸟）。

暘，日出也。从日，昜声。《虞书》曰：旸谷。“旸（暘）”有两种解释，一为日出，二为晴。暘是阳的本字，俗作陽。

杨姓图腾

日出的地方称“汤谷”，亦称“旸谷”。《淮南子·地形训》说：“旸谷搏（扶）桑在东方。”

“扬（揚）”原本亦表示太阳上升到一定高度。《楚辞·天问》有“羲和之未扬”，就是例证。

于是有人考证，“昜”、“旸”、“扬”、“阳”代表着日升的不同阶段。

再观察“楊”字，绝不简单是“杨柳”之“杨”，肯定与“金乌载日”有关。它的本义，应该就是金乌栖息、太阳升起的东方神木——“扶木”，或称“扶桑”，是“太阳之家”。

图腾文化学家、文化人类学家、考古学家、古文字学家、历史学家王大有在其著作《寻根万年中华——中华百家姓图腾始源》中则提出了“‘杨’是太阳的意思，由‘木’和‘昜’组成。”并为“楊”画出“图腾”配以解说：

杨是远古三苗之一柯挪耶劳的族称，为现代杨姓苗支，他的祖先是兵主蚩尤。“杨”是太阳的意思，由“木”和“昜”组成。“木”在这里特指扶桑，在《山海经》等中国古籍中记载：扶桑树生长在东方大海上的汤谷（初在今连云港云台山）。汤谷又称作“阳谷”、“温源谷”。昜、阳、羊、杨、扬、汤、蜴、蜥远古时为同义词，可以相互替代，所以“昜”是“日升汤谷”的形象描写。居住在汤谷的氏族古代传说采用扶桑纪历。扶桑纪历是观测太阳在扶桑东西（阳阴）两侧的升落高度规律。这个规律东夷人确定为五阳五阴，合称“十日”，也就是“十天干”。观测时总是一个太阳一个太阳地位移，传作“一日居上枝，九日居下枝”，这就是扶桑汤谷十日的本义。汤谷中有一种水中大蜥蜴，今称之为龙，又名扬子鳄、鼍龙或雷兽，因此汤谷就以“蜴”代表，读为“阳”扶桑也就称为“杨”，而且扶桑树变成了龙凤合一体。（见西汉长沙马王堆帛画《扶桑日出图》）它的君长称为“伏羲”、“羲和”、“常羲”，都取义为“蜴”，东方因而称作“析”，其天文历书称作《易经》。

三、鸟图腾

1. 太阳鸟——日中有鸟

古文⊙（日）字中，外面的圆圈为太阳，中间的点代表乌（鸟属），是太阳与乌一体的太阳鸟之纹。

太阳为何与乌鸦沾上关系？这是因为古人早就观察到日中出现的黑子。据《玄中记》："蓬莱之东，岱舆之山，上有扶桑之树，树高万丈。树颠有天鸡，为巢于上。每夜至子时则天鸡鸣，而日中阳鸟应之；阳鸟鸣则天下之鸡皆鸣。"这"日中阳鸟"就是"三足乌"。也有人传说羲和所驾驭的日车，便由它拉着。这就是《山海经·大荒东经》中的"汤谷上有扶木，一日方至，一日方出，皆载于乌"所说的"金乌负日"。

"鸟灵"是人类社会最早崇拜的动物灵之一，"鸟图腾"往往与太阳崇拜紧密联系在一起，它几乎同太阳崇拜一样古老。在古人类的思维中，太阳就是在天空中飞翔的一只火鸟。全世界的鸟灵崇拜有一个很奇特的现象，都崇拜太阳鸟。中国的鸾、雒，日本的天照大神，蒙古的脱斡林勒鸟，古印度的迦娄罗鸟，古埃及的赖鸟，古希腊的克劳诺斯（宙斯），古美洲的雷鸟……都是太阳鸟，都与农业文化有关。《尚书·禹贡》有"阳鸟攸居"的记载，"阳鸟"即指中国南方以"太阳鸟"为图腾的农耕民。这里充分表现出世界各地文化的趋同性。

河姆渡遗址出土的"双鸟朝阳"象牙雕刻件

根据考古发现，中国的"太阳鸟"崇拜大约产生于距今8000年前的农耕文化初期，且已具有了明显的图腾性质。在湖南黔阳高庙遗址出土的祭祀陶器上可以看到，一只鸾凤正在从太阳神的产门中哇哇降生，还有在云彩中展翅飞翔的鸾凤；7000年前长沙大塘遗址出土的傩祭图，上面绘有四个太阳、四只太阳鸟。6000多年前浙江河姆渡遗址出土的傩祭图，上面刻画了两组图像符号，一组是嘉禾两旁有两只太阳鸟，一组是傩神面具旁有两只太阳鸟；还出土了"双鸟负日"骨雕和"双鸟朝阳"牙雕。良渚文化的玉雕傩面，头戴饰有太阳神图案的羽

红山文化玉鸟

飞天乐伎

迦陵频伽

冠，双颊黥有太阳鸟纹；太阳和鸟纹也常常出现在一些代表神权与王权的器物上，如玉璧、玉琮上的一些刻纹。

新石器时代有形态各异的“太阳鸟陶塑”及“太阳鸟玉雕”；仰韶文化的彩陶有太阳鸟，商代青铜器有太阳鸟，周代青铜器纹饰上有太阳鸟，楚国有太阳鸟神鼓，秦代瓦当上有太阳鸟，汉代的帛画上也有太阳鸟图案。

红山文化墓葬中发现人头上立有玉鸟。

即使到了现代，人们还可以看到，西南铜鼓上有太阳鸟图案，山西的傩祭上有太阳鸟，在土家族和侗族的织锦，瑶族挑花上都有太阳鸟和羽冠神人像。苗族姑娘喜穿戴太阳鸟服饰，黎族妇女则有太阳鸟纹黥面的传统。这一切，都说明中国的鸟灵崇拜是相当普遍的。

2. “人面鸟身”鸟图腾

“人面鸟身”在《山海经》中是个相当普遍的形象。知名的如黄帝的儿子禺虢，《大荒南经》里有：“东海之渚中，有神，人面鸟身，珥两黄蛇，践两黄蛇，名曰禺虢。”《大荒北经》则有而他的儿子禺强（又名禺京）：“人面鸟身，珥两青蛇践两赤蛇。”而有神九首人面鸟身，名曰九凤。”恐怕要让人联想起被称为“九头鸟”的湖北人。《大荒西经》则有“五色鸟”：“行玄丹之山。有五色之鸟，人面有发。”《海外东经》里还有：“东方句芒，鸟身人面，乘两蛇（或作龙）。”句芒（或名句龙）是少昊的后代，名重（另一说，重为颛顼之臣），死后成为木神，主管树木的发芽生长。太阳每天早上从扶桑上升起，神树扶桑连同太阳升起的那片地方亦归句芒管。句芒是司春之神，他理所当然成了东方司春的青帝太昊伏羲氏的得力助手，在古代显得非常非常重要，每年春祭都有他的份。这些“人面鸟身”似乎都是荒诞不经的怪物，其实都是原始初民的图腾神像和复合图腾神像，是远古鸟图腾部族留给我们的想象。

银川西夏王陵的妙音鸟迦陵频伽，泉州开元寺的飞天乐

三星堆青铜器人面鸟身像

野鸡

伎，都是以人面鸟身的形象出现的。

《山海经》还有多处“羽民国”、“卵民国”等记载，也都是因鸟图腾部族的存在。

在中国，鸟图腾最典型的例子应当就是东夷人，恰恰他们也是最热烈的太阳崇拜者。

东夷人最信奉的大神帝俊，原本就是鸟的样子。人们也把日中神鸟称为“俊鸟”。《山海经•大荒东经》载：“有五采之鸟，相向弃沙，惟帝俊下友，帝下两坛，采鸟是司。”意思是：有两只五彩鸟，相对而舞，是帝俊在人间的朋友，帝俊在人间的两个祭坛，便是由它们管理的。这里的五彩鸟，实际上便是神话中的“凤鸟”，它与帝俊有着极为亲密的关系，应是帝俊部族的崇拜物。

日照在汉代称为海曲。海曲的东夷人之所以被称为“鸟夷”，是因为他们在服饰与行为上极力模仿鸟，而对图腾物的模仿正是图腾信仰的重要方面。少昊据说是帝俊的儿子。帝俊有三个夫人。一个名叫和羲，住在东方海外的甘渊，生了10个太阳；另一个名叫常羲，住在西方的荒野，生了12个月亮；还有一个名叫娥皇的妻子，生了少昊。少昊姓嬴名挚（也作“鸷”，即以一种猛禽为图腾），号金天氏。

少昊也是一个部族的称谓，这个部族以鸟为图腾，有风（凤）鸟氏、玄乌氏、青乌氏，共24种。《左传•昭公十七年》载郯子说：“我高祖少昊挚之立也，凤鸟适至，故纪于鸟，为鸟师而鸟名。凤鸟氏，历正也；玄鸟氏，司分（春分、秋分）者也；伯赵（即伯劳）氏，司至（夏至、冬至）者也；青鸟氏，司启（立春、立夏）者也；丹鸟（锦鸡）氏，司闭者（立秋、立冬）也；祝鸠（鹁鸪）氏，司徒（管理民事）也；鴡鸠（鱼鹰）氏，司马（掌兵权）也；鸤鸠（布谷）氏，司空（掌管建筑）也；爽鸠（即鹰）氏，司寇（整治盗贼，管理治安）也；鹘鸠（即雕）氏，司事（管理氏族日常事务）也；五鸠，鸠民者也。五雉为五工正，利器用，正度量，夷民者也。九扈为九农正，扈民无淫者也。”

燕子·玄鸟

荆州城徽

“雉”，一种美丽的鸟，俗称野鸡。“五雉”，贾逵注曰：“西方曰鷷雉，攻木之工也；东方曰鶅雉，抟埴之工也；南方曰翟雉，攻金紫红工也；北方曰鵗雉，攻皮之工也；伊洛之南曰翚雉，设五色之工也。”他们的职责是管理手工业生产。

“扈”，又作“雇”，一种鸟名。“九扈”，指春扈（春鳸）、夏扈、秋扈、冬扈、棘扈、行扈、宵扈、桑扈（青雀）、老扈（鷃雀）。东汉蔡邕《独断》解释：“春扈氏农正，趣民耕种；夏扈氏农正，趣民芸除；秋扈氏农正，趣民收敛；冬扈氏农正，趣民盖藏；棘扈氏农正，常谓茅氏，一曰掌人百果；行扈氏农正，昼为民驱鸟；宵扈氏农正，夜为民驱兽；桑扈氏农正，趣民养蚕；老扈氏农正，趣民收麦。”他们的职责是督促农业生产的进行。

“天命玄鸟，降而生商”，自称是华族帝喾高辛氏后裔的殷商人，因为久居于东夷地区，也深切感染了崇鸟的习性。他们的始祖契，据说是帝喾次妃简狄吃了“玄鸟”的卵，得了身孕生下的。“玄鸟”有人说是燕子，有人说是神秘的鸟，更有人认为就是“阳乌”。现代有些学者根据殷商人崇拜鸟的习性，认为他们就是东夷人。

《史记》载秦的祖先大业，也是其母女修吞玄鸟卵而生的。

古人将星空二十八宿中的南方七宿（井、贵、柳、星、张、翼、轸）称为“朱雀”，朱雀为凤凰之一种。居于南方的楚人崇奉鸟图腾也就毫不奇怪了。

楚人尊凤是由其远祖拜日、尊凤的原始信仰衍化而来的，迄今已逾七千年有文物可考的历史。楚人的祖先炎帝氏族的祝融是火神兼雷神。汉代《白虎通》载，祝融“其精为鸟，离为鸾”。就是说，他们氏族的图腾就是鸾鸟。

3. “阳（陽）”字古体“昜”——金乌载日之纹

楊、湯、暘、揚、陽声旁(音符)都为昜，形旁分别为木、

陶寺晚期灰坑H3403陶扁朱书陶文对比

陶扁壶背面文字　甲骨文　叔簋

陶扁壶正面文字　甲骨文　毛公鼎

氵（水部）、日、扌（手部）与 阝（阜部，代表山）。昜应为旸的本字。

陽字，昜声。从阜，与山有关。本义：山南水北为阳，是阴阳之阳。

“昜”字可能是现在已发现的最古老的书写汉字符。在山西襄汾龙山文化遗址陶寺城址的晚期居址中所出土的一件陶扁壶上，有用毛笔朱书的字符。在陶质扁壶的正面鼓腹部用毛笔蘸红颜色写有一个“文”字，而在扁壶平直背面另有同样用毛笔蘸红颜色书写的两个字符，即“昜文”。这是比“甲骨文”更早得多的“陶文”，已有四千余年历史。

据专家解释，“昜”本义为云开日现，引申为飞扬、发扬、成长的意思。此处“昜”当为阴阳之“阳”的初文，“昜文”即“阳文”。“昜”应是“陽”的古体。

另有学者认为，“昜”为朝阳半出于海之象形；“昜”为朝阳升出于海之象形。

据我们观察，“昜”应当就是“金乌载日”的形象。“日”下的“一”，应是乌的头部，再下面的“勿”，我们似可看见乌的身躯的弯曲和翅膀的伸张。

4. 三足乌——踆乌

中国古代传说，太阳里有金黄色的三足乌鸦，而太阳之所以会日出日落，则都是由于“金乌”负载着太阳活动。因此“日乌”、“金乌”、“阳乌”就作为太阳的别名，也称为“赤乌”。月中有白兔，也常以“月兔”或“玉兔”代称月。

阳鸟“金乌”为何是三足？说法也有不同，一说其中“一足”不为“足”，是生殖器，是生殖崇拜的产物；另一说为三是单数，是阳数，因为阳卦（—）形为单数一，而阴卦（--）中间断开形为偶数二，故三足乌是“阳鸟”。

1971年，湖南长沙马王堆一号汉墓中出土一幅彩绘帛画。画的右上方是一轮红色的太阳，太阳中间有一只三足的乌鸦。

日中三足乌·汉代画像石

羿射九日的神话中，被射中的太阳化为金黄色的三足乌鸦

西周三足乌形尊

仰韶文化庙底沟彩陶徽铭

马王堆彩绘帛画

坠落。另据《淮南子·精神训》：“日中有踆乌。”汉高诱注：“踆，犹蹲也。谓三足乌。” 三足乌被称为“踆乌”，据说是与帝俊有关系。《山海经》说：“有女子名羲和，方浴日于甘渊。羲和者，帝俊之妻，生十日”。帝俊是太阳的父亲，帝俊在甲骨文里写成这么个字——便是“俊”的右半——字形像鸟首人身之象。由此可见，帝俊是只鸟，踆乌也同样是只鸟，一从“人”而为人格神，一加“足”而表示乌有三足，父子关系一目了然。

上面我们先后两次提到“羲和”，一为太阳的母亲，一为太阳的御者。虽然都是神话传说，却表明随着由母系社会进入父系社会，人类思想观念的变化。

5. 桑木与汤谷

汤谷，又称旸谷，神话传说中太阳升起之处。汤谷与虞渊相对，虞渊指传说中日落之处。汤谷位置，原说是在“嵎夷”，即今山东日照。后来随着人类活动范围的扩展，汤谷也远赴海外去了。

在《山海经》中“金乌负日”的神话传说，有《大荒东经》的“汤谷上有扶木，其叶如芥。一日方至，一日方出，皆载于乌”。

据《尚书·尧典》，羲和浴日的汤谷（旸谷）在一个叫做嵎夷的地方：“乃命羲和，钦若昊天，历象日月星辰，敬授人时。分命羲仲，宅嵎夷，曰旸谷”。孔安国注云：“东夷之地称嵎夷。”据专家考证，“嵎夷”指的就是龙山文化尧王城，在日照市岚山区高兴镇。故其所在的古“东夷之地”就是指日照。

《海外东经》则曰：“汤谷上有扶桑，十日所浴，在黑齿北”。而《山海经·大荒南经》却写道：“东南海之外，甘水之间，有羲和之国。有女子曰羲和，帝俊之妻，生十日，方浴日于甘渊”。

汤谷中据说有一种大蜥蜴，名龙或雷兽，或许就是扬子鳄。因此汤谷就是以“蜴”代表，读为旸（阳）。

汤谷上的扶木，又称若木、扶桑、桑木。扶桑是一种常绿大灌木花卉，别名朱槿、佛桑、大红花，原产我国，以南方为多。后传到夏威夷、墨西哥等地，品种繁多。叶似桑叶，花以朱红为主，变种则有其他颜色。广西南宁以其为市花。

居住在汤谷的古代氏族传说采用扶桑纪历，就是观测太阳在扶桑东西（阴阳）两侧的升落高度来确定历法。这个规律东夷人确定为“五阳五阴”，合称“十日”，也就是“十天干”。观测时总是一个太阳一个太阳的位移，传作“一日居上枝，九日居下枝”，这就是扶桑汤谷十日的本义。

朝日东升

正如“东”字的繁体“東”字，象征着太阳栖息在扶桑木上，“杨”字的繁体“楊”字，也可想象出金乌载日刚刚离开扶桑，朝阳喷薄而出的辉煌景象。

科罗拉多大峡谷

“扶桑”一词在现代往往用来指日本。但许多学者认为，古史中的日本一般用“倭国”来称呼；《山海经·海内北经》称：“倭国在带方东大海内。”《梁书》卷五十四中对扶桑国是这样记载的：“扶桑国者，齐永元元年，其国有沙门慧深来至荆州说云：扶桑国在大汉国东二万余里，地在中国之东。其土多扶桑木，故以为名。”而“大汉国，在文身国东五千余里”，“文身国，在倭国东北七千余里”。“扶桑”肯定不是“倭国”，而应指更遥远的中美洲某地，现在许多人认为指的是墨西哥。美国学者默茨在仔细阅读、研讨《山海经》后甚至认为，早在公元前2000多年中国人便已到达美洲探险。《山海经·大荒东经》中开篇一句“东海之外大壑”，指的便是美国科罗拉多大峡谷。

富士山

在古代神话信息中，我们可认定汤谷、扶桑就是太阳栖息和升起的地方，不必想象得更远。

6. 羿射九日

《山海经》云：“尧时十日并出，尧使羿射十日，落沃焦”。以《山海经》为蓝本，《淮南子·本经训》将大羿射日的故事做了总结："逮至尧之时，十日并出，焦禾稼，杀草木，而民无所食。猰貐、凿齿、九婴、大风、封豨、修蛇皆为民害。尧乃使羿诛凿齿于畴华之野，杀九婴于凶水之上，缴大风于青丘之泽，上射十日而下杀猰貐，断修蛇于洞庭，擒封希于桑林。万民皆喜。置尧以为天子"。

江苏射阳，据说就是羿射九日的地方。

据史料记载，大羿统一了东夷各部落方国，组成了一个强大的国家。由于该国家为众多崇拜太阳的部落方国所组成，在《山海经》中被称为"十日国"。

到了夏王朝初年，夏后启的儿子太康耽于逸乐，朝政荒疏。东夷系统的有穷氏首领后羿乘机入侵，把持了政权，史称"太康失国"。这个后羿与帝尧时的羿可不是同一个人，虽然他们都出于东夷的有穷氏族，也有相同的名字。后者的名前加上个"后"字，不是为他们作"前""后"之分，而是表示尊贵。如夏代的君王都被加上"帝"或"后"来称呼，因此夏朝的王族也被称为"夏后氏"。这个表示身份尊贵的"后"字，自古就写成这个样子，在甲骨文中，它与"司"字原本是同一个字的两种写法，表示一个人张开大口在发号施令，只是一向左一向右而已。而表示时间先后的"后"字，繁体本当作"後"，简化汉字时借用了这个"后"。他们在各自的时代都是英雄人物，有各自的伟业，却都被不同的神话联系起来。前者是射掉了九个太阳，后者却是娶了美丽的嫦娥，又让她飞奔到月宫上去了。后人分辨不清，往往在神话故事中，把他们混同起来。

7. 夸父追日

夸父追日的故事见于《山海经·海外北经》："夸父与日逐走，入日（追赶到太阳落下的地方）；渴，欲得饮，饮于河、渭；河、渭不足，北饮大泽（传说在雁门山北横纵千里的大湖）。未至，道渴而死。弃其杖，化为邓林（即'桃林'，在豫、鄂、皖交界处的大别山）。"

夸父是古代神话传说中的一个巨人，是幽冥之神后土的后代，住在北方荒野的成都载天山上。他双耳挂两条黄蛇、手拿两条黄蛇，去追赶太阳。最终葬身虞渊（即禺谷）。

传统中，人们把夸父看成是头脑简单、荒唐可笑的人物，典型的评价是

夸父追日

江苏射阳城徽

“不自量力”。《山海经·大荒北经》说：“夸父不量力，欲追日景，逮之于禺谷。”《列子·汤问》亦称：“夸父不量力，欲追日影，逐之于隅谷之际。” 只有陶潜在他的《读〈山海经〉》诗中，给予赞誉：“夸父诞宏志，乃与日竞走”。

到了“战天斗地”、“人定胜天”的年代，夸父得到了各种积极的评价：

有人认为，夸父逐日的故事有其极为深刻的寓意。它说明“只有重视时间和太阳竞走的人，才能走得快；越是走得快的人，才越感到腹中空虚，这样才能需要并接收更多的水（不妨将水当作知识的象征）；也只有获得更多的水，才能和时间竞走，才能不致落后于时间”。

有人将夸父称誉为“盗火英雄”，比作“中国的普罗米修斯”，认为“夸父逐日”是为了给人类采撷火种，使大地获得光明与温暖。

还有人把“夸父逐日”看成是自然界的一种争斗，夸父代表“水”，而太阳代表“火”。水神、火神相争，水火不容。

“夸父逐日”实际上是中华民族历史上的一次长距离的部族迁徙，这是一次很有胆略的探险。在夸父族人的想象中，太阳落下的禺谷里，阳光应该是最充足的。对于因资源不足而面临困境的夸父族人，迁移到那里去或许是一个上好的选择。可惜的是，他们算计到阳光，却没算计到水。向西而去，到达黄河、渭水的上游，水资源的匮乏就显现出来。更不幸的是，他们改向北去寻找大泽，却走进了沙漠。沙漠之中，他们或许看到了海市蜃楼，以为有了希望，结果却因干涸而死去。

夸父的奋斗精神无疑是可嘉的。可惜他们缺乏严密的科学态度。他们对环境的变化没有充分可靠的估算就贸然行动，最终难免成了失败的英雄。

到了科学技术非常发达的现代，我们人类不能仅凭一股勇气去“改天换地”，更需要严密精细的科学头脑，提倡严格顺应自然规律办事，与大自然和谐相处。

虎座凤架鼓

楚 凤璧

楚国玉凤

甲骨文“凤”字

四、凤图腾

凤凰，古代传说中的鸟王。

在中国远古神话传说中，太阳鸟就是阳乌和凤凰，凤凰的“凰”字（即“皇”字）正像太阳鸟的形状，被赋予了美丽辉煌和崇高无上的含义。

关于“凤”的最早记录，是在《尚书·益稷》篇中：“箫韶九成，凤皇来仪。”孔传：“灵鸟也，雄曰为凤，雌曰皇。”郑玄注：“仪，言其相乘匹。”亦有解释，“仪”是当析为“献舞”。

凤不仅是神鸟，而且是楚族、楚国尊严的象征。楚人尊凤的影响便渗透到各个领域。如在楚国的文物中，凤的图像、绣像和雕像不胜枚举，楚人衣服上的刺绣图案也是以凤为主要内容。此外，还有“凤鸟双连环”、“虎座凤架鼓”、“凤龙虎绣罗禅衣”等，楚国的凤纹彩绘可谓千姿百态，无奇不有。

1. 凤——复合型图腾

《说文》：“凤，神鸟也。天老曰：凤之象也，鸿前、鳞后、蛇颈、鱼尾、鹳嗓鸳思，龙纹、龟背、燕颔、鸡喙。五色备举，出于东方君子之国，翱翔四海之外，过昆仑，饮砥柱，濯羽弱水，暮宿风穴，见则天下大安宁。从鸟，凡声。凤群鸟从以万数，故以为朋党字。”按阴阳五行之说，凤色赤，五行属火，是南方七宿朱鸟之象。

甲骨文中“凤”字是一只头顶“辛”形符号的飞鸟。这只飞鸟其实就是与雨水有关的风，即风。“风”的读音是模拟四五级风吹过耳旁的声音，介于“呼呼”与“嗡嗡”之间。所以，凤是被天驱使行云布雨的风，它拂过耳旁发出风声，像飞鸟一样飞行。

鸾

锦鸡

甲骨文中“凤”字

《山海经》中有多处凤凰的记载。《南山经》有：“有鸟焉，其形如鹤……名曰凤凰。……是鸟也，自饮自食，自歌自舞，见则天下安宁。”《大荒西经》则有：“鸾鸟自歌，凤鸟自舞。”“五彩鸟三名，一曰皇鸟，一曰鸾鸟，一曰凤鸟。”

高庙遗址出土的东方神鸟，河姆渡遗址出土的两只太阳鸟，都是最早的凤凰形象。

据古人记载，凤凰有许多不同的品类。诸说不一，其中不少属于秦汉后人的增饰附会之谈。比较著名者有四：

（1）鸾鸟。鸾为凤之一种，鸾凤常见连称。《说文》有：“鸾，赤神灵之精也”、“赤色，五采，鸡形，鸣中五音。”之说。《广雅》亦称：“鸾鸟，凤皇属也。”《周书·王会》载：“周成王时氐羌献鸾鸟。”并注：“大于凤。”屈原的《楚辞·涉江》亦有“鸾鸟凤凰”的描写。

有一种说法认为“凤凰，青黑者鸾鸟”。《禽经》则称：“黄凤谓之鸾。”《春秋谶纬》引汉太史令蔡衡说：“凡象凤者有五。多赤色者凤，多黄者鹓鶵，多青者鸾，多紫者鸑鷟，多白者鹄。”桂馥在《说文解字义证》中归纳说：“赤为鸾之正色，而诸说各异。”以赤色为鸾鸟的正色，实际上是把“鸾”训作“丹”（二字迭韵，古音相近通），鸾鸟就是“丹鸟”，又称“丹朱”、“朱鸟”、“离朱”，这些都是凤凰的别名。

（2）翳鸟。《山海经·海内经》有：“有五彩之鸟，飞蔽一乡，名曰翳鸟。”而司马相如《上林赋》则有：“拂翳鸟，捎凤皇。”的描写。可见翳鸟不但漂亮，而且非常巨大。在古代，其眼睛据说被视作珠宝，名曰：“翳珀”，油绿色，与阳光下可变为褐色，是定情信物。

（3）鵔鸃。《说文》鸟部：“鵔，鵔鸃，鷩也。”《杂字解诂》云：“鵔鸃似凤皇。”司马相如的《上林赋》有“躏玄鹤，乱昆鸡，遒孔鸾，促鵔鸃”的咏叹。《中药典》中“鷩雉”别名为：赤鷩、鵔鸃、采鸡、锦鸡、金鸡。可见“鵔鸃”

是被认为是“凤凰”化身的鸡，名叫“金鸡”，又叫“锦鸡”、“赤雉”。《水经注》引《南越志》，“鵕鸃，山鸡也。光彩鲜明，五色炫耀，利距善斗。”

（4）鸑鷟。鸑鷟是古书上的一种水鸟，它们总是雌雄双飞，比鸳鸯更恩爱。当它们中有一只死去时，另一只就会悲鸣三个日夜。最后热血冷了，血液干了，它也就相从于九泉了。《国语·周语上》：“周之兴也，鸑鷟鸣于岐山。”许慎在《说文解字》中把鸑鷟解释为凤凰的一种。“凤鸣岐山”也就成了吉祥的典故。

先秦出土的凤鸟文物中，常见到一种形制极奇特的、背部有巨大鹿角的鸟。

2. 凤——百鸟之王

凤凰被认为是百鸟中最尊贵者，为鸟中之王（尽管它是虚构的），有“百鸟朝凤”之说。凤凰是神鸟，雄的叫凤，雌的叫凰。以后，凤凰合称；再以后，龙凤相配，凤便成了宫廷后妃的代称。根据神话传说，凤是由东夷人的鸟图腾演化而成。

百鸟朝凤

麒麟

龟

四像图

《山海经·大荒西经》提到有一种五彩鸟，有三种名称，叫皇鸟、朱雀及凤鸟。

百鸟朝凤

《山海经·南次三经》记载一种鸟，样子像鸡，有五彩的花纹，叫凤凰。说明凤凰的形象一开始便是很美丽的，非梧桐不栖息，非竹实不吃。（见《诗·大雅·卷阿》）它自歌自舞，见到它意味天下太平。为群鸟之首，追随者以万计。凤凰死在一座山上，群鸟每七八月到这里来吊念它，过十七八天才散去，故此山叫“吊念山”。（见《水经注·异闻录·鸟吊》）凤是百鸟风采的结合与升华，它的原形不外是阳鸟、鹰、孔雀和鸡四大类。中国北方民族对禽中之王——鹰很崇拜。

3. 凤——鸟中之“龙”

凤凰的诞生，可说与龙极为相似。它们都是自然界并不真实存在的“神物”。它们身上，映射出多种动物的影子。

龙的原形，有人说是蟒蛇，有人说是鳄鱼，有人说是大鲵，有人说是蜥蜴，有人说是河马，更有人说是源自原始人类对恐龙的记忆。这一说法未免荒唐：灵长类诞生的年代，恐龙早已覆灭殆净了。同样，凤凰的原形也是多种多样：有人说是鸵鸟，有人说是锦鸡，有人说是燕子，有人说是仙鹤，有人说是孔雀，有人说是老鹰……亦是众说纷纭。

龙有多种多样：无角有鳞的蛟龙，单足而吼声如雷的夔龙，盘曲而尚未成长的虬龙，带翼的应龙，雌性的螭螭，盘绕柱梁的蟠龙，鲤鱼跃过龙门化成的鱼龙，巨蛇修炼初成的蟒龙；凤的种类也不遑多让：有青鸾，有丹凤，有鹓鶵，有朱雀，有鸑鷟，有鸑鷟……甚至有人把大鹏、鹍鸡都归入凤凰一族。

龙与凤都经历了长期的形成过程。最初的龙，身体光溜溜的，和蛇差不多，只是加上了人首或兽首；凤凰最初也只是鸟

苍龙

白虎

朱雀

玄武

鸦或一般鸟类的形象。后来它们都越来越繁复，越来越神圣起来。龙有了鹿角、鱼鳞、鹰爪、羊须、虾眼；凤则有了鸿头、麟臀、蛇颈、鱼尾、龙纹、龟身、鸡嘴、燕子的下巴。

商周秦汉之际，燕子和金（锦）鸡，曾先后成为凤凰的替身。但唐宋以后，鸳鸯、鹤、天鹅、鹰雕、孔雀，都曾与凤凰发生或深或浅的关系。因之在同一语词记号下，注入了语义不同的动物学意象。这种演变，也反映在历代凤凰图的演变中。我们看先秦的凤凰图，多为蛇颈高足，尚保留着鸵鸟的特征。而汉唐特别是明清以后，就逐渐发展为以锦（金）鸡的形态为主体，饰有孔雀式羽毛的综合形像了。

凤的定型化和规范化，是在辽、金、元以后，使我们原以鸡、雀为基本形态的凤发生了很大的变化，尤其是那一对强劲的翅膀，鹰姿突出。我们现在在艺术品上常见的凤，实际是清代以后的形象，集雉尾、鸡身、鸡冠、隼目、鹰爪、鹤颈、孔雀翎、鸳鸯羽等于一身。它的基调不似龙那么恒久、稳定。

无论从形成过程，还是在人们心目中的地位，龙与凤都极为相似。凤就是“鸟中之龙”。

与龙、凤类似的“神物”还有麒麟。它们都是经过人长期的综合想象，创造出来的灵物。它们身上，都汇合多种动物的元素，也被赋予了神奇的能力。麒麟据说是龙首，麋身，牛尾，马蹄，鱼鳞，常是神仙的坐骑。古人视麒麟为神兽、仁兽，麒为雄，麟为雌。麒麟长寿，能活2000年。能吐火，声音如雷。中国民间有“麒麟送子”的美好说法，据传孔子即为麒麟所送。古人家得了宁馨儿，常被贺为“麟儿”。

龙、凤凰、麒麟、龟一起并称“四灵”，或作“四瑞”、“四异兽”。龙为百鳞之长，凤为百禽之长，麟为百兽之长，龟为百介之长。在“四灵”之中，唯有龟是实实在在存在的动物，实为异数。在早年古人眼中，龟还是吉祥的形象，长寿的象征。龟甲是殷商人卜筮的用材；龟蛇组成的“玄武”，是北方的神灵；“龟龄鹤寿”、“龟鹤延年”是祝寿的吉语；女子的佳偶常被称作“金龟婿”。但到后来，“乌龟王八”、“龟儿子”却成了骂人的话。据说，唐时乐户皆着绿头巾，而龟之头亦暗绿色，后遂称着绿头巾者为“龟”；而乐户妻女皆为歌妓，故俗称开妓院及纵妻行淫者为“龟”。于是，龟失去了神灵的光辉，只剩下曳尾泥涂的负面形象。日本人却不同，至今还是敬仰着龟，姓名里还常见“龟田”、“龟太郎”等字眼。

另一说法，“四灵”是指东方的苍龙、西方的白虎、南方的朱雀和北方的玄武。与前三者各自独立存在不同，玄武是龟和蛇二者的组合，它们虽共享一个名字，却并未演化成一体。

五、龙凤呈祥

1. “羊”通“祥”——奉献牺牲化祥和

甲骨文　　金文

小篆　楷体　隶书

祭祀，是文明古国、礼仪之邦的文明之举，是崇拜、感恩天地、神灵、祖先，缅怀亲人、祈求祥和（平安、好运、消灾却难）之举。祭祀是精神崇拜与精神寄托的表现。与人为善之羊被摆上神台成为献祭的牺牲品，成为“祥和”的表征而载入中华文明的史册。

祥和、牺、牲、奉、献都是祭祀文化的产物。奉（）：表示双手捧着禾麦献给神祖，祈求丰收之意。“獻”字说明犬（狗）与华夏先祖关系密切，犬早期也是祭祀用牲。

羊是中国传统的祥瑞、祥和、吉祥之物；汉字之“祥”是祭祀文化的产物。甲骨文的“祥”就是“羊”。

《说文》：“祥，福也。从示，羊声。一云善。似羊切。”

作为偏旁“示”的文字解释为“示神”，即为古代祭祀的符号（形似祭台），“祭”古字之形就是手中拿肉“示神”。（）：由“手”“月（肉）”“示”（敬神）三个独体字组成，展示祭祀时面对神主手捧牺牲（肉块）的形象。祭为报谢天之所赐，又以天之所赐而献于祖宗，为尊天敬祖。羊是形美、德美、食美的家畜，用于敬鬼神、祭天地、拜先祖自然是

甲骨文“牲”字

龙凤呈祥

青花龙凤盘

西汉连弧龙凤纹铜镜

理想的祭品。羊解决了先民的现实生活问题，美食之羊就被摆上了神台，从而产生了“祥”——示神用之羊。

祭台上摆上羊，为祈求平安、如意、吉祥、和谐等。因此，羊是“祥之兆”，“祥”是大吉羊，羊是祥瑞的象征。

羊秉性温和。羊是“祥”“和”的象征。

甲骨文“牲”字从羊，说明最早用作牲的祭品是羊。

犠字由羊、禾、兮（香火）组成，表明祭品“犠”就是祥（羊）和（禾）。

2. 龙凤呈祥（羊）

“龙凤呈祥”是中国传统的吉祥图案。画面上龙飞凤舞，龙、凤各居一半。龙是升龙，张口旋身，回首望凤；凤是翔凤，展翅翘尾，举目眺龙。周围瑞云朵朵，一派祥和之气。

“龙凤呈祥”的说法最早见于汉·孔鲋的《孔丛子·记问》：“天子布德，将致太平，则麟凤龟龙先为之呈祥。”

龙凤同现的图案最早见于陕西宝鸡北首岭仰韶文化遗址出土的一件“龙凤纹”彩陶细颈瓶。这件珍贵文物说明，龙和凤都起源于距今七八千年的新石器时期，而且是同步出现。

从新石器时代到盛行阴阳五行学说的春秋战国时期，凤大都是以“阳物”的面貌出现：它是“太阳鸟”的化身，是飞翔在天的羽禽之长，常与火联系在一起；而龙，因其取材对象多为“水物”、“水兽”和“水象”，是“鳞虫”之长，从而在其形成的初期，基本上是属“阴”的。所以，当时的“龙凤呈祥”固然也有阴阳和谐的意思，但阴阳配对的意味却不浓。与“凤”作配对的是“凰”，甚至到汉代，司马相如向卓文君求爱，还弹奏《凤求凰》的乐曲；龙虽没有配对的字眼，但它本身也有雌雄之分：伏羲、女娲分别就是雌雄龙体。

据说当年孔子曾专程赴洛邑拜见老子。回来后，孔子三天不讲话，弟子们问他见老子时说了些什么，孔子感叹道：“我竟然见到了龙！龙，合而成体，散而成章，乘云气而翔

紫檀龙凤盒

祈年殿的龙凤图

广元“女儿节”

皇泽寺

乎阴阳，我口张而不能合，舌举而不能讯，又怎么能规谏人家呢？”这是孔子称老子为“龙”。

另一则故事说，老子见孔子带着五位弟子在前面走，就问道：“孔子前边都是谁？”回答说：“子路勇敢、力气大，子贡有智谋，曾子孝顺父母，颜回注重仁义，子张有武功。”老子听后感叹道：“我听说南方有鸟，其名为凤，凤鸟之文，戴圣婴仁，右智左贤。”这是老子比孔子为“凤”。

由于凤凰文化深深植根于稻作文化之中，“和”也就成了凤凰形象的基本特性。主张“和为贵”的大圣人孔子，便成了中国历史上第一个被尊称为“凤”的人。

孔子用龙比老子，是取了龙升天潜渊、灵异善变的神性，来比老子的静动自如的神采和纵横天地不拘一格的思辨才能；老子用凤比孔子，则是取了凤的亲德嘉仁的神性，来比孔子的智善和悦的品性与仁爱为本、律己惠人的圣德。

老子和孔子，正是中华文明史上的“龙凤呈祥”。

从秦汉开始，龙和凤的关系有了变化。以龙为图腾的华夏族已经确立了中原以及周边地区的统治地位，龙对比其他神兽灵物也占据了绝对的优势。凤凰、麒麟都要退避一筹；白虎、玄武更是等而下之，牛羊犬马根本就难及项背了。

龙的身上开始有了象征君主帝王的神性——君主帝王们都说自己是“真龙天子”。秦始皇自称“祖龙”，平民出身的汉高祖却宣扬自己是其母感蛟龙而生的“龙种”，而且生得“隆准而龙颜”，来保障皇权的合法性。后来的王莽要“当仙成龙”梦呓，汉光武帝“梦赤龙”的宣传，都是为了将龙与皇位联系起来。

既然帝王们称龙比龙，作为对应，帝后妃嫔们就开始称凤比凤了。帝王服“龙衮”，后妃们便戴“凤冠”；帝王住“龙宫”，后妃们便居“凤殿”；帝王的仪仗有“龙伞”，后妃们的随从就得擎“凤翚”。

凤，本是凤凰的简称，凤凰是分雌雄的：雄为凤，雌为凰。但在和作为帝王的龙对应之后，凤便有了一个大的变化：

即由“阳”转“阴”，整体上趋于“雌性化”，从此再不分“凤”和“凰”了。因为帝王们几乎都是男的，手中又掌握着至高无上的权力、加上龙由于集合对象的广泛，加上了胡须，加上了犄角，身上已具备了众多“阳物”的特性，又有呼风唤雨的威力，飞腾变化的能量，也和属“阳”的男性相吻合；而凤由于其外表美丽，更和喜好打扮得花枝招展的属“阴”的女性相接近。“龙”常为男儿称呼，“凤”多见于女性名字。

历代的龙凤图案，有秦代的“鎏金龙凤纹银盘”，汉代的“四神纹”瓦当、陕北榆林出土的汉墓石门上的龙凤纹，北魏的墓志边缘装饰画、仙人乘龙跨凤石刻，隋代的青瓷凤头龙柄壶，唐代的龙凤纹铜镜，宋代的凤纹龙把玉碗，元代的龙泉窑贴花龙凤纹盖罐，明代的天坛祈年殿的龙凤图、龙凤石，清代的珐琅彩龙凤纹双连瓶、刺绣龙凤呈祥图案、彩绣龙凤双喜纱帘，等等。

相传唐朝初年，精通星相学的袁天纲从京师长安南下入蜀，端阳节到达利州城，即今广元市。当时，嘉陵江中正龙舟竞渡，利州都督武士彟一家也坐在官船上观赏。突然，从江水深处蹿出一条乌龙，摇头摆尾地向西山飞去；几乎是同时，一只凤凰也伴着彩霞飞来，在东山顶上长鸣一声，然后向北方飞去。众人和武都督夫妻都被眼前的景象吓呆了，唯有袁天纲爽声大笑，说：“这叫龙凤呈祥，此地必出贵人。”第二年正月间，武都督的妻子杨氏生下一个女孩，就是后来中国唯一的女皇帝——武则天。

据说武则天两岁时，武都督还请袁天纲看过相。武则天身穿男孩的服装，由奶妈抱着。袁天纲端详一会儿后，惊叹道：“日角龙颜，龙睛凤项，伏羲之相，贵人之极也。”当得知是个女孩时，仍断言：“是女，亦当主天下。”

后来，利州人根据“龙凤呈祥出贵人”的传说，将当年的西山、东山改称乌龙山和凤凰山。还在乌龙山修了皇泽寺，在凤凰山建了凤凰楼。广元至今还年年举办“女儿节”，来纪念这里所出产的不平凡的女儿。

京剧有一著名剧目，名为《游龙戏凤》。据说是清朝唐英(1682—1756)所编写，说的是明朝正德年间，武宗皇帝朱厚照治国有方，为了掌握国情，喜欢到民间私访。出游来到梅龙镇，在李龙客店投宿。李龙之妹凤姐照看客店，朱厚照为凤姐美貌倾倒，故意呼酒唤菜调戏她，凤姐开始不即不离地对付，而朱厚照更加迷恋。最终朱厚照表露了自己真龙天子的身份及对凤姐的渴慕之情，二人成就了好事。凤姐求封，朱厚照封她做“嬉耍宫妃”。由于演唱简单、情节热闹、剧情符合百姓心理，《游龙戏凤》竟然成了一出很受欢迎的名剧，屡被

凤凰楼

京剧《游龙戏凤》剧照

慈禧陵隆恩殿正中的丹陛石
凤在上，龙在下

改编成各种地方戏和电影。

戏剧对正德皇帝做了极大的美化和修饰。历史上的明武宗是个荒淫无耻，荒唐至极的一朝天子。他自封“总兵”，重用宦官，兴筑“豹房”宣淫，导致天下大乱。据传他曾在山西大同城郊李家村抢得美女李凤回京，刚至居庸关，又遇上另一个绝色美女，就把李凤一人扔下走了，与戏中完全是另一番模样。

《游龙戏凤》又名《梅龙镇》、《下江南》，看来故事发生地有不同说法。一般认为是在宣府（今河北宣化）或大同，另一说是：

湖南衡阳的牌楼乡也有一个“游龙戏凤”的牌楼冲。据说隋炀帝杨广驻跸扬州江都，微服冶游到衡阳，在梅龙镇半边街武馆淫戏武馆姑娘柳凤儿，激起反隋农民起义。两个梅龙镇，时隔近千年，地跨两千里，两“龙”戏两“凤”，何其相似乃尔？由于戏剧出名，湖南的“游龙戏凤”故事也被转嫁到正德皇帝身上，柳凤儿也改成了李凤姣。

晚清年间，光绪只是名义上的皇帝，实际权力却掌握在慈禧太后手中。皇帝是“龙”，后妃为“凤”，龙为主，凤为从。对此“传统文化”，慈禧心中不悦，却不能彻底变更，折中的办法是龙凤并举。清东陵的定东陵是慈禧和慈安的陵寝。这慈禧陵三殿，其耗金之巨，工艺之精，使明清24位皇帝的宫殿为之逊色。尤其是隆恩殿正中的丹陛石雕更是别出心裁。这块石雕宽一米六，长三米多，图案为“凤引龙”：一只高高在上的大凤，凌空展翅，穿云俯首；一条出水小龙，曲身扬首，仰望大凤。同样寓意的图案还出现在隆恩殿周围的汉白玉栏杆上。而在站台的抱喜石上，干脆就“凤在上，龙在下”了。这些团凤，耸冠瞠目，翅翼微张，显得志得意满，简直是不可一世的骄凤！而身居下位的行龙，小头细身，唯骄凤的神采是瞻，实在是一副可怜相！

第五章

民族羊（阳）祖先

中国人是龙的传人，伏羲、炎帝、黄帝是龙形象的创造者，他们是我们的龙祖先；他们的丰功伟业给中华文明带来黎明的曙光，他们又是我们的阳祖先；传说与历史证明，在血缘与文化上，他们又是我们的羊祖先。

一、三皇五帝

追溯中国上古历史，我们总习惯使用一句“口头禅”：“自从盘古开天地，三皇五帝到于今……”

盘古开天地

1. 盘古开天地·万物生化

“盘古开天地”是一个创世纪神话。

据说，天地未开辟之前，宇宙仿佛是混沌一团的大鸡蛋，一个龙首蛇身的巨人盘古，在其中酣睡了18000年后，张开雄健的手掌把“大鸡蛋”打破，又轻又清的东西袅袅上升，散开变成晶蓝的天空；而那些厚重混浊的东西沉沉地下降，凝聚变成了坚实的大地。盘古挺立在天地之间，让天越来越高，地越来越厚，凭借自己的伟力和坚韧，盘古终于把天地开辟成功了。

燧人氏

可是盘古也累死了。他嘴里呼出的气变成了飘动的云；声音变成了天空的雷霆；左眼变成了太阳，右眼变成了月亮；头发和胡须变成了夜空的星星；身体变成了东、西、南、北四极和雄伟的三山五岳；血液变成了江河；筋脉变成了道路；肌肉变成了农田；牙齿、骨骼和骨髓变成了地下矿藏；皮肤和汗毛变成了大地上的草木，汗水变成了雨露。传说，盘古的精灵魂魄也在他死后变成了人类。所以，人类是世上的万物之灵。

这是中国版的《创世纪》，充分体现出中华文明的人文特性。天地是由人创生的，中国人观念中的“三才”——天、地、人就这样紧密地联系在一起，也充分体现了“天人合一”、“以人为本”的理念的光辉。盘古就是中国人眼中的

“万物之父”，当然也是太阳之父。

这是中国的“神话时代”。同时期的神话人物还有混沌（天地）、烛龙（北极光）、巨灵（河神）等。中国的创世纪神话还包括女娲造人、女娲补天；另外还有后羿射日、夸父逐日、精卫填海、西王母等。有些神话在时间上已与“三皇”的传说时代有所交错了。

至于东夷族帝俊之妻和羲（或作羲和）生十日，常羲生十二月的神话，更早被改造、湮灭了，仅在被视为野史稗文的《山海经》中还留下了踪迹。

2. 三皇时代

中华始祖为三皇五帝。三皇五帝，是夏朝之前出现在传说中的“帝王”。今天看来，他们都是部落首领，由于功勋卓著或实力强大而成为部落联盟的领导者。

“三皇五帝”的年代，相当于新石器时代。按照社会发展史的说法，属于“原始社会”。

“三皇”的年代在新石器时代的早、中期，相当于考古学上黄河流域的“大地湾文化”、“裴李岗文化”、“磁山文化”至“仰韶文化”时期，时间大概从距今8000年到距今5000年左右。周边地区的“城背溪文化”、“河姆渡文化”、“大汶口文化”、“红山文化”亦同时存在。

“三皇”所指，有多种不同版本：

燧人、伏羲、神农（《尚书大传》）；

伏羲、女娲、神农（《春秋运斗枢》）；

伏羲、祝融、神农（《礼·号谥记》）；

伏羲、神农、共工（《白虎通》）；

伏羲、神农、黄帝（《尚书序》、《帝王世纪》）。

在上列名单中，全都有伏羲和神农，看来是一致公认。另一个名额，分别是燧人、女娲、祝融、共工、黄帝。他们几乎都是传说中的人物。所以，我们可把“三皇”的年代看作中国的“传说时代”。

然而，这些传说也绝不是荒诞无稽。从他们的名字，我们可以明晰看到人类社会发展的脉络。“有巢氏”、“燧人氏”、“伏羲氏”、“神农氏”，我们可以想见原始先民构建简易房舍，取火用火，渔猎畜牧，直至农耕定居，一

伏羲、黄帝、神农

三皇

司马迁

步步走来的脚印。虽然当时还是文字草创阶段，我们无法确凿证实当年的史迹，但众多的考古发掘，也已足以证明他们的存在。

在中华远古传说中，“皇”的意思有两层：一是有重大发明功大德美泽被天下者，“皇，君也，美也，大也”，如燧人氏被尊为“燧皇”，伏羲氏被尊为“羲皇”。二是指不存在公共权力的早期原始社会，“道德元泊有似皇天，故称曰皇”。神农氏因教稼穑也被尊为三皇之一。皇，含“日”与“王”，其本义就是太阳神。

黄帝应是“三皇”与“五帝”之间的过渡性人物，有人把他列为“三皇”之末，另有人却把他尊为“五帝”之首。

3. 五帝时代

关于“五帝”，历来也有多种版本：

①黄帝、颛顼、帝喾、尧、舜（《大戴礼记》、《史记·五帝本纪》）；

②庖牺、神农、黄帝、尧、舜（《战国策》、《庄子》）；

③太昊、炎帝、黄帝、少昊、颛顼（《吕氏春秋》）；

④黄帝、少昊、颛顼、帝喾、尧（《资治通鉴外纪》）；

⑤少昊、颛顼、帝喾、尧、舜（《尚书序》、《帝王世纪》）。

除去包含了“三皇”的说法，“五帝时代”可说是由黄帝开创，他的儿孙继承的历史时期。

按照现代的观点，中国的可靠历史，是从商代开始的，因为有乌龟壳和牛马骨头上刻下的文字可以证明。五帝时代是否“子虚乌有”呢？

司马迁是非常严谨的史学大家。他的《史记》记述了从黄帝到汉武3000余年的历史。《史记》第一篇就是《五帝本纪》，第二是《夏本纪》，第三是《殷本纪》，第四是《周本纪》。甲骨文字证明，他所记述的殷商历史是相当准确的。而

黄帝陵

对没有充分把握的有关伏羲氏、神农氏的传说，他宁付阙如，不勉强写入史册。所以，从黄帝到夏代，其中包括“五帝”时期，我们相信司马迁当时确实掌握了充分可靠的史料。甲骨文有五千多个字符，已是相当成熟的文字，绝不可能在商代数百年间才发展起来。可以想象，起码在夏代已有了相当发达的文字，可惜人们只将文字书写在诸如兽皮、树皮、竹木简、布帛上，无法像乌龟壳、牛甲骨上的文字，保留到3000年后的今天。虽然我们现在仍然无法找到文字证明，至少还可以将那段时期说成是“半信史时代”。

“五帝”的年代，属新石器时代的晚期到青铜时代的初期，相当于考古学上黄河流域的“龙山文化”、“庙底沟二期文化”、“齐家文化”、“陶寺文化”时期，时间约在距今4000—5000年间。与此相仿佛的有太湖周边的“良渚文化”以及岷江上游的早期“蜀山文化”。这段时间私有制已经产生；部落联盟发展，步入到国家的雏形。所谓“帝”，就是部落联盟的领袖。

二、时代的符号，功勋的标志

湖南炎帝陵

中国是一个有悠久历史的文明古国、礼仪之邦，历来都有尊崇先祖的习俗。没有一个民族比中华民族更为重视祖先崇拜。追根溯源，中华民族的祖先崇拜，集中在对民族始祖的崇拜。中华民族的文明始祖，当推传说中的“三皇五帝”，其中最杰出的代表无疑是集中体现在“太昊伏羲氏”与“炎帝黄帝”。但后代在祭祀中，自春秋时期到近代，渐渐形成了以“炎帝黄帝”为祖先代表的“共祖”崇拜，即“炎黄崇拜”。

我们说中国有五千年的文明史，就是从五帝时代开始。最早记载三皇五帝时代的文献，都是后代学者的追记，其资料来源大多来自世代的口耳相传，因此难免会出现一些不准确或互相矛盾的说法，甚至是虚幻的神话，这不足为怪。因为这是各

湖南炎帝像

个民族的共性，世界任何民族都经历过这样一个社会阶段。

民族先祖，是古代历史转折时期的标志性代表人物。作为该时期中华文化的代表，人们把当时所有政治发展、经济成就、文化成果以及一切发明创造都归功于他他们。于是他们成为中华民族的神祖与英雄，被载入史册。

民族先祖，是一个历史转折时期的标志性代表人物；作为某一时期的文化代表人，是该时期发明创作者们的代表，从而成为中华文化记忆的标志，成为中华民族的神祖与英雄，被载入史册。

中华民族先祖，最为有影响的当属：

1. 华胥——母系氏族社会的代表

2. 女娲——母系氏族社会的遗存

3. 伏羲——父系氏族社会的起始，开创中国原始畜、牧业

4. 神农炎帝——开创中国远古的原始农业

5. 黄帝——奠定华夏族的基础，建立大一统的部族联盟

6. 蚩尤——战争之神，兵器之主

7. 尧——天下为公，禅让制度的倡导者

8. 舜——天下明德之始

9. 共工——改天换地，失败的英雄

10. 夏禹——夏王朝的奠基人，治理洪水的救灾英雄

11. 皋陶——中国司法制度奠基人，“法治”、“德治”思想倡导者

12. 王亥——中国商业的开创者，商人之祖

三、华胥阳图腾

华胥（婴）氏是我国上古时期一位杰出的女首领，《春秋世谱》中说：“华胥生男名伏羲，生女名女娲。”晋代皇甫谧《帝王世纪》说：“太昊帝庖牺氏，风姓也，燧人之世有巨人

迹出于雷泽，华胥以足履之，有娠，生伏羲于成纪。”华胥氏是华夏民族祖宗谱系中留有名字的第一人，是我们的老祖母，是华夏繁衍之根。我们的首位祖先恰巧是个女性，也正符合人类最早的社会形态是母系氏族社会。

这些传说近于神话，但也透露了上古史实的一些影子。伏羲、女娲母亲是华胥氏，父亲是谁呢？——不知道。这正是典型的母系氏族社会，只知有母，不知有父。当时流行的是族内群婚制，出现这种状态毫不奇怪。可能是发生了非正常的族外情爱，需要另编一套说法来解释。

华胥氏母系氏族时代，距今约8000年，往上追溯，当延续数万年之久，大致属于“旧石器时代”。

至于华胥氏的族称又是如何得来的呢？

华胥氏族时代，人们崇拜太阳与火，因而称“华”。“华”本作“光华”解，代表一切美丽（繁盛）的事物，如日华、火华。在华胥氏时代前期，“华”是代表着对太阳、雷电与火等自然光华现象的崇拜（自然灵崇拜）。在这个意义上，华胥氏是我们所能准确记忆的最早的“阳祖先”。

由于花果瓜菜有艳丽的“光华”，故又以“华”称瓜果，

华胥陵

蓝田猿人

如树华。甲骨文的“华”字，就是一株挂着果实的花树。后因避免“光华”和“花华”混淆，才另创造了“花”字。因此，华胥氏族后期则出现了花华崇拜（植物灵崇拜）。仰韶文化的彩陶器皿上，时常出现玫瑰花纹饰，就是证明。

另一种说法，伏羲的母亲是风兖部落的女首领，居住在华胥山之渚（今甘肃庆阳市与平凉市境内的沿河地带），因此被称为华胥氏。

蓝田往西安的国道，经过华胥镇，镇中有座华胥陵，在圩镇的北面孟岩村。陵冢是个大土墩，竟被民居所包围，有些房屋直接就建在陵丘上。在陵的西端，空出了十多米的位置，村民们布置了一个简易的案桌，可以摆些供品。民居前辟了个广场，刚立起一座牌坊，尚未完工；广场上立有书写“华胥陵”的石碑。这两年当地民间人士曾在此处举行过祭奠华胥陵的典礼。

陵冢东边，曾有一座三皇庙，现已荡然无存。一块关于记载“三皇”功绩的碑石，至今仍保留于在华胥镇。碑石中间有“华胥国”三个大字，左边有“伏羲肇娠”，右边有“黄帝梦游”的字样。伏羲氏的“肇娠”，到底是在天水还是在这里，恐怕是有得争议；黄帝梦游华胥国的故事，却常见于先秦典籍。

蓝田境内，有多处远古人类生活的遗址：著名的115万年前的蓝田猿人；65万年的陈家窝猿人；40万年的涝池河猿人；还有20万—30万年前的以及2万—3万年前的古人类下颌骨化石。这些考古发现印证了蓝田存在着从早期猿人到晚期智人的人类演化序列。

在蓝田，和华胥、伏羲、女娲有关的遗迹和地名很多，如雷泽、画卦台、华胥窑、遇仙桥、毓圣桥、三皇祠、轩辕庙等。远古的传说和近代考古的科学发现相互应证，这里正是华夏民族的发祥地。

学者顾实先生在《华夏考源》中说过：“胥、雅、夏等古字相通，华胥就是华夏。”如此也得到了相同的结论：华夏族就是华族，不过来得更加直截了当，只是族号的读音转换，“华胥族”读成了“华夏族”而已。

还有学者认为，“华胥”即“娲羲”，是女娲氏和伏羲氏部落联盟的称谓。从华胥氏的传承来看，也不无道理。

汉代画像砖女娲

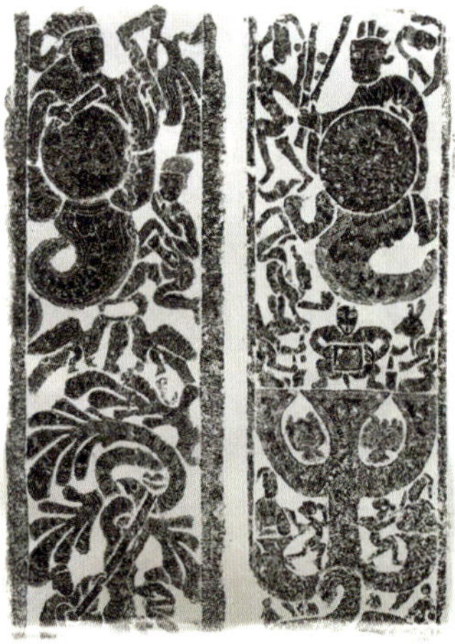

汉代画像砖伏羲女娲

大地湾人头形彩陶瓶

四、女娲——龙、凤、蛙图腾

女娲的名字最早见于屈原的《天问》：“女娲有体，孰制匠之？”意思是：女娲的身体，是谁造出来的。学界共识，神话中的女娲最大功业是“抟土造人”；对于“娲”训作“蛙”、“蜗”，学者们也没有异议。女娲的最大功业在大地湾遗址中有突出的表现。众所周知的大地湾“人头彩陶瓶”，被认为是女娲的形象。

人头彩陶瓶 这是距今约6500年的大地湾人头形彩陶瓶，堪称远古时期的雕塑杰作。圆鼓腹，平底。两侧器耳缺失，上腹开裂。器口为圆雕头像，齐额短发，五官端正。直鼻梁、小嘴，容貌秀丽。瓶体从上到下装饰三层的大体相同的黑彩图案。整个陶瓶像是一位衣着华丽的孕妇，原始人类可能是借她来寄托人丁兴旺的意愿。有学者称她为“大地湾女神”。

有关女娲的另一神话是炼七彩石补天。

1. 女娲，母系氏族社会的遗存

女娲是我们中华民族最崇奉的女神，是我们中华民族伟大的母亲。女娲又被称为女阴，是古代母系氏族社会的象征，是女性生殖崇拜的象征。

历史人文传说中的女娲，却是华胥氏的女儿，伏羲的妹妹。传说中，伏羲和女娲是兄妹，在一次覆灭人类的巨大洪水中躲过了灾难。为了人类的延续，他们不得不结为夫妻。在一些古祠和古墓中发现的汉代石刻画像和壁画，常见有伏羲女娲蛇身人面交尾图。这些传说表明，当时人类的婚姻状况已从杂

对青蛙的崇拜是马家窑文化最显著的特征之一

黄帝天黿国族徽（商代）
蛙（黿）、龟都为生殖崇拜的图腾

婚过渡到血族婚。血族婚（也称族内婚）是原始人类的第一个婚姻形式，即在氏族内排斥父子辈之间的通婚，只允许同辈男女（兄弟姊妹）的婚配关系。这种婚姻形式在众多民族都曾存在。后人依据自己的伦理观念，无法接受这样的事实，只好加上洪水灾难的传说来修饰。

而实际可能出现的情况，应是伏羲和女娲分别代表了华胥氏传下的两个氏族：伏羲氏族开启了父系社会的大幕，而女娲氏族则代表着母系社会的遗存；他们是兄妹氏族，长时间维持着通婚的关系。

伏羲和女娲，是中华人根之祖，也是人文之祖。据说，伏羲去世后，女娲继任氏族领袖，成为三皇之一，被称为娲皇。

随着中国封建社会妇女地位不断下降，女娲在神话传说中的地位也不断变化：原来她是人类的缔造者，是补天拯救世界的伟大神祇，地位远在三皇之上；被列在三皇之中，已是委屈；再后来更被剔出三皇之外，仅成了伏羲的附属。但在民间，她永远是我们民族最伟大的母亲！

2. 哇音——生儿育娃“蛙图腾”

“女娲”，是华夏先民对生育、养育先民的母系氏族社会代表人物塑造的文化符号。《说文》：“娲，古之神圣女，化万物者也。”

育

子

“育”字的甲骨文写法，像妇女产子形，上部为倒“子”字——孩子出世头先出。

“娲”，字的发音为“哇”、“蛙”或似“娃”，源于生“命”。

呱呱坠地的儿女的第一叫声不是“爸妈”，而是“哇——，哇——”，或“古蛙——，古蛙——”的娃叫声。

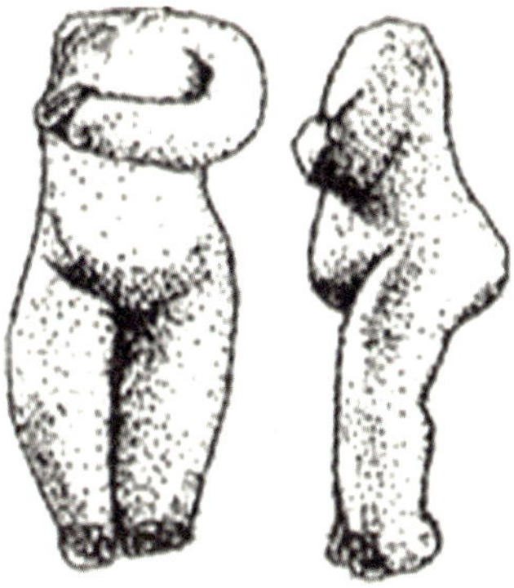

紅山文化出土妊婦塑像

蛙

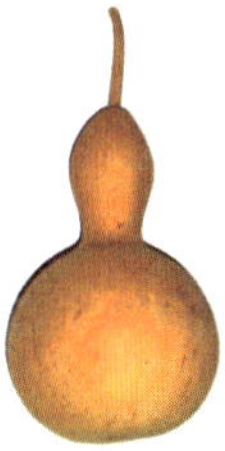

葫芦

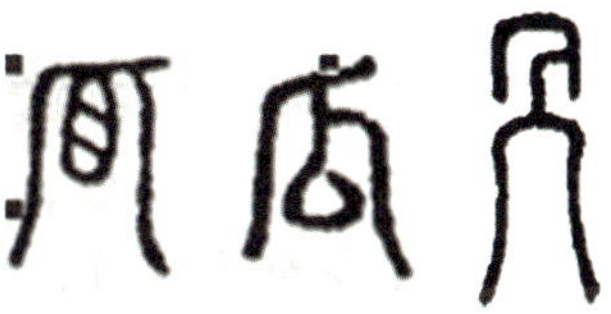

瓜　咼

母亲十月怀胎后生下的一块骨肉为娃，所以儿女是母亲的心头肉。蛙是大肚之形，在母系民族社会象征女性生殖。到现在中医仍把女性阴门叫做“蛙口”，人们也把孩子叫做“娃子”。这全是原始社会中蛙崇拜在语言文字当中的遗留。“娲”的字音，我们完全有理由认为是“如娃”或“如哇”；“华”的字音，我们则有理由认为是“黄娲切”或“若娲”。

“蛙”是生殖崇拜的图腾。广西壮族民间对青蛙（蚂拐）的崇拜，是一种典型的生殖图腾膜拜现象，当地民间有过“青蛙节”（蛙婆节）的习俗。

3. 咼形——葫芦瓜图腾

“娲”字的形旁一为“咼”，“咼”形似蛙，似瓜，又似大肚，由“”与“口”合体而成。“娲”字的另一形旁“女”表性别。

从“娲”字的半边“咼”的形象，我们可以联想起葫芦的模样，联想起葫芦图腾。彝族以葫芦象征子宫，是生殖崇拜。

我国各民族最为流行的共有神话，大概要算葫芦神话了。几十个民族的神话都一致认为，人类最初是从葫芦中诞生的。据不完全统计，汉、彝、怒、白、佤、苗、瑶、畲、黎、水、侗、壮、哈尼、纳西、拉祜、布依、仡佬，崩龙、德昂、布朗以及苦聪等族（部）都有葫芦神话流传。

《诗经·大雅·绵》也有“绵绵瓜瓞，民之初生”的说法，葫芦图腾产生于氏族社会初期，当时社会物质生产处在采集向狩猎转变的过程中，既可食用，又可作容器的葫芦是族人主要的采集对象。

盘古神话与葫芦神话也有关系：盘古的“盘”，本字为“槃”，而槃即葫芦；而盘古的“古”，义为开端。因此，“盘古”，就是“从葫芦开端”的意思。“槃瓠”是葫芦的别称；由“槃瓠”再转为开天辟地的“盘古”。

道家把自已的理想境界称作“壶天”。据《后汉书·方技

河南信阳女娲城

女娲炼石补天

女娲造人

传》，“壶天”一词，源自道家费长房与仙翁在灵葫芦中对酌的故事。“壶天”之“壶”即是葫芦。道家的理想境界就是葫芦的灵化，道家的法器就是葫芦。太上老君出门时，手中必带系着葫芦的龙头拐杖；八仙中的张果老，云游时将葫芦挂在腰际须臾不离；与宋太祖下棋赢得华山的陈抟老祖也常“大瓢挂壁上”。一般的道士，更无不将所炼之丹药贮放在葫芦中。甚至《西游记》中，也有孙大圣偷吃老君葫芦内仙丹的情节。道家灵异的法器葫芦，显然是上古图腾葫芦的化身。“葫芦里究竟卖的是什么药？”无疑是生儿育女、延年益寿的灵丹妙药。

在祭祀方面，自秦汉到现代，主要的礼器香炉，无论是铜铁铸的、陶瓷烧成的还是石雕的，都是呈葫芦形状。为什么要做成这种形状？《通考·郊祀考》揭示过其中的奥秘：“周之始，（祭）器用陶瓠，以象天地之性，报本返始也。”所谓“报本返始”，就是不忘葫芦鼻祖。

在民间，直到今天也总是将葫芦视为与龙、凤和虎一样的吉祥物。在年画中，常可以看到配上各种图案的葫芦；在寺庙里，常有做得小巧灵珑的葫芦出售，让游客买了挂在自己或孩子的脖子上。这不仅仅是为了美，更主要的是像戴项圈和长命锁一样，起“厌胜”作用。

“瓜”字与“□”字同音；“瓜”字与“□”字形有共同的“人文”，“瓜”字上部与“□”字下部为“人”纹；葫芦与蛙一样，都像怀孕的女人之形。“瓜”字的下部与“育”字的孩子头一样，为倒“子”字的头。崇拜葫芦（瓜）也是生殖崇拜的现象。

4. 姓，女生也——母系氏族社会之“纹”

汉族姓氏是中华民族特有的文化现象。“姓”与“氏”本来是两个不同的概念，既有区别又有联系。姓是一种族号，氏是姓的分支。姓由血统来决定，氏由封地、居住地决定。

姓，原本写作“生”，后来才加上“女”字旁。我国先民在造字时，对“姓”是很有研究的。《说文》云：“姓，人所生也。古之神圣母，感天而生子，故称天子；从女，从生，生亦声。”故，姓者，女生也。上古八大姓：姜（炎帝之姓）、姬（黄帝之姓）、姚（舜帝之姓）、嬴（少昊氏之姓）、姒（大禹之姓）、妫（舜居妫汭）、妘、妊皆从女。因为母系氏族社会的人知母不知父，“姓”就是源于同一女性始祖的人共有的符号标记，是人们天生的血缘关系的标志。姓在古代起着“明血缘”、“别婚姻”的作用。

氏，古时与“支”同音。氏者，支也，姓之支也。氏往往表示某一氏族的图腾崇拜、部族徽号或居住地域等。即同一姓的氏族分成若干个分支后，各个分支又有一个新的称号作为标志，这就是氏。从夏朝中期开始“氏”成为“姓”的支系，表示功勋和地位。先秦时期，女子称姓，男子称氏，故有“姓从母，氏从父”的说法。在周代以前，天子有姓无氏，贵族有姓有氏，老百姓无姓无氏，只有名。到了春秋战国时期，老百姓才有了姓氏。秦始皇统一中国后，姓氏开始合而为一。正式把姓与氏混为一谈，始于司马迁的《史记·项羽本纪》：“项氏世世为楚将，封于项，故姓项氏。”

姓与氏最初的来源大约有三种：“因生赐姓氏”，是血缘传承的标志；“因德赐姓氏”，是其具有特别的建树，重大的发明，是文化文明的标志；“因地赐姓氏”，就是以发祥地为姓氏。

父系社会确立以后，中国人习惯继承父亲的姓，以父系方式把姓氏传递给下一代。

5. 女娲伏羲交尾图——龙凤图腾

人们所能见到的伏羲、女娲图像，最典型的是“人面蛇身交尾图”，又称“交龙图”。画面中，二人均人首蛇（龙）身，交尾相拥。女娲执矩，画地为方，伏羲执规，画天成圆；或二人分掌日、月，象征他们是天地的主宰。这是后人在西汉晚期开始出现，东汉年间盛行的砖石画像中看到的。东汉灭亡之后，伏羲女娲图就从中原大地上神秘地消失了。

再早的年代有没有类似的图画？答案应当是肯定的，但因不是刻画在砖石上，随着载体的腐朽而湮灭了。我们只能看到《山海经》、《列子》等先秦典籍中有伏羲、女娲“人首蛇（龙）身”、“蛇（龙）身人面”的记载。伏羲、女娲是龙神儿女的形象早已深入人心，他们都以风为姓，龙凤图腾实为伏羲、

汉代画像石伏羲、女娲

新疆伏羲女娲交尾图

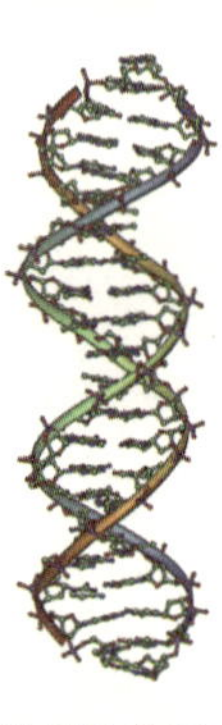

DNA双螺旋线结构图

女娲所共有。

直到20世纪70年代才“石破天惊”，马王堆千年女尸的出土，带出了描绘伏羲女娲下身以蛇（龙）尾螺旋形扭缠相交的帛画。此画绝不会是孤例，同时甚至更早必定还有大量存在。但只有它才躲过了时光的磨洗，成了“硕果仅存”。据说，在曾侯乙墓的发掘中，发现了五弦琴上的油漆描绘的伏羲和女娲图像。

然而，更早更多的发现却是在新疆。1960年，考古工作者在吐鲁番郊外高昌古城的公共墓地阿斯塔那－哈拉和卓古墓群中，出土了二三十幅麻质或绢质的伏羲女娲交尾图。这些图大多出现在夫妻合葬的墓穴，画面朝下，正好呈现在仰面而卧的死者的视野之中。

这些华夏祖先的图像为何出现在西域地区呢？了解一下吐鲁番的历史就不难知道，此地早就是汉人与少数民族混居之所。两汉经营西域时，就在此设立“治粟”的“戊己校尉”（管理军屯、农垦的官员），为驻军提供物质保障。西晋末“五胡乱华”，十六国之一的前凉汉人政权开始在这里设立高昌郡、县。紧接着南北朝，众多汉人躲避战乱来到此地，陆续建立过多个汉人政权，包括时跨5至7世纪的“麴氏高昌”，后来它又被大唐征服，设立西州。墓地考定的时期约为公元3世纪到8世纪，正与这段历史相当。

蛇的交尾意味着性交，性交是生命繁衍的基础。怀有强烈生殖崇拜的古人对此当然极感兴趣。越是后来的画图，蛇身越被用各种方式强调、夸大：尾部变得越来越粗大，交尾的次数越来越多，从一交、三交达到了七交。或许这些意味着生殖能力强大。有些图中，还出现了活泼可爱的小孩，是对“生殖”的演绎。

人类发现脱氧核糖核酸（DNA）分子30年后，一个西方人面对着一张伏羲女娲交尾图震撼万分：图上蛇尾的交缠，不正是生物的基本遗传物质脱氧核糖核酸分子的双螺旋线结构吗？难道中国人在远古时代，就凭直觉洞悉了生命的起源方式的奥秘？

因此，联合国教科文组织杂志《国际社会科学》1983年试刊号的首页插图就是一幅吐鲁番地区出土的伏羲女娲交尾画像，题名为“化生万物”。

在中国人的心目中，伏羲、女娲交尾图还是阴阳交感、阴阳和谐、龙凤呈祥的象征。虽然这样的图像后来已常被“龙凤呈祥”取代，概括宇宙玄机的阴阳鱼紧密相扣的《太极图》或许就是得到它的启迪。

伏羲女娲塑像

五、伏羲氏

1. 伏羲，父系氏族社会的起始

继承着华胥氏族，约在7800年前，大地湾遗址所显示的早期新石器时代，伏羲氏出现了，这显示父系社会已经开始萌芽。伏羲氏、女娲氏同时存在，也表明母系社会与父系社会交替的时代开始了。他们活动的时代大概延续了3000年，包括裴李岗文化、磁山文化和仰韶文化时期，也包括稍后的马家窑文化，或许红山文化遗址也有他们的遗踪。他们的足迹，从渭河流域越过黄河来到淮水边。

伏羲圣像

伏羲、女娲，既是氏族领袖的名字，也是他们所在氏族的名称，故能长久地存在，并在广阔的地域留下他们活动的踪迹，甚至他们的陵墓也在多处出现。

2. 伏羲，降服野兽为犠牲

伏羲氏，又作伏牺（繁体为犠）氏、伏戏氏、宓羲氏、包犠氏、庖犠氏，基本属于谐音的组合；他还被尊称为太昊（或作皞）、羲皇。他象征着中国社会文明时代的肇始。

当时还没有文字，或者说还处于“画八卦”、“造书契”的文字草创阶段。伏羲的名字当然无法留下文字证明。应当说，他的名字是儿孙后代根据上古的传说，才用文字补充演绎出来。或者说是后人为自己的祖先追认的，类似于后世的“谥号”——借此颂扬祖先的业绩、功德和贡献。从伏羲的诸多名字和尊号，我们可以读到大量的信息。

首先，我们可以推断，当时的氏族社会已经从渔猎为主进入了畜牧为主的时代：伏羲（犧），意味着驯服了原本野生的动物，作为牲口饲养，用作祭祀用品（牺牲）和食物。“伏羲氏”与“燧人氏”、“神农氏”一样，是人类社会发展到一个明显阶段的确切证明。

“庖犧”中的“庖”字也意味着熟食已极为普遍，烹制肉食已不再稀罕了。

3. 蛇身人首——龙图腾

在《龙图腾》一章中，我们已经论述过，伏羲氏是龙图腾的创始者。他被描述成母亲华胥氏踩“雷泽大人”足迹感孕而生的雷神的儿子，具有“蛇身人首”的神奇形象。

关于伏羲、女娲“蛇身人首”的描述，见于诸多典籍和文艺作品。《帝王世纪》称：“太昊帝庖牺氏，风姓也，蛇身人首。”晋王嘉《拾遗记》：“蛇身之神，即羲皇也。”东汉王延寿《鲁灵光殿赋》云：“伏羲鳞身，女娲蛇躯。”曹植《女娲赞》：“或云二皇，人首蛇形，神化七十，何德之灵。” 唐司马贞《补史记·三皇本纪》：“太皞包牺氏，……蛇身人首，有圣德。”

有学者认为，所谓“蛇身人首”，其实就是“道”字的原型。伏羲创八卦，就是道家学说的创始人。

其实，这些“蛇身人首”的说法，都是出于后人的误会。还是《山海经·海内东经》的说法准确：“雷泽中有雷神，龙身人头，鼓其腹而熙（敲打肚子游戏）。”这“雷泽中的雷神”，正是使华胥氏怀孕而生伏羲的“大人”。它是“龙身人头”，伏羲当然也承继了乃父的尊容，是“龙身人头”。

伏羲氏是创造“龙图腾”的第一人，《左传·昭公十七年》记述：“太皞（昊）氏以龙纪，故为龙师而龙名。”《补史记·三皇本纪》亦称伏羲“有龙瑞，以龙纪官，号曰龙师”。当时的龙还在草创阶段，形象简单，身体光溜溜的，跟蛇确实差不多。所以被说成是“蛇身人首”，也就毫不奇怪了。经过黄帝的“釜山合符”，龙才广泛吸纳了各部族诸多动物图腾的因素，渐渐接近现在的形象。

大昊陵

4. 伏——狗图腾

从伏羲氏的“伏”字，我们还可以看到“狗图腾”残存的迹象，看到人与犬密切配合，共同征服自然的情景。

狗应当是人类最早驯服的野生动物。据史学家和生物学家分析、研究，人类开始驯养和役使动物的年代为：狗约在12000年以前；山羊约在10000年前；绵羊约在6000年前；牛约在7500年前；马、猪、猫约在5000年前。在人类最早的生存状态——渔猎时代，狗就是人类的得力帮手。所以，犬或狼，应当是人类最早的动物图腾崇拜对象。

即使在古羌人中间，狼或狗也应是是最早的动物主图腾。狗图腾产生于渔猎时代，羊图腾产生于游牧时代。随着畜牧业和农业的发展，羊图腾发展起来，逐渐取代狗图腾成为主图腾。但在一些羌人的分支部族，如犬戎、白狼羌、参狼羌等，依然保留了犬图腾或狼图腾。“戎狄同源”，犬戎部族北迁后，甚至将狼、狗图腾带到了北方游牧部族之中。

中华先民感念狗与人的结缘，因此有不少关于狗的神话，甚至是人犬婚配的犬祖神话，其中流传最广、影响最大的要属瑶族、畲族、苗族、土家族、彝族等少数民族相传的盘瓠神话。我国一些少数民族还存在着犬图腾崇拜。在中华民族的始祖神伏羲名字的“伏”中出现“人”与“犬”，这不是巧合，而是先民感念狗的意识，正如汉字中猎、获、狩、嗅等字从“犬”，是借用犬的嗅觉来追踪猎物的反映，“伏”反映一种夏天杀狗的祭祀，“献”反映以狗祭宗庙的事实。

传说伏羲生于成纪（在今甘肃省天水市秦安县境内），长于新（在今河北新乐市），都于陈（古陈州宛丘县，在今河南淮阳），葬于宛丘。太昊陵在河南淮阳县城北烟波浩渺的龙湖边，门廊殿宇多重，气象森然。泥泥狗是当地著名特产，亦称陵狗，是淮阳泥玩具的总称，专门在陵前广场出售，或许也是狗图腾崇拜的遗存？这些泥捏成的动物身上，还五彩斑斓地画上女性生殖器的图样，是人们对女娲“抟土造人”的记忆和女

泥泥狗

性生殖崇拜的迹象。

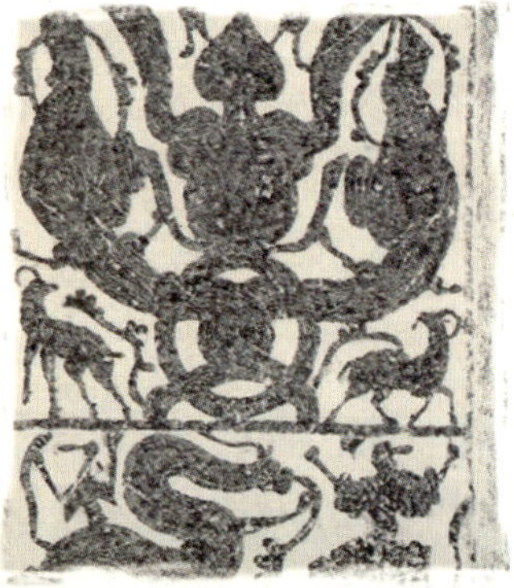

东汉铺首衔环画像石：上层铺首衔环，两侧有伏羲、女娲蛇尾相穿于环内，双羊。

5. 羲——羊图腾

“羲”字以“羊”为首，也绝不是偶然。它首先让我们联想起华夏民族早期的领袖伏羲氏与养羊崇羊的古羌人的血缘关系。古羌人的羊图腾崇拜，也在伏羲的名字上留下了印记。

《点解姓羊——祥和广州与华夏羊文化》一书中，首次将汉字“羲”一字分解为“羊”、“禾”、“兮”、“戈”四字，为破解“伏羲”名字的人文密码提出新的见解。“羊”“禾”是游牧、农耕时期中华祖先养生调和的物质基础，是游牧文化、农业文化的表征；“兮”字上面两点是表示字义：祭祀时香火上升之气，代表了上古先人的大事祭祀——祖先崇拜、天地崇拜；“戈”，是生产工具与武器的象征，是上古先民生产与保护生命之须随身携带的具器。“戈”也可能成为一种饰物。“羲”体现了与上古先民生活最为密切的大事：饮食（羊、禾）、祭祀（兮）与器具（戈）。

伏羲是华夏祖先中与羊图腾发生联系的第一人，也是我们的羊祖先。

彝族正月十五虎节

6. 伏戲——虎图腾

伏羲又称伏戏，“戏”字繁体“戲”的左侧是䖒（音同羲），䖒包含“虍”（音同虎，俗称虎字头），虍就是虎图腾的文化元素，有虞氏（舜帝）与饕餮名字中均含虍，他们与虎图腾有关。

彝族学者刘尧汉却认为，伏羲氏与彝族崇尚的“虎图腾”有关：太极别名“一”或“太一”，又名“腊”，是伏羲所倡导的道家及道教的宇宙本源。在彝语中，“腊”（或“倮”）的意思是虎。彝族创世纪认为：虎尸解成宇宙；虎推动地球。此即彝族的“虎宇宙观”，看来是起源于伏羲氏。

彝族十月太阳历及其所包含的二进制数学（一年分五季，

每季分阴、阳二月），也与伏羲氏制八卦依据的“太极生两仪，两仪生四象，四象生八卦”的阴阳观念有关。

刘尧汉指出，“虎伏羲部落”的遗裔，包括彝、白、藏、羌、纳西、傈僳、哈尼、土家各族；“龙女娲部落”的遗裔包括苗、瑶、布依、佤、黎、壮、水、畲、蒙、满各族；而汉族却是龙、虎两部落融合的遗裔。

这些意见，或与“伏羲氏出于南蛮”的见解类似，都颇有可商榷之处。列在此仅供参考。

7. 曦——东方升起的太阳

查一查字典，“曦”，早晨的阳光。看到这个字，让我们想起东方冉冉升起的太阳。

在古代，“羲”和“曦”是相通的。伏羲氏的时代，的确是我们这个雄踞于世界东方的国度文明曙光初现的年代，用“曦”来称呼他，实在是再恰当不过了。

“曦”字由一“日”一“羲”组成，“日”居天上三光日月星之首，而“羲”则居华夏三皇之首，天人合一之“曦”就形象更为光辉了。“曦”是东方曙光，既朝气勃勃，又和熙而温暖。文“明”东方之“曦”与东方民族之“羲”，都是“羊”光万丈，万丈阳光。

再联系伏羲的尊称“太昊”，伏羲氏创八卦，造书契，定嫁娶，结网罟，造甲历、定节气，以龙纪官，教化天下……伏羲时代是文明进步成果丰硕的时代。《简易道德经》云：“世物，唯日光明，世人，唯羲磊落。齐奉羲如天上之日，始之号昊。”伏羲氏当之无愧是我们第一位“阳祖先”，是我们的太阳神。

对于太阳和太阳神的崇拜，恐怕是普天之下，无一例外。但我们总觉得，伏羲氏得到“太昊”的尊称，与伏羲氏族发展到东夷人世居的海岱地区有关。

伏羲氏族最终生活在东夷人所在的地区，伏羲还“以木德王”，成为东方的神祇，管理着春天的事务，导致有些学者把他们误认作东夷人。

8. 风姓——凤图腾

伏羲据说姓“风”，追溯其缘由，是因为其母华胥氏出于“风兖”部落。

姓从母，氏从父，亦符合上古的习俗。伏羲姓风，出于同一母亲的女娲当然也姓风。山西西南角通往陕西、河南的一个黄河渡口被称为“风陵渡”，据说也和当地曾有个女娲陵墓有关。可惜这座陵墓，连当地也极少有人知晓了。有一说法是此处女娲陵与庙在1938年被侵华日军所毁；另一说法，风陵是在河南阌乡（今属灵宝市）。

这种说法看似“有理有据”，但细想却更像画蛇添足。“风兖”部落实在来得蹊跷。它似乎就是为解释“伏羲姓风”而产生，没有可以令人信服的依据。

想起伏羲取代帝俊称为太阳神“太昊”，对他取得“风”姓，应也可有另一解释：“风”与“凤”，在古文字中是相通的。这并不是因为它们的简体形象相似，而是因它们的繁体“風”与“鳳”一个下面为虫，一个下面为鳥，在古人看来都是一回事，所有动物都可称为“虫”。鸟，不过就是会飞的虫而已。凤是百鸟之王，帝俊不就是以众鸟为图腾的东夷人的祖宗、大神吗？在甲骨文中，“俊”字没有单立人边，就是一个鸟的样子。《山海经•大荒东经》载：“有五采之鸟，相向弃沙，惟帝俊下友，帝下两坛，采鸟是司。”义为：有两只五彩鸟，相对而舞，是帝俊在人间的朋友，帝俊在人间的两个祭坛，便是由它们管理的。这里的五彩鸟，实际上便是神话中的“凤鸟”，它与帝俊有着极为亲密的关系，应是帝俊部族的崇拜物。更主要的是，战国以来，人们称日中神鸟为“俊鸟”。伏羲氏得到了“太昊”的称号，连带着也被染上崇鸟的习性，得到风（凤）姓，也就毫不奇怪了。

伏羲氏既是龙图腾的创立者，又是凤图腾的传承者。在他身上，呈现了美好吉利的“龙凤呈祥”，他是上古中华文明初现的曙光。而从他的名号，我们还能看到远古“狗图腾”、“羊图腾”、“虎图腾”的痕迹。

六、神农氏炎帝

《易・系辞》说：“包牺氏没，神农氏作”。伏羲、女娲经其后裔少典氏再传到炎帝、黄帝（约在4800年前），已是正式进入到父系社会。这时已是进入到龙山文化兴盛的时期。少典氏属过渡性人物，亦无甚业绩可言，把他归并到伏羲氏时代即可。

《世本·帝系篇》首先把炎帝和神农氏联系在一起，称"炎帝神农氏"，谓炎帝即神农氏，炎帝是身号，神农是代号。其实，"神农"不但是原始社会早期（三皇时代）教民稼穑功德无量的不具公共权力的领袖的名称，同时也是一个氏族的名称，一个时代的名称；而"炎帝"则是神农氏族后期的部落联盟领袖，开五帝时代之先声，虽然他们（炎帝有多代）不在五帝之列。"炎帝"称号的产生，极可能是在神农氏族向南方发展之后。后人难免先后不分，混乱称呼。

1. 神农——农业之神

说起神农氏，马上可想起教民稼穑的农业之神。

据《白虎通义》："古之人民皆食禽兽之肉。至于神农，人民众多，禽兽不足，于是神农因天之时，分地之利，制耒耜，教民农耕。神而化之，使民宜之，故谓之神农氏。"又据《淮南子·修务训》："古者民茹草饮水，采草木之实，食螺蚌之肉，时多疾病毒伤之害。于是神农乃始教民播种五谷。"他"尝百草之实，察酸苦之味，教民食五谷"，也是说采储果实及螺蚌之肉为主食的族群，或圈养放牧，肉乳为食的畜牧族群转向农耕生产。

与有巢氏意味着造巢架屋，燧人氏指示着取火熟食，伏羲氏象征着驯服饲养牲口一般，神农氏表征着稼穑的繁荣。这些名字都见证了先民们在生产生活中的点滴进步的积累，他们都是中华文明的开创者。这些切合实际的传说，与西方世界不着边际的神话故事是迥然不同的。

《淮南子》记载："神农尝百草之滋味，一日而遇七十毒"，得荼（古"茶"字）而解之。神农氏是中华药学的最初尝试者和开拓奠基人。他尝到一种开白花的常绿树嫩叶，在肚里上上下下，到处流动洗涤，好似在检查什么，他就把这种绿叶称为"查"。以后人们又把"查"叫成"荼"。神农长年累月地爬山涉水，尝试百草，每天都得中毒几次，全靠茶来

宝鸡炎帝故里

湖南炎帝陵炎帝像

湖北神农架祭坛

解救。但是最后一次，他见到一种开着黄色小花的小草，那花萼在一张一合地动着，他感到好奇，就把叶子放在嘴里慢慢咀嚼。一会儿，他感到肚子很难受，还没来得及吃茶叶，肚肠就一节一节地断开了。原来他是中了断肠草的毒，为人民贡献出了性命。

神农氏还教给人们物资交换："神农是以日中为市，致天下之民，聚天下之货，交易而退，各得其所"。

宝鸡是神农氏的发祥地。随着他们活动的扩展，神农氏的足迹遍及中华大地。

河南省沁阳市城区西北23公里的神农山，位于太行山麓。这里曾是神农氏辨百谷，尝百草，登坛祭天的圣地。

湖北省西北部的莽莽丛山，据说神农曾在此"架木为梯，以助攀援"，"架木为屋，以避风雨"，最后"架木为坛，跨鹤升天"。 为了纪念神农尝百草、造福人间的功绩，老百姓就把这一片茫茫高山林海取名为"神农架"。于今这里已是一个峻险秀丽的风景区。

2. 炎帝居姜水——羊图腾

传说中，炎帝和黄帝都是少典之子，而少典氏则为伏羲和女娲的直系后裔，有的直接说是他们所生的儿子，有的却说隔了多代。少典娶了有蟜氏的姊妹为妻，姊姊女登在姜水边生了炎帝，以姜为姓；妹妹附宝在姬水边生了黄帝，以姬为姓。

《帝王世纪》较详细地记述了炎帝的诞生神话："炎帝神农氏，姜姓也。母曰任姒，有蟜氏之女，名女登（或作安登），为少典妃。游于华阳，有神龙，首感女登于常羊，生炎帝。人身牛首，长于姜水，因以姓焉。有圣德。以火德王，故号炎帝。初都陈（河南淮阳），又徙鲁（山东曲阜）。又曰魁隗氏，又曰连山氏，又曰列山氏。"

但在一些史册中，认为炎帝、黄帝不是同时代的人。《史记·五帝本纪》说："轩辕之时，神农氏世衰"。一种说法，炎帝经历了八个世代。《易·系辞》疏引《帝王世纪》云，

常羊山

常羊山炎帝陵

神农架神农像

"炎帝"之号，凡传八世：帝临魁、帝承、帝明、帝直、帝嫠、帝哀、帝榆罔。第一世炎帝的时代比黄帝的时代大约早500年。中国古谚说得好："五百年前是一家"，正切合他们"哥儿俩"。和黄帝同一时代的炎帝已经是第八世炎帝榆罔。500年传八世，每世代平均60多年，似乎也长了点，于是有人依据《山海经·海内经》"炎帝之妻，赤水之子，听沃生炎居，炎居生节并，节并生戏器，戏器生祝融，祝融生共工，共工生后土，后土生信，信生夸父"的说法，把他们作为炎帝的另一支魁隗氏系，先向南方发展，联合赤水部落，再称雄天下，加在临魁系之前。于是有炎帝共十七世之说。另说炎帝传七十世，恐怕就更难说得清了。

现在看来，神农氏族发展到一定阶段，成了氏族部落联盟，他们的首领称炎帝。这个部落联盟在中华大地上居主导地位长达数个世纪，才被兄弟部落联盟——黄帝系统取代。炎黄二帝系统，同出于伏羲氏族与女娲氏族的后裔少典氏族，他们未必是真的同父异母兄弟；他们的母亲，或许是同出于有蟜氏族，未必是真的姐妹，甚至是隔了多代。

炎帝姓"姜"，"姜"者，"羊女"也。按照"姓从母"的古训，"姜"姓应得之于母族有蟜氏，有蟜氏属古羌族应无可疑。因此，炎帝身上具有"羊图腾"的血统，虽然他是感龙而生的"龙图腾"的正式继承者。

有的学者认为，"有蟜氏"也即"有娲氏"，就是女娲所处的母系氏族，与伏羲氏族同出于华胥氏族。有蟜氏出于古羌人血统的可能性更大，从炎帝的出生地和姓就可明证。其实，出生于古成纪的伏羲氏就可能有古羌人血统，甚至连华胥氏也不排除有羌人血统。

一说炎帝出生时人身牛首，头上有角，或许神农氏族一分支可能也以牛为图腾。神农架景区的神农塑像，就长出两条长长的牛角。这个样子现在几乎已成为神农的标准像。

据说首代炎帝生于宝鸡天台山的蒙峪沟（另一说出生于常羊山）。"炎帝以姜水成"，宝鸡姜城堡地区，渭河支流清姜河从旁流过，发现的姜氏城遗址面积大约有49万平方米。宝鸡附近还有古文化遗址40多处，反映了炎帝部落繁衍生息，发展状大的过程。当地建立的炎帝陵位于渭滨区神龙镇境内的常羊山上。

湖北随州烈山炎帝像

3. 烈山氏——太阳崇拜凤鸟图腾

关于炎帝神农氏，据说古今史学界有这样的共识：“生于烈山”、“长于姜水”、“葬于长沙”。然而，相关三地似乎并不买账。湖北随州、陕西宝鸡、湖南炎陵，是当代关于炎帝神农氏活动地域争执最多的三处地方。最近，又有山西高平，湖南会同纷纷加入了这一行列。

陕西炎帝陵

常羊山、姜水所在的宝鸡地区当然不满意炎帝神农氏仅仅是生长于此地。他们认为，炎帝部落发源于宝鸡地区，并以此地为中心沿渭河向四周扩展，向东发展到中原大地，开始建都陈，再迁往鲁，建都曲阜。后来炎帝部落与南方来的蚩尤发生战争，求助于黄帝部落，在涿鹿大败蚩尤，炎黄两部落联盟形成了华夏民族的主体。后来，炎帝部落一部分南迁，足迹两湖，一部分仍留于黄河流域融合于其他氏族部落之中，仍奉炎帝为祖。现在鄠县也有炎帝陵，随州亦称为神农故里，但以宝鸡的炎帝陵为最早。

他们的说法有一定的合理性，神农氏应是发端于此地，但当时是否已称炎帝，尚待商榷。

湖北随州称为神农故里，民间相传，农历四月二十六日为炎帝神农生辰纪念日，随州市每年这个时候都举办隆重的庆典活动，缅怀华夏始祖。厉山镇位于随州市西北18公里，神农洞却在市东北60公里的历山（又称烈山）。传炎帝诞生于此，亦称烈山石室。炎帝以南方火德王，应是在神农氏族南迁之后。九岭拱成的烈山冈峦起伏，树木葱茏，峭岩幽谷，清泉古洞，构成一幅风光旖旎、雄伟壮观的山水画卷。

炎帝坐像

烈山，令人想起刀耕火种纵火焚山的场面。唐代诗人刘禹锡在神农架南麓创作的竹枝词就有生动的描写：“山上层层桃李花，云间烟火是人家。银钏金钗来负水，长刀短笠去烧畲。”

株洲市炎陵县的炎帝陵更是天下闻名，是各地炎陵中唯一得到国家承认的。晋代皇甫谧所著的《帝王世纪》称：炎帝神农氏“在位一百二十年而崩，葬长沙”。宋代罗泌所著的《路史》有：炎帝神农氏“崩葬长沙茶乡之尾，是曰茶陵，所谓天子墓者。”茶陵，是因炎帝神农氏在这里种茶并安葬在这里而得名。茶陵县在汉高祖五年因茶乡之鹿原陂有炎帝之陵，而以陵名县。宋宁宗嘉定四年（1211年），朝廷将茶陵县的康乐、霞阳、常平3个乡分出，建立酃县，自此炎帝陵就在酃县了。1994年，经国务院批准，将酃县改名为炎陵县。

炎陵县炎帝陵葬的是哪一位炎帝呢？炎陵人引用《帝王世纪》、《补史记·三皇本纪》、《路史》等诸史籍的说法，坚定认为，此地葬的就是第一位炎帝。而宝鸡等地却认为，这里只是转向南方发展的末代炎帝榆罔陵墓。

炎帝又称赤帝，号烈山氏（或作厉山氏）。“炎帝”之 “炎”，有两重意义：一是火光，焚烧。原始农业离不开“刀耕火种”。二是指南方。从黄河流域的地理视角而言，发展到湖北厉山，崩葬在湖南茶陵，当属南方无疑。炎帝首先从中原转向南方开发，无疑是历代南迁的客家人的先驱。

《白虎通·五行》说“炎帝者，太阳也”。炎帝之“炎”，烈山之“烈”，源于华夏太阳崇拜。荆楚南方地区盛行凤鸟崇拜，与炎帝有密切关系。

株洲炎帝陵神农大殿

黄帝故里·新郑

黄帝宝鼎　熊图腾

七、黄帝

1. 有熊氏——熊图腾

《史记·五帝本纪》记载：“黄帝者，少典之子，姓公孙，名轩辕，黄帝居于轩辕之丘。”在河南新郑轩辕丘有个有熊国，君主名曰少典。他是伏羲和女娲直系的第七十七世孙（有的说是儿子）。因此黄帝也被称为轩辕氏和有熊氏，他们部族的图腾是熊。

少典氏娶了有蟜氏的一对姊妹，叫任姒（女登）和附宝。任姒生下了炎帝一支，在姜水边成长，以姜为姓；附宝生下了黄帝一支，在姬水边成长，因此除公孙以外，黄帝也还姓姬。姬水源自子午岭东麓的沮源关，今称沮水，向东蜿蜒128公里汇入洛河，横贯黄陵县全境。

其实，少典氏并非指一个人，而是一个部族的称号。这个部族是伏羲氏和女娲氏的传人，伏羲氏是从母系氏族分化出来，且长期与女娲氏族保持婚配关系的初期父系氏族。炎帝、黄帝都是少典氏的传人，但不是兄弟，他们相差约五个世纪，据说与炎帝兄弟辈的黄帝先人叫勗其，而与黄帝同期的炎帝后人叫榆罔（或叫姜雷）。炎帝、黄帝的母系，都来自羌人系统的有蟜氏。黄帝是“龙的传人”，也是“羊的传人”。

2. 光帝——太阳图腾

《淮南子》一书说：“中央土也，其帝黄帝，其佐后土，执绳（法）而制四方”。这是说因为黄帝是管理四方的中央的首领，他专管土地，而土是黄色，故名“黄帝”。这与“中国”的观念是密不可分的。古代，所谓“中国”就是指大地中央之国。按照五行的观念，“五帝”的另一种说法包括东方青帝太昊、南方赤帝烈山、西方白帝少昊、北方玄帝共工或颛顼（据说两人一直在争帝位）与中央黄帝轩辕。五帝对应木、火、金、水、土，彼此之间一直有争斗。最终黄帝凌驾四帝，

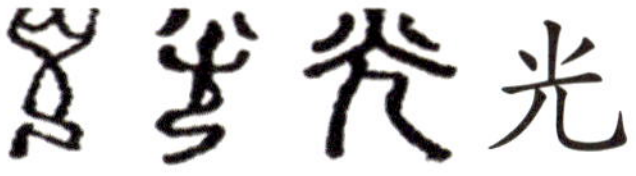
甲文　金文　小篆　小楷

古“黄”字

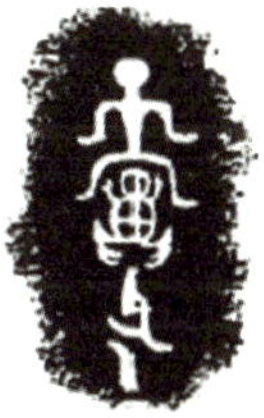
轩辕黄帝天鼋国族徽

逐鹿黄帝城遗址

雄视天下。人们为了表明自己是黄帝的子孙遂自称为“中国人”以彰显自身的地位。五帝是四季方位不同的太阳神。

《史记·五帝本纪》所记：黄帝“生而神灵，弱而能言，幼而徇齐，长而敦敏，成而聪明”。又说：“轩辕之时，神农氏世衰。”这些记载说明黄帝轩辕氏是在神农氏衰落后兴盛起来，并且取代神农氏的。这是华夏先民中，充满强劲活力的游牧部族文化，与固土重迁的农耕部族文化之间，在彼此汲取、互相融合基础上，汇成为新的农耕文化的历史跨越。

黄帝为什么对应于“黄”字呢？这在古书里是有解释的。《说文解字》：“黄，地之色也。从田，炗声。炗，古文光。”中间的“田”，古时就是“日”的形象：圆圈中加“十”字。因此，“黄帝”就是“光帝”，就是太阳神。

黄帝为什么又名轩辕氏呢？根据史料记载，黄帝曾发明一种车战法，打仗的时候，将士都站在战车上；停战休息时，将战车连接起来，围成一圈，指挥员在中间，只留一个空当作为出入的门，起到了保护指挥员的作用。古人把带有布幕的战车叫“轩”，把两辆战车中间的空当叫做“辕”，因为黄帝是这种车战法的发明者，所以后人便又把黄帝叫做轩辕氏。

3. 釜山合符——复合型龙图腾

到了神农氏后期，由于进据中原后生产发展和长期安定，末期的氏族联盟领袖炎帝过惯了逸乐的生活，失去了进取之心。这时以蚩尤为领袖的九黎部落共有81个支系，也从长江下游地区向北向西发展，逐渐来到中原，难免与炎帝部落发生冲突。以南方稻作文明为主，临海容易得到食盐，并能制作金属武器铠甲的九黎部落占尽了优势，把炎帝部落压迫到燕山脚下。炎帝无奈，只得请同宗血缘相亲的黄帝来帮忙。黄帝与蚩尤打仗，激战了十五旬，也是胜少败多。黄帝实施战略性退却，诱敌深入，最后靠发明了指南车，可以在恶劣天气中辨明方向，在涿鹿之野击败了蚩尤的队伍，生擒了蚩尤。黄帝由是成为天下共主。蚩尤的结局，一说是被黄帝诛杀，一说是被黄帝封为战神。他的子民大部分汇入华族即后来的华夏族、汉族。他们大多数处于社会底层，故后来劳苦大众被称作“黎民”。但到底还算是“民”，整体未被当作奴隶对待。中国社会是否存在过典型的“奴隶社会”？实有待商榷。

末代炎帝榆罔不满黄帝成功，企图夺回失去的地位，终于起兵反抗。炎、黄二帝发生火并，决战在阪泉之野进行。经过三场恶战，黄帝取得最终胜利。另有一说，阪泉之战是在涿鹿之战前。

胜利后，黄帝“合符釜山”，“邑于涿鹿之阿”（见《史记·五帝本纪》），“邑”即建城，涿鹿至今犹存“黄帝城”遗址。在城边的釜山，举行了盛大的庆典活动和合符仪式，宣告了华族炎黄二支系的联合，也宣告了包括华族、东夷族、九黎族的大一统部落联盟的形成。

据说黄帝在位百年，中华文明在此期间取得了长足进步，告别了社会发展初期的蒙昧，进入了文明时代。炎帝经历多代（八世或十七世）几成定论，而黄帝似乎只有一位。原因在于嗣后的五帝甚至夏、商、周三代都是黄帝儿孙，黄帝时代一直在延续着。但黄帝在位百年，他必须存活百余岁，据当时的生活条件，是否有可能，值得商榷。黄帝或也有世代之分，但已无法探求了。黄帝多个出生地、多个陵冢的争论，或与此有关。

黄帝的都城在有熊，也就是轩辕之丘所在的今河南新郑。（另一说是定都涿鹿黄帝城）他是回到了老祖宗有熊国王少典氏的故土，也继承了“有熊氏”的族号。但是，他已接过了吸纳各部族图腾因素形成的内容更为丰富的龙旗，成为天下共主。

八、蚩尤

蚩尤，是我国传说人物中，最不确定、最具争议性的一个。关于他的身世、事迹、结局和评价，可谓众说纷纭。

比较确定的是，他是上古时代九黎族部落酋长、三苗的先祖，曾与炎帝大战，把炎帝打败，于是炎帝与黄帝一起联合来，终于在涿鹿战胜了蚩尤。其余则显得扑朔迷离了。

1. 蚩，虫也

首先是关于他的名字。

“蚩”是贬词，含祸害之义，《说文解字》释为“虫也”。“尤”为部落名，又作由，意为农。杨慎《丹铅录》云：“由与农通”。《韩诗外传》称：“东西耕曰横，南北耕曰由”。故“蚩尤”是敌对方给予的蔑称。他们自己原来的称呼是什么？没人知道。

再是关于他的身份。

常见的有三种说法。一是“天子”：裴骃撰《史记集解》引应劭曰：“蚩尤，古天子”。二是“庶人”：《孔子三朝记》云：“蚩尤，庶人之贪者”。三是“诸侯”：司马贞撰《史记索隐》，引太史公原文称“诸侯相侵伐，蚩尤最为暴”。

这三种说法明显都是局限于周秦结构模式的认识框架，因而不能正确诠释处于原始社会末期蚩尤的部落联盟领袖身份。

2. 九黎族、三苗的首领

再是关于他的身世。

比较典型的一种说法是，在长江中下游和黄河下游一带，生活着很多原始人类；他们经过世世代代的生息繁衍，通过艰苦的劳动，在距今五千多年前，逐渐形成了部落联盟。这个部落联盟叫做“九黎”，以蚩尤为首领。

九黎族最早进入中原地区，接着炎帝族也自西部发展到中原，与九黎族发生了长期冲突。九黎族驱逐炎帝族，直至涿鹿。后来，炎帝族联合黄帝族与九黎族在涿鹿展开了规模空前的大战。这场战争被描写得扑朔迷离、神乎其神：蚩尤率九黎族八十一个兄弟举兵与黄帝争天下，在涿鹿展开激战。传说蚩尤有八只脚，三头六臂，铜头铁额，食沙石子，刀枪不入。善于使用刀、斧、戈作战，不死不休，勇猛无比。九黎之“九”，本意即是“多”，“八十一”更是多地不可胜数；

"兄弟"实为他统属的有亲缘关系的部族，"铜头铁额"是指蚩尤以金属为铠甲和兵器。

在战争初期，黄帝由于兵力不足，又对地形气候不了解和不习惯，因而"黄帝与蚩尤九战九不胜"；后来黄帝族创制了指南车以识别方向，并大大扩充实力，还请天神助其破之，才转败为胜。蚩尤被黄帝所杀，帝斩其首葬之，首级化为血枫林。

从东南方向来的蚩尤族与西方来的炎帝族应无血缘上的关系。但有不少典籍却认为蚩尤族是炎帝之裔，或即神农氏之遗裔发展而来的游耕农部落群。《路史·蚩尤传》载："阪泉氏蚩尤，姜姓，炎帝之裔也。"据此说法，蚩尤族是发迹于山西运城一带，因据有"盐泽"之利，并在煮盐的生产过程中，发明了金属冶炼与兵器制作，实力强大，敢于与炎帝、黄帝对抗。这种说法难以令人信服，这里姑存一说罢了。果真如此，他们也是"羊的传人"。

最近有学者提出，我国古代文明程度极高的良渚文化4200年前突然在太湖地区消失，曾是考古学界的"千古之谜"；相应的时期，出现了从长江中下游和黄河下游进入中原的九黎族，绝不是偶然。九黎族就是良渚文化的创造者，他们或因洪水等自然灾害，离开原来生活的地方，来到中原。他们的首领就是蚩尤。

九黎、三苗、南蛮、荆蛮、苗族之间有着一脉相承的渊源关系。黄帝时，三苗就参加了九黎部落联盟进据中原。蚩尤失利后，三苗代九黎而起，故有的文献说三苗是"九黎之后"。苗族人民普遍地将蚩尤视为自己的先祖。认蚩尤为祖的还有黎族、瑶族、畲族等少数民族。

3. 饕餮·虎图腾

作为九黎族来自良渚文化的一个例证，就是"饕餮"。

在商周青铜器上常常见到的饕餮纹，在良渚文化中最早发现，良渚众多的玉琮上出现的兽面纹，可说是商周饕餮纹之滥觞。但是在相应时期的黄河流域龙山文化中，却基本不见，直到夏代二里头遗址中，才有饕餮的出现。

据说，饕餮是蚩尤的帮凶之一，是三苗死后的怨气所化。因此，饕餮进入中原文化，是蚩尤为首的九黎族包括三苗所带来的。"饕"字头上的"虎"，表明他们曾崇尚"虎图腾"。

良渚玉琮上的兽面纹

蚩尤像 南北朝江苏镇江画像砖

这里来讨论——下蚩尤为首的九黎族的图腾。“蚩尤”既是被称，他们本来的名号就显得面目模糊，且“九黎”“八十一兄弟”支系繁多，更是众说纷纭。我们还是从“蚩尤”所代表的“虫”字谈起。

“虫”在古人心目中，涵盖了所有的动物：有皮毛的称“毛虫”，带羽毛会飞的叫“羽虫”，长鳞片能游的是“鳞虫”，披甲壳的名“介虫”，光身子的归“裸虫”。那蚩尤到底是什么虫呢？

有人说是“长虫”，即蛇类。九黎族起源的长江下游地区同时也是百越族的地盘，百越族典型的图腾就是龙蛇。不排除九黎族中有些族群是受到影响，甚至有些百越族人加入到九黎集团中来。

有人说是“飞虫”，即鸟族。他们从长江下游向北而来，首先进入的当然是黄河下游的海岱地区，这是东夷人的传统地盘。有东夷人参加他们的队伍，举起鸟图腾的旗帜毫不奇怪。有些学者就把蚩尤作为东夷人的代表。

至于“蚩尤是炎帝之后”的说法不甚靠谱，在他们到达中原后，有信奉“羊图腾”的炎帝族裔或自愿或被胁迫加入他们的队伍，也是有可能的。蚩尤为铜头铁额、牛首人身的传说，他们是信奉“牛图腾”的可能性也颇大。牛、羊都包含在“毛虫”的范畴。

最有可能的则是“大虫”。把虎豹称为大虫的历史可谓久远，直至元末明初的施耐庵写《水浒传》时，还将武松在景阳岗上打死的老虎称作“白额吊睛大虫”。九黎族中一支劲旅三苗人的图腾饕餮，就包含了“虎”的形象。蚩尤威猛过人，九黎勇猛善战，都与虎极为匹配。蚩尤死后，黄帝封他的后继者为“兵主”（战神），是因为他们都是“虎将”；黄帝“画蚩尤形象，以威天下”，更倚仗他“虎威”犹存；往后在军队、战争中，与“虎”字相联结的词也越来越多：勇悍之士称“虎贲”，能征惯战的军队是“虎旅”，孤军挺进的英雄夸“虎胆”，在军营运筹帷幄曰“虎帐谈兵”，调遣军旅用“虎符”……不胜枚举。饕餮或虎，可能是蚩尤、九黎的主图腾。

后来饕餮成为“龙的九子”之一，亦如九黎族大部分融入华夏族成为“黎民”，成为“龙图腾”的崇拜者，都是后话了。

4. 战神——以铜为戈力自强

上面关于蚩尤“铜头铁额”的描写，实际指明了蚩尤族首先在战争中使用金属，包括矛戈刀剑等武器和护身的铠甲头盔。这在当时是非常了不起的重大发明。古今战争中，武器是非常重要甚至是决定性的因素。

传说中蚩尤身材魁梧，力大无穷，性情豪爽、刚直不阿、打仗勇往直前，充满武将帝王阳刚之美，不愧为一代盖世豪杰。所以，他被奉为“战神”，是当之无愧的。

关于蚩尤的结局，也有多种不同的说法。

首先，蚩尤是被杀死了，斩首以葬，首级化为血枫林。

其次是被“奉为兵主”，即视为“战神”来崇敬和缅怀。

再次，还有“天下复扰乱不宁，黄帝遂画蚩尤形象，以威天下，天下咸谓蚩尤不死，八方万邦，皆为殄服”的说法。（《龙鱼河图》）

齐国名相管仲更把蚩尤说成是黄帝的“六相”之首：“昔者黄帝得蚩尤而明于天道，得大常而察于地利，得奢龙而辩于东方，得祝融而辩于南方，得大封而辩于西方，得后土而辩于北方。黄帝得六相而天地治、神明至。”

原来的九黎族首领蚩尤当然是被杀死了，还被画像传示天下。但蚩尤并不只是一个人的称呼，也是一个部落联盟的称号。后继的部落联盟领袖也可称为蚩尤，他们的部众也可称为蚩尤。后来被黄帝封为“兵主”及“六相”之首的当是蚩尤族继任的领袖及其部属。

5. 苗族牛图腾

蚩尤战败后，其手下的九黎族人命运如何呢？

其中的大部分成了黄帝的臣民，融入华族成为低层百姓——“黎民”。其余则步上了数千年败退迁徙的漫漫长路。

九黎战败以后，其势大衰，但他们还据有黄河下游和长江中下游一带的广阔地区。到尧、舜、禹时期，他们又形成了新的部落联盟，这就是史书上说的

苗族斗牛

“三苗”。三苗长期与中原华族政权对抗，被称为“三苗作乱”，尧战三苗于丹水，舜“逐三苗于三危”（《禹贡》），并终因南征三苗，死于苍梧之野，葬九嶷山。禹不能不再次征伐三苗，将其赶出中原地区。

“三危”当是在洞庭湖边，三苗迁移到南方，成为“南蛮”（春秋后的称呼）的重要组成部分。江西省境内，自汉、唐以来，就有很多以“危”为姓的人家，根据历代学者的考证，他们都是被放逐到“三危”的三苗的后裔。

蚩尤是九黎的首领，所以，苗族人民普遍地将蚩尤视为自己的先祖。川南、黔西北一带多有蚩尤庙，受到苗族人民的供奉。在苗族的刺绣中，蚩尤是一片美丽的红枫叶，孕育了苗人祖先。枫木是蚩尤首级（或云其桎梏）所化。苗人传言：枫树心生“妹榜妹留”（苗语，意思是蝴蝶妈妈），妹榜妹留生苗族远祖姜央；苗族古代居住在北方。此传说实含蚩尤再世之象征意义。

牛是苗族的主图腾之一。斗牛节是苗族传统的民俗活动，尤以开阳平寨“斗牛节”最为出名，分别于每年正月初五、十五、二十五三天举行。斗牛之日，开阳及邻县的苗族同胞，都会披金戴银，身着节日盛装，向平寨乡斗牛场汇集。黔东南的斗牛亦闻名遐迩。

6. 也是中华一祖

三祖像

蚩尤死后，其九黎族遗裔大部分留居中原。据《管子》所记，蚩尤部落加入了黄帝为首的部落联盟，并在其中担任了重要公职。《拾遗记》载，邹氏、屠氏为蚩尤遗裔中可查之姓氏。

在蚩尤战败的涿鹿地区，还有蚩尤城、蚩尤泉，人们长久地祭祀蚩尤神；冀州有乐名“蚩尤戏”，其民两两三三，头戴牛角而相抵（这也是九黎族中有牛图腾崇拜的证明）；传说蚩尤活动过的山西安邑亦有蚩尤城；《皇览·墓冢记》记载：“蚩尤冢，在东平寿张县阚乡城中，高七丈，民常十月祀之。有赤气出如匹绛帛，民名为蚩尤旗。”这些多为其遗族对其先祖的祭祀和纪念。

蚩尤部落中一部分迁到北方，与荤粥（匈奴之别名）有族源关系。甚至远至朝鲜，都有遗族在祭祀蚩尤。

蚩尤不仅是苗族、黎族和中国南方一些少数民族的祖先，而且也是汉族等其他民族的祖先，因而是中华民族的祖先。在黄帝时期，黄帝、炎帝、蚩尤是同时代的三个伟大人物，是古代中国三大部落联盟的三个首领和杰出代表，是中华民族的三大始祖。

过去的史籍因袭着“胜者为王败者寇”的陈腐观念，认为在涿鹿之战中蚩尤是失败者，应归于“叛逆”之列，从不把蚩尤视为民族的始祖之一，与炎帝、黄帝并列。如今要彻底更改过来。

涿鹿县就在当年战斗过的地方，建立了“三祖堂”，让游人追忆当年的历史，缅怀我们上古的三位祖先。

九、其他中华祖先

对中华民族有过显著影响的其他祖先，包括曾被列入“三皇”名单的祝融、共工，被尊为“五帝”的少昊、颛顼、帝喾、唐尧、虞舜；夏、商、周三代的杰出领袖大禹、皋陶、商契、王亥、商汤、周弃、文王、武王以及老子。

1. 祝融

祝融是也是古帝之一，以火施化，被称为赤帝，尊为火神，兼为南海神。炎帝与祝融都是代表南方的太阳神。

祝融为神农氏族裔，一说曾为一代炎帝：《山海经·海内经》“炎帝之妻，赤水之子听訞生炎居，炎居生节并，节并生戏器，戏器生祝融”。另一说为黄帝裔，帝喾的孙子，名叫重黎，即《山海经·海内经》称：“黄生昌意，昌意生韩流，韩流生颛顼。”又《山海经·大荒西经》：“颛顼生老童，老童生祝融。”他在帝喾手下担任管火的官职——火正。他火管得好，还发明了更好的取火方法：击石取火；火攻战法据说也是他发明的。帝喾为他改名祝（永远）融（光明）。祝融也成了后来火正的官名。帝喾还让他管理南方事务，他在南岳衡山驻守办公，死后葬在衡山南峰。百姓感念祝融恩德，将南岳最高峰命名为祝融峰，并在峰顶建庙宇祝融殿来纪念膜拜。实则炎、黄古本同族，故二说一也。

祝融到南方发展，成为南方氏族部落的领袖，所以同炎帝一样，有“赤帝”的称呼。他也曾被列为三皇之一，住在昆仑山上的光明宫里。

祝融还兼为南海之神。广州黄埔庙头村，一座古老而宏伟的庙宇耸立，这就是中国古代广州对外海上交通贸易的重要遗址南海神庙。南海神庙是我国古代海神庙中唯一遗存下来的最完整、规模最大的建筑群。始建于隋文帝开皇十四年（594年），距今已有1416年的历史。庙中还保存汉代和明代的铜鼓和制钟，以及南海神玉印等重要的文物。还有木棉树、相思树等古树名木。这里存放的汉代铜鼓是中国现存三大铜鼓之一。庙西一小山岗上有“浴日亭”，宋元时羊城八景之一的“扶胥浴日”即指此处。从唐代开始，南海神庙便香火日盛，成为四海神庙中香客最多、地位最高的一个，这主要是由广州海上贸易日益发达的地位决定的。本为火神的祝融，到岭南后兼管起海洋，“水火相容”了，也显示了一方水土兼容并蓄的特色。

波罗诞

南海神诞亦称波罗诞，是为每年的农历二月十一至十三日，其中十三日为正诞。每逢神诞，也就是广州民间传统的波罗庙会，珠江三角洲一带村民和善男信女便结伴从四

波罗诞

南海神庙供奉的祝融

面八方到南海神庙来。一则祈求海神保佑国泰民安，风调雨顺；二则观赏古羊城八景之一的“波罗浴日”之秀色；三则买几只波罗鸡，以求好运。当地俗语有云“第一游波罗，第二娶老婆”，意把游波罗庙与人生大事娶老婆相提并论，可见村民对神诞的重视。

波罗庙会起源于宋代，至今已有千年的历史了。

波罗庙会一直沿习到20世纪50年代初期，后来，由于古庙年久失修，变为特级危房，又受到“文革”极左思潮冲击，中断了多年。从20世纪80年代起，文物部门重修了南海神庙，使千年古庙再现雄姿，中断了多年的民间庙会也得以恢复，并成为广州著名的民间文化狂欢节。最近几年的庙会，有数十万人次前来参观游览，广深路上，车水马龙，来自各地的游客将古庙东西两边的道路挤得水泄不通，宏伟深广的古庙庭院竟人满为患。临时摊档从庙外道路两边一直摆到广深公路旁，数百个小摊档出售各种各类的工艺品，但庙会上最惹人注目的仍是波罗鸡，许多前来参观者都要买上一两只作留念。这种鸡是用硬纸皮粘上鸡毛制成的，涂上色彩，像真鸡一样。粤话说人吝啬，有“波罗鸡——靠黐（占便宜的意思）”之说，即起源于此。

南岳祝融峰

祝融的后裔，有己、董、彭、秃、妘、曹、斟、芈等八姓，史书称为“祝融八姓”。楚人的祖先为其中之一芈姓。1988年，湖北荆门包山二号楚墓出土的竹简就有这样的记载。

2. 共工

看到共工被列在三皇名单之中，许多人难免会大吃一惊。在以往看到、听到的众多传说中，共工是著名恶神之一，是个十足的大坏蛋。传说诸多，说他与女娲、神农、祝融、帝喾争斗，最后说是被大禹诛杀。难道三皇里面也出了个暴君？这就耐人寻味了。

共工怒触不周山

最著名的是《淮南子·天文训》所列举的“罪状”：“昔者共工与颛顼争为帝，怒而触不周之山，天柱折，地维绝。天倾西北，故日月星辰移焉；地不满东南，故水潦尘埃归焉。”细细品读这段文字，却颇令人觉得有翻案文章可做。这段话除首句斥共工“争为帝”，简直就是一首称颂他改天换地的赞歌。

炎黄斗争的继续?

首先，来看看这场斗争的背景。《山海经·海内经》称，共工是祝融的儿子，他们应都是炎帝的后裔；若把他们看作黄帝后裔，祝融为帝喾孙子，共工就成了帝喾曾孙。而帝喾是颛顼堂侄，是颛顼帝位的继承者。共工与其高祖辈的颛顼争帝位，要剥夺其曾祖的继承权，岂不是天大的笑话？所以这场斗争应当是炎黄斗争的继续。炎黄在阪泉之战后，虽然确立了黄帝的领导地位，实现炎黄联盟，但在这个华族（当时还没有夏）联盟内部的领导权之争，却并未完全平息。祝融在颛顼、帝喾手下做事，尚算恭顺，可保无事（另有一说，祝融受命协助平息共工叛乱，却对共工余部手下留情，因而被诛杀）。当然，也不排除对治理山河的方法有不同意见，被上纲上线为争夺帝位的权力之争的可能性。

不周山的存废

斗争的导火线，应该是对不周山的存废有不同意见。不周山是天柱，是地维，应当无疑问；但它到底是什么山？矗立在何处？有必要问个明白。有说法它就是昆仑山，似乎缺乏依据。昆仑山不是至今好好地耸天立地吗？即使昆仑山就是不周山倒塌后形成的，也已完全改变了模样，与原来的不周山虽有点关系，但绝不可能同日而语了。还有一种说法是不周山在甘肃兰州东边的榆中县，但榆中人似乎并不领情。

不周山，顾名思义，就是考虑不周，安排不周的山。作为天柱、地维，竟

共工争帝

是考虑不周，安排不周，那就问题大了。试想想，如果不是共工把它撞倒，造成“天倾西北，故日月星辰移焉；地不满东南，故水潦尘埃归焉”，世界会是什么模样？天不倾西北，日月星辰不移，不分昼夜，老悬在同一个地方，人们还受得了吗？地不缺东南，水潦尘埃不归，江河不奔流到海洋，水老堵在一些地方，又该如何安排生产生活？

当然这也不能怪罪开天辟地的盘古，他为开天辟地已是费尽了心思和力气，“鞠躬尽瘁，死而后已”。日月星辰、江河湖海都是他死后生成的，安排得周到不周到，就非他能仔细考虑的了。其实，不经过一段时间的实际体验，也无从知道安排得好不好。

既然后来证实安排得不好，就应当容许改造。在这么个重大问题上，作为水利工程负责人的共工，与担任最高领导的颛顼发生了激烈争执。共工应是提出了废弃不周山的想法或改造的方案；但颛顼认为，不周山是天柱地维，是祖先留传下来的宝物，神圣不可侵犯，不要说废弃或改造，就是动一下类似的念头都是渎亵，是不可饶恕的罪过。他甚至认为，共工是想制造混乱，以便乘机夺取帝位。严重的斗争就不可避免了。迫于形势，共工采取了突击行动。

失败的英雄

结果如何，就毋庸赘述了。有人说共工是失败的英雄，但他却是成功了，他改天换地的大目标是实现了。他为此应是付出了生命的代价。因为是仓促实施，难免有意外的状况发生。比如诱发了严重的洪水，他已是无暇顾及了，只能等待后来的圣贤去处理解决了。或者还发生了“石破天惊”，要请大神女娲来炼石修补了。

这些意外状况都成了共工的罪状。于是他成了十恶不赦，死有余辜，成了十大魔神之一。主张维持原来秩序的颛顼，也就觉得大义凛然，心安理得，可以稳坐帝位了。

但是，在日月循环，昼夜交替，寒暑更迭，江河奔流的新环境中感受到绝大便利和好处的子民百姓，却开始思念带来福泽的共工。人们奉共工为水师（司水利之神），共工的儿子后土也被人们奉为社神（即土地神）。后来人们发誓时说“苍天在上后土在下”，就指的是他的儿子，可见人们对他们的敬重。

在革命战争年代，共工应是被景仰的对象，“不周山下红旗乱”的歌声响彻云霄；在改天换地时期，共工也当是被模仿的样板，“安得倚天抽宝剑，把汝裁为三截”的雄心壮志，更是发挥得淋漓尽致。

依据共工改天换地的丰功伟绩，被奉为三皇，应该是当之无愧。但他毕竟辈分太小，似乎不太适宜。

少昊像

3. 少皞氏

鸟阳图腾——东夷的一支

少昊，也叫少皞，姓嬴，名挚（或作鸷），号金天氏（即西方天帝，西方太阳神）。少昊是一个部族的称谓，以鸟为图腾，有风鸟氏、玄鸟氏、青鸟氏，共24种。这可能是24个氏族合成的一个大部族。少昊部族是东夷的一支，据说是嬴姓及秦、徐、黄、江、李等数百个姓氏的始祖。

少昊最初建立的国度在山东省东海之滨的日照地区。《山海经》记载：“大荒之中有山曰天台（高）山，海水入焉。东南海之外，泔水之间，有羲和之国，有女子曰羲和，帝俊之妻，生十日，方浴日于甘渊。”他们是典型的崇阳一族。

帝俊

少昊在位期间，因修太昊之法，故称少昊。少昊设立了周详的管理机构和制度，包括设“工正”、“农正”，分别管理手工业和农业，订立度量标准；设立“历正”等职位，观测天象，制定历法；立“司徒”、“司马”、“司空”、“司寇”、“司事”管理各项事务；还发明乐器，创作乐曲。少昊“为鸟师，以鸟命官”（任用少昊部落不同鸟图腾的人参与管理）可参看第四章鸟图腾的相关内容。

少昊与炎黄集团建立了密切的交流关系，比如他收留、养育了黄帝的孙子颛顼，还让他接任自己部族联盟首领的职务。《山海经·大荒东经》载：“东海之外大壑，少昊之国，少昊儒帝颛顼，弃其琴瑟。”其中的“儒”字含“抚养”、“培养”、“辅导”之意。

曲阜少昊陵

淹没的帝俊

谈起少昊，不能不提到另一个重要的东夷人的祖神——帝俊。关于帝俊，史书和诸子百家都未见谈起，只在《山海经》中有些记载。

传说，帝俊有三个夫人。一个名叫和羲，住在东方海外的甘渊，生了十个太阳；另一个名叫常羲，住在西方的荒野，生了十二个月亮，还有一个名叫娥皇的妻子，生了少昊。他居然是太阳的父亲，而东夷人是最崇拜太阳的，且其子为少昊，少昊族的古老姓氏普遍带有“日”字，比如说“昊”、“夏”、“曾”、“冥”、“韩”、“欧阳”，还有“李”氏，旧的写法是“土”字上加个“日”字，表明日出，与同音的“里”字相似。这都与太阳崇拜密不可分。因此，太昊的称号首先应是属于他，少昊的老子当然最适合称太昊。为什么会让从西方来的伏羲氏得了“太昊”之称？为什么帝俊会湮没无闻？

华族东扩

原来，炎黄结盟之后，华族称霸中原，还不断向东方发展。东夷人曾努力结好强邻，但最终颛顼还是取代了少昊的帝位。为了抑制东夷势力的影响，只得将其祖神的光辉转移到华族诸先人身上。早年伏羲氏族的活动范围已到达东夷人所在的泰山、淮海地区，伏羲的陵墓也在淮河流域的淮阳，于是他得到了尊称“太昊”的荣誉；帝俊生下日、月的两位妻子成了黄帝的两个大臣，一个司日，一个司月；帝喾更成了帝俊的转世，得了他的名字，还娶了他的妻子，生了他的儿子；帝俊手下的后羿也转为帝尧服务；而帝舜的一个妻子娥皇，也竟与帝俊一妻同名。于是帝俊被肢解，销于无形了。只在非正统的《山海经》还有一些传闻。

至此，对于伏羲得风姓，也就恍然大悟了：古时讲究姓从母，氏从父，伏羲出于华胥氏，其母亲似乎与“风”没什么关系。“风”与“凤”，在古文字中是相通的；凤可是百鸟之王。帝俊不就是以众鸟为图腾的东夷的祖宗吗？在甲骨文中，“俊”字没有单立人边，就是一个鸟的样子。《山海经•大荒东经》载：“有五采之鸟，相向弃沙，惟帝俊下友，帝下两坛，采鸟是司。”义为：有两只五彩鸟，相对而舞，是帝俊在人间的朋友，帝俊在人间的两个祭坛，便是由它们管理的。这里的五彩鸟，实际上便是神话中的“凤鸟”，它与帝俊有着极为亲密的关系，应是帝俊部族的崇拜物。更主要的是，战国以来，人们称日中神鸟为“俊鸟”。伏羲氏得到了太昊的称号，连带着也被染上崇鸟的习性，得到风（凤）姓，也就不奇怪了。也顺便解释了为什么从西方而来的伏羲氏，会“以木德王”，成为东方的神祇，管理着春天的事务。到现在有人把伏羲称为“东夷”人，实在错得离谱。

流转西方

少昊虽然在山东曲阜一带立国，死后陵墓也在曲阜旧县村（少昊陵古称云阳山，在曲阜城东4公里高阜上，有“中国金字塔”之称），但儿孙后辈已流转到西方，于是他也得到西方之神的称号——白帝金天氏。古蜀国五个王朝，有两个——鱼凫和杜宇，是以鸟名为国号；成都金沙遗址出土的“太阳神鸟”金饰，更让人联想起东夷崇拜太阳，以鸟为图腾的习俗。他们一般被认为是氐羌人，或者也有一些少昊子孙的成分，还是受到少昊后人的影响？

少昊的华化

但是，少昊能得到五帝之首的位置，绝不是因为他是东夷人，恰恰相反，是因为他被替换成黄帝的长子玄嚣。于是，他与其取代者颛顼，也就成了伯父与侄子。他被收编成为华族的一员，可以安享帝位了。

《帝王世纪》说，少昊帝名挚，字青阳，黄帝子，姬姓。母亲名为女节。有大星如虹，下流华渚。女节梦接意感，生下少昊，也就是玄嚣。他因修太昊之法，被后人称为少昊氏。玄嚣死后，葬于曲阜的云阳山。而据《史记》，玄嚣是黄帝嫡长子，却是元妃嫘祖所生。

4. 颛顼

颛顼，姬姓，高阳氏，亦作“高羊氏”，据说是“高氏族”与“羊氏族”通婚配而成。所以，颛顼也可被视为上古时代的“阳祖先”或“羊祖先”。颛顼可是黄帝的亲孙子，黄帝次子昌意的儿子。20岁时，黄帝将帝位传给了他。另一说是少昊将他培养成为接班人。

华夷的进一步融合

传说颛顼手下有八个才干非凡的人才，其实应是八个重大氏族部落，如苍舒、大临、庭坚、仲容、叔达等。颛顼命重作南正之官，掌管祭祀天神；命黎作火正（一作北正）之官，掌管民事。

颛顼即位后，进行了一次重要的宗教改革。被黄帝征服的九黎族和东夷人，那时仍信奉巫教，杂拜鬼神。颛顼禁绝巫教，强令他们顺从黄帝族的教化，促进了族与族之间的融合。据《史记·五帝本纪》载：“北至于幽灵，南至于交趾，西至于流沙，东至于蟠木，动静之物，大小之神，日月所照，莫不砥属。”这进一步确立了华族的主导地位。

颛顼传说活到98岁，在位78年。葬于顿丘城外广阳里（今河南省濮阳县西

颛顼像

颛顼、帝喾像

南）　。濮阳古称帝丘，颛顼曾以此为都。另一说，颛顼、帝喾陵位于河南内黄县城南30公里的梁庄镇三杨庄土山之阳，人称“二帝陵”。

据说颛顼曾制定一条律令：规定妇女在路上和男子相遇，必须避让一旁；如果不这样做，就会被拉到十字路口打一顿。这说明由于生产方式的变化，男子成了氏族中的主导力量，妇女的地位已经低于男子，父系氏族社会完全取代了母系氏族社会，男子在社会上的权威已经确立。

第一首“国歌”

传说颛顼时代创作了中国的第一首“国歌”。这首歌的名字为《承云》，其基本创作方法是：命乐官飞龙氏融汇中国八个大区域的流行乐曲“条风”、“明庶风”、“清明风”、“景风”、“凉风”、“阊阖风”、“不周风”、“广莫风”的风格特点，创作成“圭水之曲”，主题是“召气而生物”，然后铸成铜质乐钟，作“五基六英之乐”，名为《承云》，用来在“万国诸侯”到国都开大会时“享上帝，朝诸侯”。

5. 帝喾

帝喾，姓姬，号高辛，名俊（或作夔）《史记·五帝本纪》：“帝喾高辛者，黄帝之曾孙也。高辛父曰蟜极，蟜极父

帝喾像

曰玄嚣，玄嚣父曰黄帝。自玄嚣与蟜极皆不得在位，至高辛即帝位。高辛于颛顼为族子。”颛顼是他的堂伯父。范文澜先生在《中国通史简编》中写道：“汉以前人相信黄帝、颛顼、帝喾三人为华族祖先，当是事实。”

生而神异的“俊”

相传帝喾生于穷桑（有说临东海，有说在西海滨），母握裒因踏巨人足迹而生。帝喾少小聪明好学，十二三岁便有盛名，十五而佐颛顼，封有辛地方（今河南商丘），实住帝丘（今濮阳），三十而得帝位，迁都亳邑，在今河南商丘的北面。后来商汤最初定都的地方也在这里（另一说在今河南偃师县西南）。最奇妙的是“高辛生而神灵，自言其名。”（《史记》），“帝喾高辛氏，姬姓也，其母不见。生而神异，自言其名曰俊”（《帝王世纪》）。——莫不是帝俊转世？

商、周之祖

帝喾有几个儿子在中国历史上都是很有名的。他的元妃姜嫄生了弃（即后稷），弃是周的始祖。次妃简狄生了契，契是商的始祖。次妃庆都生了尧，尧是历史上有名的圣贤之君、五帝之一。次妃常仪生了挚，挚继承了喾的帝位，九年后禅让给帝尧。所以。帝喾是上承黄帝，下启唐（尧）、商、周的关键人物。

帝喾即帝位后，“聪以知远，明以察微。顺天之义，知民之急。仁而威，惠而信，修身而大下服”。他在位70年，天下大治，人民安居乐业。具体有何业绩，恐怕无人说得明白，但他无疑是个非常重要的承上启下的人物。

帝喾享寿百岁，死后葬于濮阳顿丘城南台阴野之秋山。另商丘县城南及陕西合阳县洽川风景区也有帝喾陵。

6. 唐尧

又是“龙的传人”

尧帝，姓尹祁（因其出生在河北顺平县的伊祁山），号放勋。初封陶，后徙唐，故称“唐尧”。尧父为帝喾，母为陈锋氏女庆都。据说，庆都出生时常有黄云覆其上，及成年常有龙相随……赤龙感之有孕，十四月生尧于丹陵（即伊祁山）。今伊祁山尧母洞，即尧出生地。龙的传人之说，这里又得一例证。

帝喾去世后，放勋的长兄挚继承其帝位。放勋在13岁时，就开始辅佐帝挚，受封于陶（山东定陶西南陶丘），15岁时转封为唐侯，封地在今河北唐县西北。他在唐地与百姓同甘共苦，发展农业，妥善处理各类政务，把唐地治理得井井有条，受到百姓的拥戴并得到不少部族首领的赞许。可是帝挚却没什么突出的政绩，各部族首领也就亲近放勋而疏远挚。帝挚九年，挚不得已将帝位禅于放勋。放勋即帝位，帝号尧，定都平阳（今山西临汾）；或云定都于冀，当年山西即属冀州。

唐尧即位后，为政勤慎俭朴，施德政，建国制，选贤能，政绩卓著。他严肃恭谨，上下分明，能团结族人，使邦族之间团结如一家，和睦相处。尧为人简朴，吃粗米饭，喝野菜汤，自然得到人民的爱戴。

尧在位，天下洪水汤汤，用鲧治水，九年无功而返，又起用禹，使洪水得以治理。尧设置谏言之鼓，让天下百姓尽其言；立诽谤之木，让天下百姓攻击他的过错。他微服私访，见一位老人含食鼓腹而歌：“日出而作，日入而息，凿井而饮，耕田而食，帝力于我何有哉。”此歌称作《击壤歌》。

临汾尧帝陵

尧命羲氏、和氏测定推求历法，制定四时成岁，为百姓颁授农耕时令。测定出了春分、夏至、秋分、冬至。

临汾尧帝庙

天下为公，首创“禅让”

尧曾想将帝位让给许由，许由不愿意，跑到颍川去洗耳朵；到年老时，又要让帝位给四岳，四岳也不敢答应。最后由四岳十二牧推举部落联盟军事首长继承人，大家一致推荐了舜。尧帝把两个女儿嫁给了舜，又对他进行了长期的考察，最后才放心地禅让。举贤与能的“禅让”开创了中国最高政权理想转移模式的典范，尧让位后居住在养老城（今顺平县阳城）。

尧

是否当时人人都如此高尚，不愿追名逐利呢？恐怕也未必。这与当时的生产力发展水平是密切相关的。《韩非子•五蠹》认为，古代生活条件艰苦，即使贵为天子，其待遇连今天的看门人也不如；还要日夜辛劳，比劳役俘虏还辛苦。“以是言之，夫古之让天子者，是去监门之养，而离臣虏之劳也，故传天下而不足多也。”可惜后来更只为乱世奸雄们开了方便之门。

尧帝陵位于山西临汾尧都区大阳镇。2006年被国务院公布为第六批全国重点文物保护单位。

另，据《山海经》记载，“尧帝崩于成阳。”《水经注》中亦有记录：“今成阳城西二里有尧陵。”考古专家在菏泽市牡丹区胡集乡初步探明了古成阳城城墙走向，从而确定了成阳古城地理位置和尧帝陵遗址。

7. 虞舜

舜帝，姓姚（因出生于姚墟），颛顼的后裔，黄帝的直系传人。传说目有双瞳而取名“重华”，即位后国号有虞，按先秦时代以国为氏的习惯，号有虞氏，故称虞舜。

舜帝庙舜帝像

寒微出身，道德高尚

相传舜的家世甚为寒微，虽是帝裔，但五世为庶人，处于社会下层。舜的遭遇更为不幸，父亲瞽叟，是个盲人，母亲很早去世。瞽叟续娶，继母生弟名叫象。舜生活在“父顽、母嚚、象傲”的家庭环境里，父亲心术不正，继母两面三刀，弟弟桀骜不驯，几个人串通一气，必欲置舜于死地而后快；然而舜对父母不失子道，十分孝顺，与弟弟十分友善，多年如一日，没有丝毫懈怠。舜在家里人要加害于他的时候，及时逃避；稍有好转，马上回到他们身边，尽可能给予帮助，所以是“欲杀，不可得；即求，尝（常）在侧”。身世如此不幸，环境如此恶劣，舜却能表现出非凡的品德，处理好家庭关系，这是他在传说故事中独具特色的一个方面。

德智双馨的接班人

尧帝开帝王禅让之先河，在位70年，认为儿子丹朱不成器，决定从民间选用贤良之才。四岳向尧推荐了舜，尧来到历山一带考察，见（四方诸侯首领）舜在田间耕地，从不用鞭打牛，而是在犁辕上挂一个簸箕，敲一下簸箕，吆喝一声。尧问：“耕夫都用鞭打牛，你为何只敲簸箕不打牛？”舜拱手而揖，答道：“牛为人耕田出力流汗很辛苦，再用鞭打，于心何忍？我打簸箕，黑牛以为我打黄牛，黄牛以为我打黑牛，就都卖力拉犁了。”尧一听，觉得这个青年有智慧，又有善心，对牛尚如此，对百姓就更有爱心。尧与舜再谈了一些治理天下的问题，舜的谈论明事理，晓大义，非一般凡人之见。尧又走访了方圆百里，都夸舜是一个贤良之才。尧便决定试一试舜，把两个女儿娥皇、女英嫁给舜，让观其德；把九个男儿安排在舜周围，让观其行。把舜放进深山之中，虎豹毒蛇都被他驯服。舜头脑清醒，方向明确，深山之中不迷失，很快就走了出来。尧先让舜在朝中做虞官，试舜三年后，让舜在太庙拜了尧的先祖，尧便让舜代其行天子之政。

知人善任，政通人和

舜即位后，改革为贵族议事机构。舜根据各人所长，分别委以不同职务：禹担任司空，主平水土；后稷主持农业，播种百谷；契为司徒，掌管教化；皋陶为司法官，掌刑；倕为共工，主管手工业；益为虞官，掌山林原隰的草木鸟兽；伯夷为秩宗，主管祭祀典礼；夔为曲乐，负责教育贵族子弟；龙为纳言，专门传达舜的命令和转达下情。舜还规定，每三年考核一次官员的政绩，有成绩者加以提拔，不称职者予以撤换。官员职守分明，办事效率提高，百业由此兴旺。舜的都城维持尧都不变。

舜为首领时，开创了上古时期政通人和的局面，成为中原最强大的盟主。正如《史记》所云：“天下明德，皆自虞帝始。”

另一种说法

《竹书纪年》却有另一种说法：“昔尧德衰，为舜所囚。舜囚尧，复偃塞丹朱，使不与父相见也。”舜被刻画成了篡夺帝位的阴谋家。

“禅让”之说在生产力落后的原始时代，在一定的条件下固然有存在的可能性，我们不必去摧毁古人的美妙梦想。但竞争、抢夺毕竟是普遍的，即使是在“原始共产主义”社会。据说人类是从猴子变来的，我们来观察一下这些“远房亲戚”，它们应当还处于类似人类的“原始社会”吧？猴群中总有个“猴王”，它统领猴群，也拥有获得食物以及与异性交配的优先权。为了争夺“猴王”的地位，健硕的公猴们经常厮打得头破血流。所以我们也不必把“原始共产主义”想象得太美好。

美好的传说

舜在尧死之后，在位39年，禅位于禹。到南方巡守时，死于苍梧之野，葬于湖南永州宁远县的九疑山，故永州又被称为“零陵”。舜帝二妃娥皇、女英

九疑山 舜帝陵

湘灵图

闻讯赶来，逆湘江而上追寻，泪水飞洒到两岸的竹林，留下了点点斑痕，据说这就是湘江斑竹的来历。娥皇、女英泪尽而逝，被安葬在洞庭湖中的君山岛上。他们凄美感人的爱情故事，被伟大诗人屈原改编成《九歌》中的《湘君》《湘夫人》传唱。

山西运城鸣条岗（盐湖区北相镇曲马村北）也有个舜帝陵，始建于唐开元年间，历有修葺。此处附近多有与舜有关的地方，如永济市张营乡舜帝村，古称姚墟，是舜以姚为姓的由来；平陆县虞城，是舜帝国号有虞的依据；永济蒲州镇，即是舜帝建都的蒲坂。还有躬耕的历山、捕鱼的协泽和制陶的河滨，都在附近能找到相应的地方。

8. 夏禹

禹，姒姓，名文命。禹的父亲是鲧，鲧的父亲是颛顼帝，所以他是黄帝的玄孙，颛顼帝的孙子。禹的曾祖父昌意和父亲鲧都没有登临帝位，而是给天子做大臣。

治水英雄

大禹治水应是多数人耳熟能详的故事。

唐尧之世，大地发生了滔天洪水，老百姓无法生活。帝尧命鲧领众治水。鲧花了九年时间，没有把洪水制服。因为他只懂得水来土掩，造堤筑坝，结果洪水冲塌了堤坝，水灾反而闹得更凶了。

舜接替尧当部落联盟首领以后，亲自到治水的地方去考察。他发现鲧办事不力，就把鲧杀了，又让鲧的儿子禹去治水。

禹改变了他父亲的做法，用开渠排水、疏通河道的办法，把洪水引到大海中去。他和老百姓一起劳动，戴着箬帽，拿着锹子，带头挖土、挑土，累得磨光了小腿上的毛。

相传他借助自己发明的原始测量工具——准绳和规矩，走遍大河上下，用神斧劈开龙门和伊阙，凿通积石山和青铜峡，

河南禹州市大禹广场

大禹陵

大禹治水

黄河龙门

使河水畅通无阻。经过十三年的努力，终于把洪水引到大海里去，地面上又可以供人种庄稼了。

禹新婚不久，为了治水，到处奔波，三次经过自己的家门，都没有进去。第一次，妻子生了病，没进家去看望。第二次，妻子怀孕了，没进家去看望。第三次，他妻子涂山氏生下了儿子启，婴儿正在哇哇地哭，禹在门外经过，听见哭声，也忍着狠心没进去探望。

大禹治理黄河时有三件宝，一是河图；二是开山斧；三是定海神针。传说河图是黄河水神河伯授给大禹的。

典籍更有“禹疏九河”的传说。《尔雅·释水》指出了大禹所疏通的太史、复釜、胡苏、徒骇、钩盘、鬲津、马颊、简、洁等九河的名字。此九河故道经流之地，均在黄河下游，即今河北、山东之间的平原上。

定鼎九州

大禹因治水有功，被帝舜封为夏伯，把他的领地虞邑赐予大禹，改名夏邑。当时的夏邑，后曾更名阳翟、颍川、钧州，即是今日之河南禹州。

帝舜在位33年时，正式将禹推荐给上天，把天子位禅让给禹。17年以后，舜在南巡中逝世。三年治丧结束，禹避居阳城，将帝位让给舜的儿子商均。但天下的诸侯都离开商均去朝见禹。在诸侯的拥戴下，禹正式即天子位，以夏邑（另一说是安邑，即今山西夏县；还有说是阳城，在今河南登封市）为都城，国号夏。

从此以后，从华胥氏到伏羲、女娲，到少典氏，到炎帝、黄帝，再到颛顼、帝喾、唐尧、虞舜，一路传承的华族，又有了新的称呼——夏族，或称华夏族。这是中国历史上第一个以中原地区华夏民族为主体，容纳吸收周边各部族共同创立的多民族统一的大国。它“咸有九州”，“协和万邦”，是我国从原始社会进入奴隶制社会的第一朝代，被称为“华夏第一国”。

大禹把中国国土划定为九州（即冀州、兖州、青州、徐州、扬州、荆州、豫州、梁州、雍州）。他到南方巡视，在涂山（今安徽蚌埠市西）约请诸侯相会。为纪念这次盛会，禹把各方诸侯部落酋长们送来的青铜铸成九个鼎，象征统一天下九州，成为夏王朝之象征。

禹在夏都执政八年，号令全国实行统一的历法，俗称“夏历”，也叫“农历”。并且定车制，立贡法，建学校，作夏乐，提倡养老，令行薄葬，实行“五音听治”。加上其他许多行之有效的措施，将一个新生的夏朝治理得井井有条，殷盛富庶，“公家有三十年之积，私家有九载之贮”。

约公元前2198年，禹百岁，巡狩江南，死于会稽，就地埋在茅山，后人因禹曾在这里大会诸侯，计功行赏，所以把茅山改名为会稽山。这就是绍兴大禹陵的由来。

禹陵背负会稽山，面对亭山，前临禹池。大禹陵碑亭飞檐翘角，矗立于甬道尽头。亭四周古槐蟠郁，松竹交翠，幽静清雅。亭南是禹的墓穴所在之处。

神州到处都有关于大禹的遗迹和传闻。安徽怀远县境内有禹墟和禹王宫；陕西韩城县有禹门；山西河津县城有禹门口；山西夏县中条山麓有禹王城址；河南开封市郊有禹王台；禹县城内有禹王锁蛟井；湖北武汉龟山东端有禹功矶；湖南长沙岳麓山巅有禹王碑；甚至远在西南的四川南江县还建有禹王宫；而河南洛阳更有大禹开凿龙门的传说。这些遍布中国的大禹遗迹，记刻着大禹的丰功和人们的思念。大禹是我国古代伟人中最受人们崇敬的一个。

羌人的骄傲

九鼎

大禹出自西羌，《史记》、《帝王世纪》等古籍都有记载。北川、汶川等羌族聚居地都宣称是“神禹故里”，大禹的母亲有莘氏女修是古羌人。所以，大禹及其所开创的夏王朝，可以说也是羊的传人。另一说，禹母有莘氏为古辛国人，古辛国在今陕西合川。

大禹以他治理洪水的伟大功勋和高贵品德，完全够资格排列在五帝之中。只不过他儿子开始了“家天下”，建立了夏王朝，人们习惯于把他摆在夏朝始祖的位置。

9. 皋陶（独角羊与法）

皋陶，据说是颛顼帝与邹屠皇后第七个儿子。邹、屠恰恰是蚩尤遗族的两个姓，或许他与蚩尤族也有血缘关系？

传说皋陶是山西洪洞县士师村人。另有一说皋城（今安徽六安市）人。今六安城东有皋陶墓。

更有传说，少昊的女儿女修吞食了玄鸟卵而生了大业（皋陶）。故皋陶是古六安国始祖，徐国国君的祖先，还是东夷部落的首领。

其长子伯翳（伯益）封于嬴秦，而威震四海的秦始皇嬴政乃其后。嬴、赵、舒、徐、阮、江、黄、叶等姓均为皋陶后裔。

皋陶是中国神话中公正的法官。清脸鸟嘴，铁面无私。皋陶卓有成效地辅佐了尧、舜、禹三代君主，成为我国先秦史中一位深远影响的人物。其创刑、造狱，倡导明刑弼教以化万民的思想为四千多年来我国各个时期制定、完善、充实各项法律制度奠定了坚实的基础，历史上被人们喻为“圣臣”。

獬豸

相传皋陶有一只獬豸，称直辨兽，是只独角的羊。当人们发生冲突或纠纷的时候，独角兽能用角指向无理的一方，甚至会将罪该万死的人用角抵死，令犯法者不寒而栗。皋陶审理案件，遇到疑难，就牵来獬豸，即可迎刃而解。所以皋陶非常敬重羊。

“皋陶造狱，划地为牢”的传说让皋陶被尊为“狱神”，我国的第一部《狱典》也是由皋陶制定的。

皋陶与尧、舜、禹同被称为“上古四圣”，是舜帝执政时期的士师，相当于国家司法长官。禹继位后按禅让制举荐皋陶为他的继承人，“且授政”（即让他处理政务）。但皋陶先于禹而亡故，未继位，后来禹又举荐皋陶儿子伯益为继承人。但禹的儿子启已势力强大，夺取了政权，开创了“家天下”的王朝。

皋陶又是上古时期伟大的政治家、思想家、教育家，被史学界和司法界公认为“司法鼻祖”，他的“法治”、“德治”思想，今天仍有重大价值。

皋陶文化是华夏文明的圣火。皋陶是华夏文明的奠基人之一。儒学理论的许多重要观点都与皋陶的思想观念一脉相承，儒学的主流源头当是皋陶文化。

后世纪念皋陶在司法领域的重大贡献，汉、唐、宋代均将法冠命名为“獬豸冠”，明代以“獬豸服”为风宪官公服，清代御史及按擦史补服前后皆绣獬豸图案。

现在，许多立法、执法单位仍以獬豸为“公正、刚直”的形象，如广州市人民代表大会常务委员会、广东省质量技术监督局大门两边的石雕像就是獬豸。

10. 商祖契、王亥、汤阳鸟图腾

商朝是中国历史上的第二个重要朝代，从大约公元前17世纪到公元前1046年，自天乙（汤）至帝辛（纣），前后相传17世30王，延续600年时间。盘庚迁殷（河南安阳小屯）后，长期定都于此，周代以后，人们习惯称商王朝为“殷”或“殷商”。

天命玄鸟，降而生商

殷商的始祖是契。契，姓子，相传是帝喾高辛氏的儿子，黄帝的玄孙。据说帝喾的次妃简狄，为有娀氏之女，因吃了燕子的卵，有了身孕，生下了契。后来商人把他称作“玄王”，奉为始祖，并编出了“天命玄鸟，降而生商，宅殷土茫茫”（《诗经·商颂·玄鸟》）的颂歌来赞美他。

从以上传说，有人探讨商部族的族源，认为他们不是来自中原的华夏族，而是东夷少昊部族的一个分支。少昊部族有个明显特点，就是以鸟为图腾，有

甲骨文·商

简狄

閼伯台

閼伯

风鸟氏、玄鸟氏、青鸟氏等共24种。这玄鸟氏与玄鸟生商的说法，难道会全无关系？更何况商部族生活的地盘正是在东夷人活跃的地带，离少昊的统治中心曲阜不远。他们自称是黄帝后裔，与后来的匈奴人、辽国人自称是炎黄传人类似，是为了取得正统地位。帝喾一出世，就自言名俊，他身上也处处露出东夷人崇奉的大神帝俊的身影。当然也不排除他们虽出身华夏族，但生活在东夷人的地域，深受影响。

阏伯

帝尧时，契在商丘为火正，一是管理火种，二是祭祀火星并观察火星的运行，以便及时地告知人们防灾避祸并适时地播种收割。由于太岁星在卯时出现叫“单阏”，在甲年出现叫“阏逢”，久而久之，观察火星与太岁星的火正契就被称为“阏伯”。契死后，人们就在他生前观察火星的高地上葬之，就是后人所称之阏伯台或火星台或火神台。

又据《史记·殷本纪》记载，在帝舜年代，舜任用契担任司空，施行五伦教育；后又命契佐禹治水，立下大功，被帝舜“封于商，赐姓子氏”。

黄河流域是中华民族的摇篮，商丘位于黄河的中下游，在距今四五千年的时候，不仅农业高度发达，而且还产生了一位在天文历法方面取得重要功绩的人物，他就是阏伯。称他为远古时代的天文学家当之无愧，因为他不仅是中国研究天文历法的名人，就是英国的李约瑟博士对阏伯在天文历法方面为全人类所做的贡献也予以高度评价。阏伯发现，可以观察大火星的出没来授时：大火星是一颗红色的一等亮星，便于人看见记住；二是它是一颗恒星，可作固定的标记，而且每当大火星在东方黎明时出现的时候正好是我国农时“春分”的季节，当大火星在西方不见的时候又是在“秋分”的季节。所以，后来的商朝就把大火星出现于黎明前第一次晨见之月定为一年的岁首，这就是“殷历”。这对适时安排农业生产有非常重大的意义。

现存阏伯台如墓状，高35米，周长270米，夯土筑成。阏伯台上现有阏伯庙，为元代建筑。有大殿、拜厅、东西禅门、配房、钟鼓楼。大殿后面还有个半月形的观星台。殿宇飞檐走兽，金碧辉煌，为典型的民族建筑风格。每年正月初四至初八，数万民众前往朝拜，谓之“朝台”，祭祀活动演变成盛大的庙会。至今已延续四千多年时间。

在夏朝太康失国的时候，契的孙子相土开始向东方、北方发展，《诗经》上说：“相土烈烈，海外有截”，或许是跨过渤海，到了东北地区。

商祖王亥

到夏朝中期，契的六代孙王亥，是甲骨文卜辞中被称为“高祖”的三位之一。三人中，第一位是“高祖夒”，据考证，即是帝喾高辛氏，他是殷商始祖契的父亲，更为五帝之一，应是当之无愧；另一个是开创商王朝的“高祖乙”即商汤（正式谥号为商太祖），他也是功高盖世，赫赫有名；而“高祖王亥”能与帝喾、商汤并列，究竟何德何能？

据说，王亥最突出的贡献之一就是“亥作服牛”。如何“服牛”？不清楚。当然不会是给牛穿衣服，这没有多大意义。服，应是“驯服”之意。有人据此解释为他是中国畜牧业的创始人，却未免抬高。中国畜牧业从伏羲时代就已经发展，绝非轮到王亥才“创始”。有人解释是王亥发明给牛装上了鼻圈，牵住了牛鼻子，就让它乖乖听话，这倒是合情合理。牛被抓住了软肋，就得听使唤了。拖犁带耙，恐怕是后来的事——商人并不太重视农业；驾牛车可就要紧了：他们不是安土重迁的部族，从契到汤，迁徙了八次。首府都经常迁徙，日常的往来活动更应少不了。牛车就显得相当重要了。要是牛没被牵住鼻子，一旦发起牛性，可不就麻烦多多？所以他们的族人就非常赞赏王亥的办法，在历史上为此大书一笔。王亥的牛车，是在其曾祖相土发明马车之后的又一大创造。

其实王亥最重大的贡献，还在于开创了商业贸易。物品交换应该是早已存在，炎帝时就曾安排了“日中为市”。但这些还只是临时业余性质的，还没有人把从商作为职业。商部族经过几代努力，物资生产丰盛起来，有了大量富余，产生了交换的需求。王亥就组织族人，将自己生产的东西运送到别地去交换。逐渐便发现，交换中可产生利益，产生财富。于是他们就专门从事这样的交易活动，他们不再是物品的生产者，而成了职业的物品交换中间人。由于他们都来自商部族，大家都叫他们“商人”，他们从事的事业也就称为“商

商祖王亥

商祖祠

甲骨文王亥

业”。约定俗成，数千年来，商人就成了生意人的专门称呼；后来，就连“殷商”这个部族、朝代的称呼，也有了新的含义：殷实富裕的商家。商部族引入海贝作为钱币的使用，是一大创举，为经商活动带来了极大的便利。

于是，王亥被追崇为“商祖”——不但是商部族之高祖，而且还是中国经商行业的始祖。在商品经济空前发达，经商热潮翻滚的今天，王亥更是受到众人的追奉和膜拜。商丘人在阏伯台的旁边，新建了一座商祖庙，规模宏大，远胜于乃祖阏伯的庙宇，殿前耸立的王亥铜雕像，高约10米，英俊潇洒，气宇轩昂。

经过王亥、甲微父子两代的努力，商部族的势力是空前发展了。到了契的第十四世孙汤，终于迎来了入主中原、号令天下的机会。

商王朝的建立

汤，原名履，又称武汤、成汤、商汤、天乙。汤继位当上商部落首领，17年后灭夏而建立商朝。登天子位13年，病死，葬在亳。商代称“亳”的地方有多处，有“南亳”、“北亳”、“西亳”等，多少都与汤有关系，何处为商都？学者莫衷一是。其中一说，即是在今安徽亳州。第四章我们曾讨论过，“汤”通“旸”，“汤谷”即“旸谷”，商汤也和东夷人一样，包含了对太阳的崇拜。

夏朝末年，商族逐渐强大，眼见夏桀暴虐，失去民心，汤决心灭夏。桀担心汤势力壮大而威胁自己，便将汤召入夏都，囚禁在夏台。商族又送桀以重金，并贿赂桀的亲信，使汤获释归商。

汤的妻子有个陪嫁奴隶，名叫伊尹，汤发现他是一个贤才，就免除他奴隶的身份，任为右相。自此，在伊尹的谋划下，汤积极准备灭夏。

汤以仁厚收揽人心，主张网开三面，恩及禽兽的事传开后，得到人民称赞和拥护，势力进一步壮大。

商汤陵

汤还采纳伊尹的建议，停止朝贡夏朝以试夏桀的实力。桀命令九夷族发兵征讨商，见桀还能调动九夷族的兵力，汤和伊尹就马上请罪，恢复进贡。

一年后，九夷族忍受不了桀的残暴统治，纷纷叛离，使桀的力量大为减弱，汤和伊尹见时机成熟，就由汤召集部众，出兵伐夏。汤历数夏桀的暴虐无道，号召夏的附属小国背弃桀，归附商。对不听他劝告者，就先后出兵攻灭。商汤越战越强，十一征而无敌于天下。夏桀陷于孤立的境地。汤还迁都于亳，以此为前进的据点，准备最后攻灭夏朝。

最后在鸣条（今河南封丘东）汤一举攻灭了夏桀，建立了中国历史上第二个王朝——商朝，定都亳。

汤建立商朝后，减轻征赋，鼓励生产，安抚民心，使商的势力扩展至黄河上游，成为又一个强大的王朝。

商汤开启了以武力夺得天下的先例，使中华帝国以后的历史变得多彩多姿，打破了天子是不可变的定律，是中国政治史上的第一次“革命”。

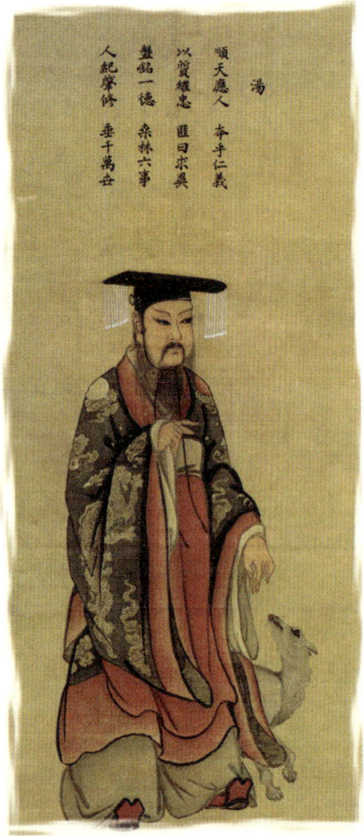

商汤

11. 周人的祖先阳鸟、羊图腾

黄帝的嫡长房后裔

周人的始祖名“弃”，传说是帝喾的儿子，是其元妃炎帝部族有邰氏之女姜嫄所生。后来周王朝特别强调“嫡长继承”制度，恐怕也与此有关。黄帝正妻嫘祖所生的两个儿子玄嚣、昌意继承了黄帝的本姓姬，帝喾高辛氏是玄嚣的曾孙，而周人恰是帝喾嫡妻所生，又正式继承了“姬”姓，可见周人算是黄帝后裔中的“嫡长”房，尊贵无比。

特别的“弃儿”

然而，姬弃却显得有点“来历不明”。据说，姜嫄一天出去游玩，看到一个巨人的脚印，出于好奇，用脚踩了一下，回家后竟有了身孕；后来生下一个男孩，姜嫄对此又惊又怕，把这孩子视为怪物，先后三次分别将他丢到“隘巷”、“平

后稷雕像

凤鸣岐山

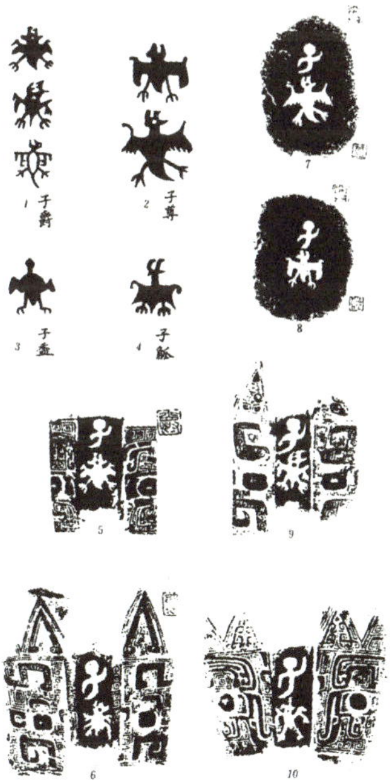
周族的族徽

林”、“寒冰”；然而，更奇怪的现象却发生了：先后有牛羊来喂养他，樵夫来解救他，大鸟用翅膀来温暖他，致使这孩子三弃而不死。姜嫄认为一定有神灵保佑，于是就决定抱回去抚养，并因此为之取名“弃”。

“受孕于巨人（意指天神）足迹”此类掩饰“知其母而不知其父”的传说，已是不新鲜了。但当时已步入父系社会，对这类事情已无法视为正当。因此，姜嫄主动出轨的可能性不大，或许是意外受到了侵害，因而感到羞愧，于是有了弃婴的事情。《诗经·大雅·生民》的记载就比较神圣了：姜嫄是在去祈求子嗣时，“履帝武敏歆”——踏到了天帝的足拇指印，怦然心动，有了身孕。但为何又要丢弃呢？是因为诞下的婴儿是胞衣包裹，犹如羊羔出生的样子，因而疑惧。

周人始祖母亲姓姜，出生又如羊羔的样子，的确是与羊有缘，身上有羌人的血统。而他弃置寒冰时曾受大鸟保护一事，就被描成图像，成为周族的族徽。这个族徽连同日后“凤鸣岐山”的传说表明周人也曾有凤鸟图腾。

世代农师

弃从小就非常聪明，对农事特别感兴趣，喜欢模仿大人种植麻、豆之类的庄稼，成年后更善长于农耕之事。他一眼看上去就知道一块地适合种什么庄稼，因此，附近的老百姓纷纷求教于他。看来他并未像一般王子，养尊处优。

在尧帝时，弃的农业专长就被发现重用；在舜帝时，更被正式聘为农师，尊称为“后稷”。此处“后”字同样也有尊贵的意思。弃教民耕稼有功，被封于邰（在今陕西武功县境），死后更被尊为农神。

后来他的儿孙们都谨遵乃祖的遗教，格外重视农业，世袭充当农师，下传共十余代。太康失国，他们回到封地邰，教导子民务农，大力发展农业，对开发渭河平原做出了很大贡献。夏王朝复兴后历数代帝王，弃之后裔又担任后稷。

从豳到周原

公刘是由祖父不窋携带，从邰迁到豳地的。豳，亦作邠，在今甘肃庆阳地区以及陕西彬县、旬邑、长武一带。在公刘的领导下，豳地疆域不断扩大。

周人事业又一大进展，是在公刘的第九代孙，弃的三十二代孙古公亶父时发生的。古公亶父可说是一个上承后稷、公刘之伟业，下启文王、武王之盛世的关键人物。周王朝建立后，他被追尊为“太王”。

《史记·周本纪》载，古公亶父“积德行义，国人皆戴之”。当时北方的獯鬻（又称山戎、鬼方，周代称“猃狁”，汉代后称“匈奴”，以狼为图腾）部落来侵扰，索取财物，古公生性善良敦厚，不愿劳民伤财与獯鬻打仗，不忍看到双方人民在战场上流血牺牲，采取了妥协退让的政策，决定把世代居住的豳地让给獯鬻，自己向南迁移。在苍狼的进攻下，周人首次展现了退却避让的“羚羊战略”。

豳地的人们成群结队，扶老携幼，带着农具和财物，跟随古公离开了豳地，南下岐山周原（在今宝鸡附近的岐山县）。古公亶父与妻子太姜不辞辛劳，建立起新的家园，并定国号为“周”。

古公亶父约公元前1146年谢世，他有三个儿子：太伯、虞仲和季历。幼子季历贤能，娶妻太任，出身殷商贵族，亦为贤妇人；生子姬昌，有圣德瑞兆，是个神童，甚得古公欢心，常赞叹道：“我世当有兴者，其在昌乎!”古公有心经过季历最终传位给姬昌，又碍于长幼有序，难以启齿。长子太伯、次子虞仲猜到了父亲的意思，为少子季历能顺利继位，特意避让出游，文身断发，到了当时还是荒蛮之地的荆楚地区。后来太伯在东部沿海建立了吴国传世，虞仲也长眠在常熟城边的虞山，虞山即因他而得名。

以德治世的典范

季历子姬昌，即有名的西伯周文王。他们在周原的发展，可以说是周族的第二次创业，这次创业使周终于成为西岐强国，为后来其子周武王打败商纣王朝，统一全国奠定了基础。

据《史记·周本纪》记载，周文王继承后稷、公刘开创的事业，仿效祖父古公亶父和父亲季历制定的法度，实行仁政，敬老爱幼，礼贤下士，治理岐山下的周族根据地。对内奉行德治，提倡“怀保小民”；大力发展农业生产，采用“九一而助”的政策，即划分田地，让农民助耕公田，纳九分之一的税；商

周文王像

子牙出山

人往来不收关税；有人犯罪妻子不连坐等。可视为初期的封建制政治，即裕民政治：征收租税有节制，让农民有所积蓄，以刺激劳动兴趣。对外招贤纳士，许多外部落的人才以及从商纣王朝来投奔的贤士，他都以礼相待，予以任用。如伯夷、叔齐、鬻熊等人，都先后归附在姬昌部下称臣。姬昌自己生活勤俭，穿普通人衣服，还到田间劳动，兢兢业业治理自己的国家。

岐周国力壮大，引起商王朝的不安。纣王的亲信谗臣崇侯虎进谗言，姬昌被拘于羑里（今河南汤阴县北郊）。他在囚禁中，精心致力“演易之六十四卦，各为彖”。姬昌长子姬考（伯邑考）为救父亲来到朝歌，竟被纣王杀害；散宜生、闳夭等人更策划营救，搜求美女、宝马、珠玉献给纣王。纣王大喜，下令赦免文王出狱。并赏给他弓、矢、斧、钺，授权他讨伐不听命的诸侯。这就是史书中说的文王“羑里之厄”。

羑里

文王对八卦的研究和演绎，后来被总结为《周易》。孔子对《周易》进行解释和论说，完成十翼，即《易传》。《周易》发展成为一部内容博大精深的阐述宇宙变化的哲学著作，对中华文化的发展产生巨大而深远的影响。

文王出狱后下决心灭商。一面向纣王献地，请求免除酷刑，取得信任，一面访贤任能，壮大国力。他出猎到渭水支流磻溪，巧遇年已垂老、怀才不遇的姜尚在水边钓鱼。文王同他谈话，相互谈得很投机，文王了解姜尚确有真才，便让姜尚与他同车而归，拜其为师，共同筹划灭商策略。

据《尚书大传》说，文王在位的最后七年，正式自称为王，经东征西讨、北伐南扩，形成了“三分天下有其二”的形势，殷商已处于极端孤立的境地。

就在这大功即将垂成之际，姬昌不幸死去。《尚书·无逸》和《吕氏春秋·制乐》都说他享国50年，称王前立国43年。死后葬于毕（今陕西长安县与咸阳之间，渭水河畔）。

周文王在中国历史上是一位名君圣人，是以德治世的典范，被后世儒家长久称颂敬仰。

周王朝的建立

周武王（姬发）（？—公元前1043年）是周文王姬昌次子。他继承父亲遗志，于公元前1046年消灭殷商王朝，建立了西周王朝，表现出卓越的军事、政治才能，成为中国历史上一代名君。

武王继位后，积极为灭商准备条件，审时度势，等待时机。即位9年后，为便于进攻商陪都朝歌（今河南淇县），将都城由丰迁至镐（西安沣水东岸），举行了历史上有名的“孟津观兵”。有800诸侯闻讯赶来参加。人心向周，商纣王孤立无援的形势已形成。

又二年，商纣王更加昏庸暴虐。良臣比干、箕子进谏无效，百姓皆侧目而视，缄口不言。武王与姜尚研究，认为灭商条件已完全成熟，遵照文王“时至而勿疑”的遗嘱，果断决定发兵伐商，通告各诸侯国向朝歌进军。大军到达朝歌郊外70里处的牧野（今河南汲县南），各诸侯率兵车4000乘会合。纣王闻知周兵已到，调集都中士兵，再加把囚犯、奴隶、战俘武装起来，共起兵17万（一说70万）相迎。双方开始了历史上著名的牧野之战。武王在战前向全军发表誓词，历数商纣的罪恶，说明伐纣的正义性，动员将士们英勇杀敌。周军士气高涨，奋勇冲杀。商纣的军队在周军凌厉攻势下一触即溃。那些被迫参战的奴隶、囚徒不愿为纣王卖命，反把武王看作救星，倒转矛头引导周军杀入朝歌。纣王见大势已去，登上鹿台，自焚身死。商朝由此灭亡。

周武王

封邦建国

武王灭商后，为了收服人心，巩固新建的政权，在政治上采取了许多政策和措施。首先，采取了以殷治殷，分而治之的办法，

安抚殷商遗民。他封纣王之子武庚为殷侯，继续治理殷民。将殷商王畿之地封自己的三个弟弟分别治理，负责监视武庚，号称“三监”。释放被纣王囚禁的百姓，修整比干的坟墓，放出箕子并恢复其原职。散发供纣王淫乐奢侈之用的财物、粮食，赈济饥民和贫弱的百姓，使商地很快稳定下来。

河南新郑郑寒故城

其次，采取封邦建国的方略，决定将古时已有但还未完全形成的宗法制度进一步完善和确定下来。即把全国分成若干个侯国，由周天子分封给在灭商大业中做出了贡献的姬姓亲族和有功之臣；各诸侯可以拥兵，但必须随时听从天子调遣，定期向天子纳贡、朝贺；允许封侯世代承袭，并可在封国内分封卿、大夫；天子对诸侯有赏罚予夺之权，对封国中分封卿、大夫也有权过问。毫无疑问，武王实行的封邦建国方略，相对于商朝那种原始小邦林立的现象来说，显然是一个进步。它确有统天下于一尊的意义，在当时起到了巩固和加强全国统治的作用。

虢国车博物馆马坑

周武王的列国诸侯，有公、侯、伯、子、男五等，不及五等者为附庸。其中姬姓子孙的封国最多，有53个。如鲁国、燕国、魏国、管国、蔡国、曹国、成国、霍国、卫国、滕国、晋国、吴国、虞国、虢国；其他还有建国大功臣姜太公后裔的齐国、纪国，少昊后裔嬴姓的秦国、莒国，颛顼后裔芈姓的楚国，商族子姓的宋国，夏禹王之后姒姓的杞国，舜后人妫姓的陈国，伯夷之后姜姓的许国，陆终之后曹姓的邾国。还有神农氏的后人封于焦，黄帝的后人封于蓟，尧的后人封于祝。

武王还计划在洛邑营建东都，以便于加强对东方的控制。可惜未能实现即逝世。武王的陵墓在其父文王陵墓毗邻。

周王朝是中国历史上延续时间最长的朝代，享国约800年，从公元前1048年中期到公元前256年，共传30代37王。可分为西周和东周两个时期，东周又分为春秋和战国两个时期。

12. 老子

我国古代伟大的哲学家和思想家、道家学派创始人老子，是世界文化名人。《老子》书中包括大量朴素辩证法观点。老子哲学与古希腊哲学一起构成了人类哲学的两个源头，老子也因其深邃的哲学思想而被尊为“中国哲学之父”。老子的思想被庄子所传承，并与儒家和后来的佛家思想一起构成了中国传统思想文化的内核。

老子姓李，名耳，谥曰聃，楚国苦县（今河南鹿邑）人，生活在春秋后期，与孔丘同时而略早。他曾任周王室的柱下史，掌管王室图籍。孔子到周，曾向他问礼。

老子的学说，显现了高深莫测的思辨；而这位哲学奇才的一生一死，更显得神奇难解。

四川成都青羊宫

老子西行

青羊宫独角铜羊

他的出生，就是不同凡响：相传他母亲怀了九九八十一年身孕，从腋下将他产出，老子一生下来就是白眉毛白胡子，所以被称为老子。

他的辞世，更是“神龙见首不见尾”：

据说老子见周室衰败，即辞官离去。他骑青牛西行来到函谷关，点化了总兵伊喜。再西行至盩厔（今陕西周至县），见此处依山傍水、峰峦起伏，遂驻足结草为庐，修行说经，世称楼观台，为道家发源地。所说之经，由伊喜记录，成为洋洋洒洒五千言的《道德经》。老子羽化后葬在距此八公里的西楼观，现存老子墓。

寿终正寝，本来是平常无奇。奇的是后来节外生枝，老子和成都的青羊宫扯上了关系。

题名西汉扬雄所著《蜀王本纪》有这样的记载：老子为关令尹喜著《道德经》，临别曰：“子行道千日后，于成都青羊肆寻吾。”时隔三年，尹喜如约前来，老君显现法相，端坐莲台，为尹喜敷演道法。自此以后，此处便成为神仙聚会、老君传道的圣地。到唐代，建成的青羊观的规模已相当大，后又扩建为青羊宫。

此处的青羊又是如何来的呢？据唐乐朋龟的《西川青羊宫碑铭》说：“太清仙伯敕青帝之童，化羊于蜀国。”现在青羊宫的解说词也是如此解释，还说尹喜来成都见老子的时候，青羊还为带路。

然而，宫内的壁画，却明明白白地写着“老子化青羊”。老子是在生前还是逝世后到的成都？老子约尹喜千日后成都见，尽管蜀道艰难，三年还是能到达的。若此时老子还活着，往后去向又如何呢？完全没了交代。

这到底是怎么回事？是“青帝之童”化羊，还是老子化羊？我们曾专门为此请教过青羊宫的孟道长。道长的回答语带玄机，认为二者皆可。总而与之，老子的辞世是和羊有了不解之缘。

青羊宫的铜羊有两只，一只独角，一只双角。独角铜羊其实是十二属相化身，即鼠耳、牛鼻、虎爪、兔背、龙角、蛇尾、马嘴、羊须、猴颈、鸡眼、狗腹、猪臀。相传这只青铜异兽是宋代河南开封经梅阁之物，其颈部补疤处原有“红梅阁”三字。另一双角铜羊是清道光九年（1829年）成都张柯氏延请云南匠师陈文炳、顾体仁铸造，献给青羊宫的。

老子化青羊·青羊宫画像

第六章

民族羊（阳）图腾

秦兵马俑

民族历经氏族、部族形成，图腾是氏族、部族、民族的标志。

中国是一个统一的多民族国家。从遥远的古代起，中华各民族人民的祖先就劳动、生息、繁衍在中华大地上，共同为中华文明和建立统一的多民族国家而贡献自己的才智与力量。公元前221年秦始皇统一中国，建立中央集权制国家，标志着中国统一的多民族国家历史的开始。

60周年国庆大阅兵

“中华文明”是最先在中原地区发展起来、以华夏族为核心、逐步包容其他民族和种族而形成的文明。孔子在《春秋》中称“夷狄入中国，则中国之，中国入夷狄，则夷狄之”，清楚地表明中华文明并无种族壁垒。

中华民族是由众多分散的小氏族融合成大氏族、氏族联盟而最后形成的，而以炎黄为代表的华夏族在其中发挥着核心与主导作用，因此华夏族的神话与图腾对中华大多数民族的图腾神话以及图腾都有着千丝万缕的影响。华夏儿女，炎黄子孙，是龙的传人，又是羊的传人，羊图腾与龙图腾一道，成为维系中华文明千年不断的纽带。

大埔茶阳花环龙舞蹈·两（阴阳）花（华）龙一体戏珠（日）

一、华族阳、龙图腾

“华”作为族称见之于《尚书·周书·武成》“华夏蛮貊，罔不率俾”，意思是指先圣王的后代，即远古社会的贵族。这是“华”初始的、狭义的内涵。后来的“华”作为族称又见于《北史·西域传》，意思却是指所有的中国人了，这是广义的内涵。以后，“华”作为族称从此流传下来，直到现在，成为约定俗成的对全体中国人的称呼。

1. 华就是太阳

太阳古称“华”，《水经·若水注》引古本《淮南子·地形训》称：“若木在建木西，末有十华，其光照下地。”今本

"与华无极" 秦汉瓦当

向日葵

山西"晋侯墓地"青铜艺术珍品"凤鸟尊"

华虫

《淮南子》却作"末有十日，其华照下地。"两相对照，可见"华"与"日（太阳）"、"光"的关系——华即太阳。

《尚书》云："冕服采章曰华"，这里的"华"，指的是"华族"。《尚书正义》曰："冕服采章对被发左衽，则为又光华也"。世间最为明亮，与先祖生活最为密切而被崇拜和敬畏的"光华"，无疑是太阳。华族即崇拜太阳之族。

秦汉间有一种瓦当，中绘日形，并有"十"日纹，四个空间铭文为"与华无极"，对照日纹及十字纹，知"华"即太阳也。

考之秦汉以前的文物典籍，不难发现"华"为太阳的本义。

"华"的古义，本为太阳的专称，但《说文》已失之，仅作"花"义，唯加日旁的"晔"字作"光"讲，尚存太阳发光的本义。

2. 华族之源

华族之源，有不同之说。

伏羲母族当是华族

伏羲母名华胥，伏羲又生在华渚，伏羲母族当是华族。华应该源于中华始祖伏羲的故土——华胥国之名。

舜的名字为"华"

中国历史上五帝时代之最后一帝——帝舜的名字为"华"，按照氏族部落传统，氏族首领的名称即全体氏族成员及其后裔共有的名称。在舜建立国家政权后，人们沿袭古老的习俗，以舜的名字称呼有虞氏族裔及有虞氏治理下的人民为"华"。

华虫——古籍中的凤鸟

一说华族之得名来源于华虫——古籍中的凤鸟（太阳神）。

庙底沟彩陶上的玫瑰花瓣

华山花图腾

华，山名，在陕西省，秦岭就是古代华山。陕西是炎黄祖先的祖居地，华夏文明的发祥地。

有人以中国人以崇尚花朵而名华族：居住在华山周围的部族，以玫瑰花（华）作为自己的图腾，因而被称为“华族”。苏秉琦先生以仰韶文化中彩陶上的玫瑰花瓣为据，认为仰韶文化庙底沟类型，可能就是形成华族核心人群的遗存，庙底沟类型的主要特征的花卉图案彩陶可能就是形成华族得名的由来，华山则可能是由于华族最初所居之地而得名。

華，象形字，甲骨文“华”像繁花盛开。金文线条化。篆文另加义符“艹”并整齐化，与花分家。隶变后楷书写作華。俗写作花。《说文》：“華，桊也。从艸从雩。凡華之屬皆从華。戶瓜切。”

“华”是“花”的本字，古代“华”、“花”相通。

3. 华族龙图腾

龙生龙，凤生凤。传说华族始祖母华胥生下伏羲、女娲为龙，华族自是龙族。

舜帝重华是黄帝的七氏孙，黄帝是龙，后代自然也是龙。

4. 中华与中土、中原、中州、中国

中华

古代华夏族多建都于黄河中游，以其在四方之中，因称为中华。

《辞海》：我国古时多就黄河流域建都，因此称其曰中华。中者，居四方之中也；华者，具有文化之民族，服装华美者也。其后，疆域日广，凡其所属，皆称中华，亦称中国。后来，中华逐渐成为我国的称号。

《现代汉语词典》：古代称黄河流域一带为中华，是汉族最初兴起的地方。后来，中华民族经过不断的融合，“中华”

也就借指“中国”了。

“中华”一词，源远流长，寓意颇深。是公元300年魏晋时期钟信“天人合一”观念的哲人，从“中国”和“华夏”两个名称中各取一字复合而成的。“中”侧重自然（天），寓意天下之中；“华”侧重民族（人），寓意为华夏族群（汉族的前身）。因此，“中华”是一个自然与人和谐统一的伟大实体。

中华之名源自“中国诸华”，居四方之中、文化发达、历史悠久，因此称该地为中华，亦称中原、中国。中华民国、中华人民共和国均以此为国号。而已不存在的中华共和国及中华帝国亦以此为名。海外常将中华作为中国大陆、港澳地区及中国台湾的合称。

虽然目前“中华”一词早已成为对中国文化、地理、民族、饮食等方面的泛称，但直到近代中国才开始出现该词汇的现代意义——1912年中华民国成立后才正式将“中华”纳入国名。

中国

古代华夏族、汉族建国于黄河流域一带，以为居天下之中，故称中国。

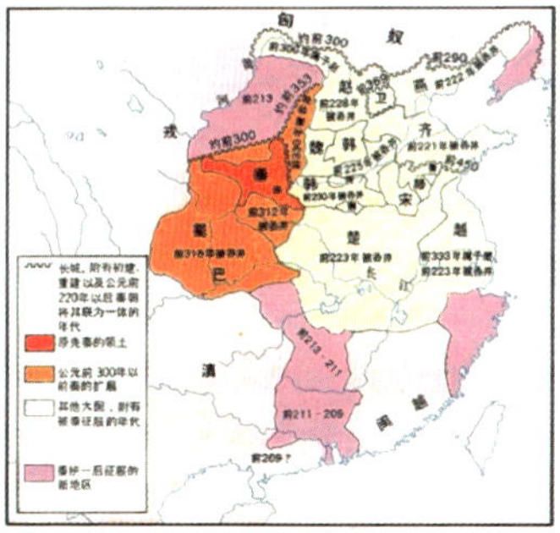
战国和秦统一的中国

战国时期中原七国地图

“中国”一词，最早见于1965年陕西省宝鸡县所出土的青铜器“何尊”铭文中的“唯王初迁宅于成周，……余其宅兹中国”。何尊为西周初年第一件有纪年铭的青铜器，系名“何”者作于周成王五年。可以看出，这里的“中国”，即指周王朝疆域的中心地区，即成周，也即今洛阳一带。

在文献中，“中国”一词最早出现是在周代《诗经》中，如《大雅·民劳》“惠此中国”。但《诗经》中的此类“中国”实为“京城”，还不是真正指国家。指称国家概念的“中国”一词，在战国诸子书中已屡见不鲜了。如《孟子·滕文公上》云：“陈良产地，悦周公仲尼之道，北学于中国”，又“兽蹄鸟迹之道，交于中国”；《庄子·田子方》：“中国之君子，明乎礼义而陋于知人心”……这些都说明：上古时期所谓“中国”，即指后世“中原”地区存在的诸侯国。其地域远不及后世所称中原区域广，而相当于今山西、山东、河南、河北一带。中国，即中原大国，是这一地区人们深感自豪的称谓。而后并入历朝的边远地区，则也逐渐接受了这种以中原大国为自豪，傲视周边小国和其他所谓蛮夷及附属国的观念。

中国，古时通常泛指中原地区，与“中华”“中夏”“中土”“中州”含义相同。

中原

一指平原、原野，《诗经·小雅·吉日》：“瞻彼中原，其祁孔有。”另指黄河流域中、下游一带，亦称“中土”、“中州”。先秦时称豫州为“中原”，因其居九州之中得名，后一般泛指黄河中、下游地区，意为“天下至中的原野”。古人说“逐鹿中原”指的就是黄河中下游地区。丘迟《与陈伯之书》：“北虏僭盗中原，多历年所，恶积祸盈。”南宋时又指淮河以北的广大地区。陆游《示儿》：“王师北定中原日，家祭勿忘告乃翁。”狭义的中原就是指今天的河南省及其附近地区。广义的中原是指黄河中下游地区或指整个黄河流域，包括河南、河北、山西、山东、皖北、苏北等地区，这里是中华文化的发源地。解放战争时的中原局、中原解放区指的就是这一地区。

古代边疆政权和外国人所说的“中原”就是指中国，这是相对而言的。

中原，本来指我国黄河中下游一带，现泛指整个中国。

中州

大禹时代天下分九州，豫州在九州之中，所以就叫中州。

四千多年以前，在华夏大地从洪荒走向文明，在中华民族形成、发展和壮大的历史关头，大禹“披九山，通九泽，决九河，定九州”（《虞夏书·禹贡》），建立了光耀日月的功绩。禹在夏邑（今禹州）即天子位，并用自己的封号“夏”为天下之号，称“夏朝”，禹州就有了“华夏第一都”之称。禹在天下置九鼎，设九州（冀州、兖州、青州、徐州、扬州、荆

河南禹州大禹广场

黄帝故里·新郑

千年帝都洛阳·世界遗产龙门石窟

州、豫州、梁州、雍州）。国都禹州在豫州，国都是一国的中心，是中央机构所在地，因此豫州成为九州之中——中州，中州地位不同一般。“豫”成为今河南省的简称。

中土

古人把神秘的天空看作神界，观察到满天的星星都围绕北极星转，把星辰中最引人注目的北极星看作是“天中”。依此设想，人们便认定人君的国都就是“土中”，即大地的中心。传说武王伐纣成功以后，所做的第一件事情，便是考察四方，寻找“土中”，结果找到了伊洛平原，把洛阳建为陪都，称“成周”。其用意是让天下百姓像星星那样向自己围聚合拢，此后中原、中州又被称为中土。

《史记•刘敬列传》说：“成王即位，周公之属傅相焉，乃营成周雒邑，以此为天下之中也，诸侯四方纳贡职，道里均矣。”因雒邑成周居天下之中，故称“中土”或“土中”，这也应该是后来河南地区称“中州”或“中原”的由来。

中原大地，自古就是兵家必争之地。中州、中土是中华民族的发祥地。

十三朝古都洛阳·丽京门

二、夏族羊、阳、龙图腾

1. 夏族——建夏朝之族

夏禹像

尧舜时期，禹州称夏，是夏部族聚居与活动的中心。大禹为夏部族首领，是黄帝的玄孙。《世本·帝系》说：“黄帝生昌意，昌意生颛顼，颛顼生鲧，鲧生高密，是为禹。”当时，中原洪水泛滥，五谷不收，尧乃求贤良治水。舜荐鲧，鲧以筑堤修坝为主。堵水无状，被杀于羽山。舜又推荐鲧之子大禹继续治水。禹总结了他父亲治水的经验教训，改用开挖疏导为主，居外十三年，终于使洪水东注，治水成功，被封于夏（今禹州市），史称“夏禹国”。禹被称为“夏伯”，即分封方国国君。

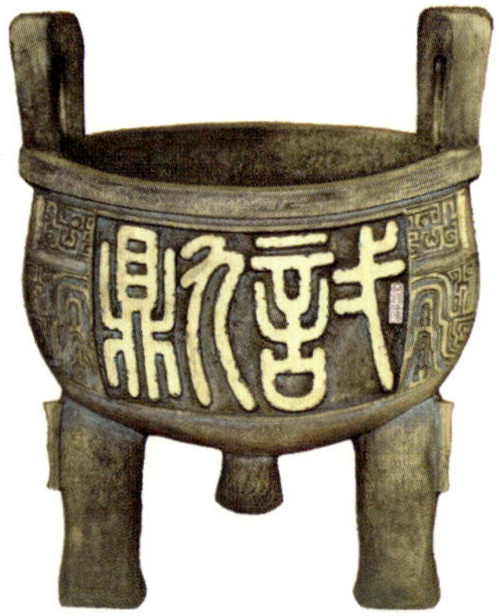

一言九鼎

夏，本指夏后氏，是居于夏地的部落联盟的名称。一般认为夏地在今河南禹县（今称禹州），或说在今山西夏县。夏朝的中心地区在豫西晋南。夏朝的领土范围大致东起豫东平原，西至华山，北起济水，南达淮河。据《史记·夏本纪》说：夏部落姒姓。共12氏族，即夏后氏、有扈氏、有男氏、斟寻氏、彤城氏、褒氏、费氏、杞氏、缯氏、辛氏、冥氏、斟戈氏。他们以夏后氏为核心组成为一个有共同血缘的大部落。随着生产力的变化和发展，到了大禹时期，青铜工具的出现和使用，促使“以铜为兵”的灌溉农业经济形成，夏部族形成的经济基础和政治条件都已成熟。在这种新的历史转折时期，禹划九州，标志着夏部落血缘关系向地缘关系转化的完成，也标志着华族的一个重大分支——夏部族的形成。

夏朝是中国史书记载的第一个朝代。根据史书记载，夏朝是禹的儿子启废除了部落联盟传统的“禅让”制，杀死益而称王，建立的中国历史上第一个国家。

夏朝是中国历史上第一个以中原地区诸夏部族为主体，容纳吸收周边夷夏各部族共同创立的多民族统一的大国。它“咸有九州”，“协和万邦”，是我国从原始社会进入奴隶制社会的第一朝代，被称为“华夏第一国”。

夏商周“三代”是中华文明的形成时期，夏朝是中华文明的里程碑。华族的称呼，也开始被“夏族”顶替，如同汉皇朝建立后“汉族”取代了“华夏”一样。

高禖图：画面上有人首蛇身者两人，环拥一尊者，尊者似应为传说中的媒神，又叫高禖。充满画面的有牛车、二人抬羊、各种野兽，似在用大量猎物谢媒人

2. 羌人与夏禹·羊图腾

夏禹，大禹的同义词，是夏代的始祖。

禹生于石纽，兴于西羌，这一说法最早是从司马迁的《史记·六国年表》、扬雄的《蜀王本纪》和陈寿的《三国志·蜀志》载秦宓论蜀本纪时提出的，后来皇甫谧又举孟子之说为证。

有关禹的诞生地有四川的广柔，安徽的寿春、当涂，浙江的会稽和甘肃的秦川诸说之争。“四川”一说颇占着历史根据充足和来源悠久的优势，“生于四川，葬于会稽”已为多数人认可。

《易林》称西羌人为“石夷”，羌人是崇石祭石的民族。禹生于石纽的传说正是羌人崇拜白石的体现。夏的社祭，叫做祏祭，就是用石，是古代高禖礼的一种。“高禖”是原始氏族男女在神前自由欢会的一种原始祭祀法。夏部族是社祭禹，用石。周部族是稷祭其祖后稷，稷是最早的谷物，是“百谷之长”。“社稷”连称，即来源于此。

“司马迁说‘大禹兴于西羌’，中国第一个王朝——夏后氏，就是以羌族为主体并与唐虞两个联盟部族在黄河流域完成的一个统一大国。”（徐中舒《羌族史》序）

大禹治水十三年，足迹遍布九州大地，因而有关大禹的遗迹和纪念建筑分布广，而且数量多，遍及河南、山西、山东、陕西、四川、贵州、湖南、湖北、安徽、江苏、浙江等地。但将大禹奉为神灵，千百年来全民虔诚顶礼膜拜，这在我国少数民族中仅见于羌族。流传在羌族中的大禹传说，都讲到大禹是羌族天神木比塔派来的治水英雄，因为是神，所以出生不凡；大禹之妻涂山氏是羌家姑娘，会吹羌笛；大禹的水路图是一

“大禹治水图”玉山
（故宫博物院馆藏）

张羊皮图。今川西北地区的羌人仍然称大禹是他们的祖先，汶川、北川、理县、茂县等地都有大禹遗迹：石纽、禹穴、禹王庙等。

夏禹是羌族的祖先、羌族之光。夏禹也是羊图腾的传承人。

3. 夏氏族太阳图腾之“纹”

按《说文》：“𡕾，中国之人也，从夊，从页，从臼。臼，两手。夊，两足也。”解释，“夏”字是一个完整的人形，是象形字。

古“夏”字在金文、玺文中有许多写法，其中一类“夏”字具有共同的特点“一人头顶或手举太阳”，显出了夏人氏族以太阳为图腾的真实面目。

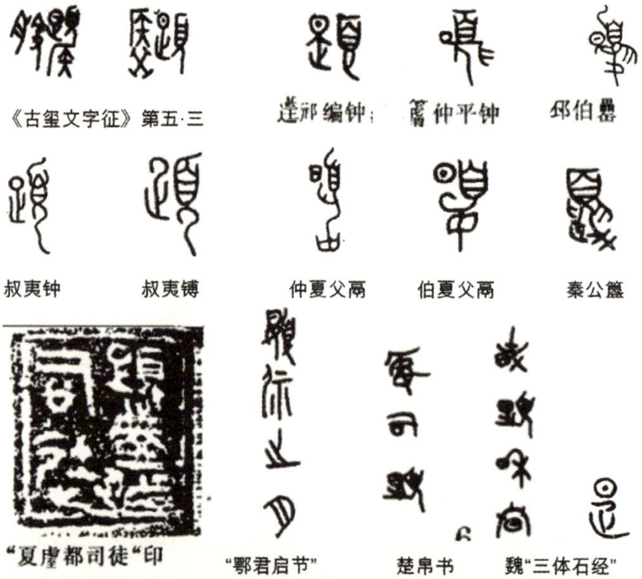

《中国帝王图》 夏桀与殷商汤王

综观“夏”字的类型及其衍变，我们发现“夏”字基本上可以分为两大类，即西土（宗周和秦），其“夏”字为会意字；而东土六国，其“夏”字为形声字。各种“夏”字都是在这两个不同类别的基础上发生变化。公元前221年，秦始皇统一中国，推行“车同轨、书同文”，故东土六国使用的形声字“夏”基本灭绝；但秦国使用的会意字“夏”，一直流传下来，并成为楷书“夏”的前身。

“夏”的本义是“夏人”之“夏”。《说文》所云：“夏，中国之人也”，应该是指这个“夏”。随着秦始皇推行“书同文字”，六国所使用的“夏”逐渐灭绝，唯独秦使用的“夏”得以发扬。但秦始皇废除的只是东土六国“夏”字的形体，而不可能废除“夏”之字义。“夏，中国之人也”乃妇孺皆知。故许慎作《说文》时，采用的是秦文字字形，而注释的却是“夏，中国之人也”字义。这是历史的结合。①

夏朝末帝“桀（姒履癸）”自称为太阳之君，也是很明显地显露出夏族的太阳图腾之纹。《尚书·汤誓》载，“桀帝”自比为不会消亡的太阳，说“我有天下，犹如天空有太阳。太阳亡，我才亡。”（“吾有天下，如天之有日，日亡，吾乃亡耳”），于是全国人民喊叫说：“太阳，你快亡吧，我们跟你一块亡。”（《史记·夏本纪》“是日曷丧，予及女偕亡！”）

4. 夏朝存在吗

夏朝的开始从夏禹算起，自禹至履癸（桀），共十四代、十七王，前后历经四百余年。

夏朝距今大约有四千年的历史，由于年代久远，加之至今我们仍未发现任何原始的文献与文字记载，故而，我们今日了解夏朝只能从一些上古典籍及传说中略知一二。

由于流传至今有关夏朝的史料十分匮乏，所以历史上是否有夏朝存在，曾引发过争论。但是《史记·夏本纪》中记载的

①注：以上考证，源于曹定云先生《古文“夏”字考——夏朝存在的文字见证》一文。

“遂公盨”铭文拓片

遂公盨

夏代世系与该书《殷本纪》中记的商代世系一样明确，商代世系在安阳殷墟出土的甲骨卜辞中得到证实，因此《史记·夏本纪》中所记的夏代世系被多数学者认为是可信的。

过去著录的古文字材料，有关禹的很少。秦公簋提到“禹迹”，叔夷镈、钟述及成汤伐夏，“咸有九州，处禹之堵（都）”。

“遂公盨”铭刻了“夏禹治水”与“夏朝”存在史实，为揭开夏商周断代工程之谜带来曙光。

“遂公盨”作盨者是西周时的遂君。遂国在今山东宁阳西北，传为虞舜之后，春秋鲁庄公十三年（公元前681年）被齐所灭。盨是用来盛黍稷的礼器，从簋变化而来，西周中期偏晚的时候开始流行。

铭文开始所言“天命禹敷土，随山浚川，迺差地设征”与《尚书·禹贡》“禹敷土，随山刊木，奠高山大川”、《尚书序》“禹别九州，随山浚川，任土作贡”、《尚书·益稷》“禹曰：洪水滔天，浩浩怀山襄陵，下民昏垫。予乘四载，随山刊木。……予决九川，距四海；浚畎浍，距川”、《诗·长发》“洪水芒芒，禹敷下土方”所用词语，都互相类似。

夏商周断代工程专家组组长、首席科学家，中国先秦史学会理事长李学勤教授说：“遂公盨”铭文的出现，从文体、内容上证明了《尚书》的头几篇，包括《尧典》、《皋陶谟》、《禹贡》这几篇是有根据的，为现有大禹治水传说最早的文物例证，即大禹治水可信。

姜尚（姜太公）辅佐周武王，率“羌国”与西方其他七国一道，在牧野决战中推翻商朝，可见商与“羌”的敌对关系；“羌”是夏朝的部族，甲骨文记载了商朝“伐羌”和以羌、姜人为人牲祭祀等历史事实，也佐证了商朝敌对国“夏民”与“羌方”的存在。

因此，夏朝是存在的。

三、华夏族

古时候，黄河流域一带的先民自称“华夏”，或简称“华”、“夏”。华族为母族；夏为华族的子族；当夏王朝建立后，取代华族而称夏族。“华夏”一词最早见于《左传》襄公二十六年（公元前547年）：“楚失华夏”。唐孔颖达疏：“华夏为中国也。”《尚书正义》注：“冕服华章曰华，大国曰夏”。华夏族作为后代汉族的前身和主体，掀开了历史的新篇章。

华夏原指我国中原地区，后复包举我国全部领土而言，遂又为我国的古称。

从夏、商、周三代一千多年的历史可以看出，夏商周三族有冲突也有融合。周族的先祖曾任夏朝的长官，又曾为商朝的方伯；西周建国后，夏、商两族都成为周朝的诸侯；商灭夏后，夏、商两族融合；周灭商后，夏、商、周三族进一步融合。融合的结果，于西周末期形成了华夏族。夏、商、周三族都有明显的民族认同意识，他们都把本族来源与黄帝联系起来，自称是黄帝族的后裔。这就是说，夏商周三族都认为源于一体。不仅如此，华夏族与四夷（各少数族）之间也不断发生融合。分化与融合是发展的两个方面，华夏而为四夷，从华夏来说是分化，从四夷来说就是融合；四夷而为华夏，从四夷来说是分化，从华夏来说就是融合。自古以来，从华夏到汉族，再到中华民族，都是多元融合的统一过程。

在周朝，所谓的华夏是以夏、商、周三个部族为主干，还包括与他们相融合的一些古氏族，其中又以周为中心。这些氏族本非单纯，所以可以称为“诸华”或“诸夏”。“诸夏”的详细情况，因为上古史料的缺乏，我们现在已经难以追究。“诸夏”之外的氏族，古时候称为“戎”、“夷狄”、“夷蛮”等，古籍中有记载的名称繁多，主要有苗族、蛮、黎族、荆、百越族、巴族、蜀族、氐、羌族、濮、西戎、犬戎、北戎、山戎、鬼方、猃狁、赤狄、白狄等。

春秋战国时期中原诸族自称为“华”或“夏”，并将诸少数民族称为“夷蛮戎狄”，简称为“夷狄”。春秋时期，夷蛮戎狄实际上没有区别，诸侯国所谓的“攘夷”，实际上包括了整个的戎狄蛮夷。华夏诸族往往与夷狄交错杂居，夷狄对华夏族的诸侯国构成过很大的威胁。战国以后，才把这些称呼分配到四个不同的方向，称为东夷、北狄、南蛮、西戎。

妇好墓出土玉凤

玄鸟

经过长期的交往、斗争，夷狄逐渐和华夏融合。春秋中后期，夷狄小国逐渐被华夏诸侯国兼并，加速了汉族与其他少数民族相互融合的历史进程。

夏、商时期，应该是华夏民族的形成时期；而集华夏制度文化和精神文化之大成的“周礼”的形成，是华夏民族最终形成的标志；春秋时期诸侯争霸与民族间的斗争与融合，以及战国时期七雄兼并促进了华夏民族的大认同；秦汉王朝的相继建立，标志“大一统”之中汉民族形成的开端。

1. 华夏族主族图腾

华夏族的主源——炎黄两大集团的夏人、商人、周人三支；华夏族的支源：东夷、苗蛮、氐羌、北狄。

天命玄鸟，降而生商——商族鸟图腾

《史记·殷本纪》：“殷契，母曰简狄，有娀氏之女，为帝喾次妃。三人行浴，见玄鸟堕其卵，简狄取吞之，因孕生契。”

玄鸟生商说的是商族的始祖契降生的故事。因此，玄鸟也就成为商族的图腾崇拜物。商丘市有一个大型雕塑就是振翅腾飞的玄鸟。

1976年河南省安阳殷墟妇好墓被发现，妇好墓出土了玉凤一件，是妇好墓装饰品中最精美的一件，说明妇好对凤的极端重视。玉凤的出土为研究早期的凤鸟信仰提供了一份珍贵的材料，对“天命玄鸟，降而生商”提供了佐证。

就目前所知，殷商族的玄鸟图腾已经得到了两处确切的证实。一处是在传世的“玄鸟妇壶”中明确见到了“玄鸟妇”三个字的合文，一处是在甲骨文中“王亥”的“亥”字上常常可见一象形的“鸟”字。甲骨文王亥的亥字，无论从鸟从隹，无论有冠无冠，或以手操持，都像是一只鸟。《山海经·大荒东经》：“有人曰王亥，两手操鸟。”

玄鸟妇壶最早著录于《西清古鉴》，称作周妇壶。后又著录于《陶斋吉金续录》，称元鸟壶；《三代吉金文存》，称䳑妇壶；《续殷文存》、《鸟书考》、《鸟书考补》、《正补》及《金文编》，称玄妇壶。于省吾《略论图腾与宗教起源和夏商图腾》（1959年）判定玄鸟妇壶系商代晚期铜器，其合文格式在与商代晚期金文上限相衔接的中期卜辞的合文中，可以找出同样的例子。他认为“玄鸟妇”三字合文是研究商人图腾的唯一珍贵史料，是商代金文中所保留下来的先世玄鸟图腾的残余；三字合文宛然是一幅具体的绘图文字，它象征着拥有此壶的贵族妇人系玄鸟图腾的简狄的后裔是很显明的，这一文献记录已与地下史料得到了交验互证。

对于玄鸟生商的“神话”，还可以从古代“高禖”的祭祀礼仪中得到充分的说明。

高禖是古代一种重要的祭祀礼仪，于每年春季在郊外进行，祠以太牢的重礼。据《礼记》和《吕氏春秋》记载，在西周和春秋时期高禖的祭祀仍在实行，而其起源，郑玄和毛公正是以为源于简狄的吞玄鸟遗卵而生契。《礼记·月令·仲春之月》说：“是月也，玄鸟至。至之日，以太牢祠于高禖，天子亲往，后妃帅九嫔御。乃礼天子所御，带以弓韣，授以弓矢，于高禖之前。是月也，日夜分，雷乃发声，始电，蛰虫咸动，启户始出。先雷三日，奋木铎以令兆民曰：‘雷将发声，有不戒其容止者，生子不备，必有凶灾。’”郑玄注说：“高辛氏之出，玄鸟遗卵，娀简吞之而生契，后王以为媒官嘉祥而立其祠焉。”《吕氏春秋·仲春纪》亦有类似的记载。

闻一多《高唐神女传说之分析》吸收郑玄的说法，认为夏、商、周三代都有高禖的祭祀，高禖就是生育之神，各国各代所祭祀的就是自己的女祖先。夏人高禖为先妣女娲，殷人高禖为先妣娀简狄，周人为姜嫄，楚人为高唐神女。

商族鸟图腾是集祖先崇拜、生殖崇拜、凤鸟崇拜等于一体的图腾崇拜。

周族老祖母羌嫄——羊图腾

周王朝是中国历史上最长的王朝，是中国上古文明的全盛时期，其物质、精神文明对后世历史的发展有很深的影响。

《史记·周本纪》所说：“周后稷名弃。其母有邰氏女，曰姜嫄。”《诗经·大雅·生民》中干脆把姜嫄当做周人的始祖，古公亶父时姜与周建立了牢固的婚姻联盟，其后周王多娶姜女为后，直到周王朝末年。周与姜、羌联盟是武王灭商的重要条件，姬、姜两族成为周王朝的两个主族。

周族母族姜姓，无疑是“羊图腾”部落的传人。

周族始祖姬姓——黄帝氏族、龙阳图腾

姜嫄所生的弃，《史记·周本纪》说：“封弃于郃，号曰后稷，别姓姬氏”。就是说周族的始祖为姬姓。成书较早的《国语·晋语》说：“昔少典娶于有蟜氏，生黄帝、炎帝，黄帝以姬水成，炎帝以姜水成，生而异德。故黄帝为姬，炎帝为姜。”姬姓是黄帝部落之姓，因此周民族的祖父世系就是姬姓的黄帝部落。这是周文王名正言顺地接班以及从此“崇正”、“立正”——嫡长子继承制的源头。

嫡长子继承制是宗法制度最基本的一项原则，即周王朝王位和主要财产必须由嫡长子继承，称大宗。嫡长子是嫡妻（正妻）所生的长子，而其他的儿子为别子，为小宗，他们被分封到全国各重要的战略要地。

周灭商以后，周从一个西部小邦变成了一个大国。为了巩固和扩大周王朝的统治，有效地管理广大被征服的地区，镇抚各地原有的邦国，周初实行了分封制——封邦建国以藩屏周。分封制就是把周王的子弟、亲戚、功臣以及古代先王圣贤的后代，分配到一定的地区，分别授给他们一定范围的土地和人民，建立封国。这些封国就是诸侯，诸侯受封时，要举行册封仪式，周天子向受封者颁布册命，宣布封疆范围、土地的数量。并把该地区的人民一起赐给受封者，同时还给受封者官属、奴隶、礼器和仪仗等。诸侯在自己的统治范围内建立政权机构，设置军队和监狱，但规模大小和地位都有一定的限制。诸侯对周王承担一定的义务，如定期朝见，缴纳贡赋，征调军队随周王出征，王室重大祭祀活动诸侯要前往助祭，等等。

周朝初期，曾经过周武王和周公两次大的分封。武王灭商后，就开始分封，武王所封有下列国家：封神农的后代于焦，黄帝的后代于祝，尧的后代于蓟，舜的后代于陈，大禹的后代于杞，师尚父于齐，周公于鲁，召公奭于燕，叔鲜于管、叔度于蔡，同时封商纣的儿子武庚于殷。这些人都是先贤圣人的后代或是周的功臣、子弟以及殷商的后代。周公平定武庚、管、蔡之乱后，便将他们所管辖的殷遗民一分为二，一部分封给了商纣王的哥哥微子启，封于商丘，国号宋。另一部分则分给成王的叔父康叔，封于殷商故墟，国号卫。武王死后，唐地发生叛乱，成王诛灭唐以后，封他的兄弟叔虞于唐。以后周王也进行过分封，但规模都不大。经过周初的两次分封，形成了以王畿为中心，众多

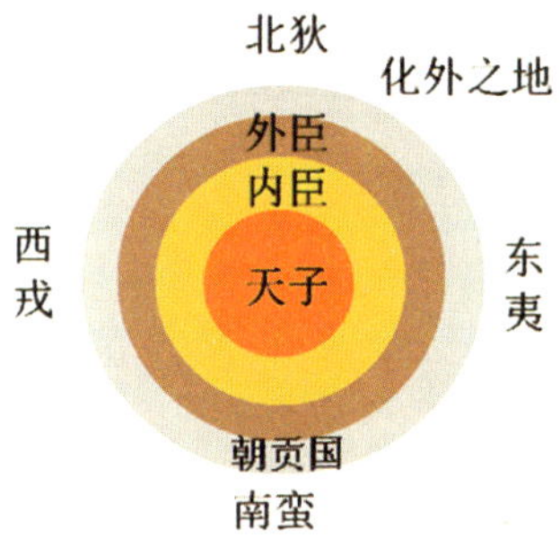

四夷

诸侯拱卫周王室的局面。分封分建最初对巩固和稳定周王室确实起了非常重要的作用，但后期诸侯国发展壮大起来，向四周扩展兼并，成为雄踞一方的大邦，到春秋时期，形成了诸侯割据、列国争霸的分裂局面。

周民族的祖父世系、姬姓的黄帝部落以龙和太阳为图腾。

2. 夷戎蛮狄图腾

夷戎蛮狄是中原东西南北四方各族的总称。“四夷、八蛮、七闽、九貉、五戎、六狄之人民。”（《周礼·职方氏》）“九夷、八狄、七戎、六蛮谓之四海。”（《尔雅·释地》）说明从三代起至春秋、战国时期，部落不断地融合与变化。

周始称“华夏”，把华夏周围四方的异族人，分别称为东夷、南蛮、西戎、北狄，以区别正统“华夏”。

东夷阳鸟图腾

早在殷朝的甲骨文中就有了“夷”的记载。许慎的《说文解字》对“夷”的解释是：“夷，平也，从大，从弓，东夷人也”。甲骨文“夷”（尸）象人蹲踞之形。商代卜辞常见“尸方”，乃指山东半岛，因为彼邦之人习惯蹲踞，不像中原的文明人席地而坐。尸、夷二字古音相同，所以“尸方”之人后来又称东夷。“夷”又是东方对人的称呼，故东夷又称“人方”。

“夷”的名称，约产生于夏代，与“华”、“夏”并称，目的是为了进行华夷、夏夷之辨。这个“夷”意是广义上的“夷”，从《禹贡》、《诗经》、《淮南子》等文献中可以看出，只要是不同于华夏族的民族，不管是在什么方位都以“夷”来称呼。如《尚书·大禹谟》：“无殆无荒，四夷来王。”《淮南子·原道训》：“禹施之以德，海外宾伏，四夷纳服。”这些“夷”均带有“四”字，则“夷”者是四方非华夏族的统称。在商代甲骨文中，“夷”字经常出现，泛指

东汉先和画像砖刻，足踏蛇，似有羽翼

句芒·鸟身人面

居住在统治中心周边的部族。从西周开始，“夷”又多指东方之民，即是“东夷”，这个是“夷”的具体化，开始有“东方之人”的意思。《王制》篇说：“东方曰夷。”东汉许慎《说文》中也说：“夷，东方之人也。”据《竹书纪年》和《后汉书·东夷传》记载，夷有九种。在古代，九不是实指九个，而是“数量很多”的意思。

东夷族不是一个完整的、统一的部落，而是由大大小小很多个部落组成的庞大部族和部落联盟。

在东夷族的历史上，最为著名的部落首领有太昊（指帝俊，非取而代之的华族伏羲）、少昊等。东夷人普遍崇拜太阳，主要以凤凰等鸟类为氏族图腾。

《淮南子·时则训》：“东方之极……，太皞句芒之所司者万二千里。”高诱注：“太皞，伏羲氏，东方木德之帝也。”《吕氏春秋·孟春纪》：“其帝太皞，其神句芒。”《山海经·海外东经》则说：“东方句芒，鸟身人面，乘两龙。”“乘两龙”表明伏羲氏的大部落属于“龙图腾”，“鸟身人面”的支系太昊氏奉鸟为图腾。

东夷文化从距今8300年前的后李文化起，历经北辛文化（距今约7300年）、大汶口文化（距今约6500年）、龙山文化（距今约4500年）、岳石文化（距今约3900年），都是东夷人所创造出来的不同阶段的文化。

金文“戎”字

西戎羊图腾

戎，《说文》：“兵也。从戈从甲。”甲骨文、金文的字形，从戈从十会意。戈代表进攻性武器，十是铠甲，代表防御性武器。戎是兵器的总称。篆文十写为甲，故从甲。隶变又与甲金文字形相同。

西戎是古代华夏人对西方少数民族的统称。殷墟卜辞已出现“戎”字，是否作族称，还要进一步研究。“羌”或“氐羌”则在商代已作为族称，而且还用“羌”作对西方各族的通称。

牧羊

确定地以戎作为族称始于周人，在灭商以前，主要用来称呼周原附近与周为敌的各部落，其劲敌集中于周原以西陇山地区，故称为西戎。灭商以后，为表示对商的敌忾，称为“戎殷”或“戎衣”。至西周中叶，徐为西周东方劲敌，虽明属东夷，仍往往称之为“徐戎”，此称延续到春秋战国。自春秋时起，“戎”还偶而与“华”并称为“华戎”。这些都是以戎作为对所有非华夏各族的泛称。至于“西戎”，在西周到战国，主要是指氐羌系各部落；秦汉以后，狭义即指氐羌诸部，广义则包括中国西部各民族。

羊是“游牧文化”的表征，今古羌族，都是以“羊”为图腾的部族。

甲骨文“蛮”字

南方祝融

剪纸十二生肖·蛇（小龙）

南蛮龙蛇图腾

“蛮”最早出现在《尚书》、《周礼》中，是南方民族语言中的“人”之义。

《辞海》解释：蛮，我国古代对南方各族的泛称。旧时也用以泛称四方的少数民族。南蛮，特指南方各族。

先秦时期居于我国南部的少数民族统称为“南蛮”。他们在不同时期，有不同称呼。夏朝时称卉服岛夷、有苗、三苗、和夷、裸国；商时有荆蛮、庸、濮、蜀、髳、微、越；周朝时称荆蛮、荆越、扬越、百越、闽、庸、百濮、巴、蜀、僬侥。南蛮的民族成分相当复杂，大体可分为百越、百濮与巴蜀三大族系。百越族系分布于长江以南的广大地区，百濮族系分布于今湖南、贵州一带，巴蜀族系分布于今四川、重庆一带。现今南方的少数民族大多由南蛮民族演变而来。

《说文解字》说：“蛮，南蛮，它（蛇）种，从虫，从虫䜌声。”注：“《王制》云，南方曰蛮”。《采芑》：“蠢尔荆蛮”。《传》曰：“荆蛮，荆州之蛮也”，“说从虫之所由，以其蛇种也。蛇者，虫也”。这里除把地域点明外，还把“蛮”字解释得清清楚楚。蛮既为“蛇种”，部落当以蛇为图腾。

《说文·虫部》：“蚩，蟲也。从虫之声”；“闽，东南越，蛇种。从虫，门声”；“蜀，葵中蚕也。从虫”；

“（巴），虫也；或曰食象蛇，象形。”“巴蜀”之“巴”本身就代表着“蛇”的字形，南方之蛮的闽、巴、蜀族及“蚩”皆从虫，是基于南方地理特性。南方具有蛇类生存和繁殖的自然条件，是蛇的故乡。《山海经·海外南经》记载：“南山在其东南，自此山来，虫为蛇。”

《山海经·海外南经》说：“南方祝融，兽身人面，乘两龙。”《说文解字》说：“融，从鬲，虫省声。”祝融为炎帝后裔，炎帝与祝融都为华夏族迁居南方的先祖，是龙祖先。蚩尤则是九黎、三苗南迁形成的苗、黎、瑶、畲等族的先祖。

这里点明了南方先祖与蛇、龙的密切关系，是以蛇龙（在十二生肖中，蛇为小龙）为图腾的。由于蛇出没无常，充满了神秘性，远古人们对其形象不断地进行加工创造，终于形成了更加神奇巨大的“龙”的形象，龙也就逐渐演变为众多南方氏族部落的图腾了。

甲骨文“狄”字

北狄狼狗图腾

“北狄”是古代华夏族人对北方少数民族的统称。

“狄”的甲骨文左边有两种写法，一种（）是手执武器，表示打猎为生；另一种是“犬”，是猎狗与猎人为伴，以狩猎放牧为生。

《说文》：“狄，赤狄，本犬种。狄之为言淫辟也。从犬，亦省声。”

狼图腾

《山海经·大荒西经》记载：“有北狄之国，黄帝之孙曰始均，始均生北狄。”《潜夫论·志氏姓》说：“隗姓赤狄，姮姓白狄，此皆太古之姓。也就是说，黄帝部落的一支分流北上，成为北狄之祖。狄字见“火”，是黄帝之光，是阳图腾的传承。

《说文》：“狼，似犬，锐头，白颊，高前，广后。从犬良声。”狼形似狗，狗应是首先被人类驯化的“狼”。

狗

狗的祖先是狼，后被人类驯化成家畜，这已基本成为科学界的共识。此前曾有科学家根据遗传学分析推断，家狗和狼大概在距今4万年前至1.5万年前开始分化。甚至有科学家称，可能早在距今10万年前，狗就已被人类驯化。

美国堪萨斯大学的考古学家达西·莫里认为，只有当人类开始埋葬自己的“密友”时，才是狗被驯化的真正标志。莫里对大量考古文献进行梳理后，在除南极洲以外的各大洲共发现了50余处早期人类“葬狗”遗址。他的研究结果显示，已知最早的“葬狗”行为出现在距今1.4万年前左右，地点是在如今的德国境内。莫里还发现，一万多年来，世界各地的“葬狗”方式不尽相同。除了让狗单独下葬或让狗与狗葬在一起外，一些地方流行让死亡的人抱着狗合葬。在如今的以色列境内甚至发掘出庞大的古代“狗公墓”，其中1000多条狗每条都被葬在单个墓穴中，而且狗尾都被卷往腿的方向。莫里在文章中说，狗被驯化的实质是一种“社会关系”，这种“社会关系”在人埋葬狗的行为中得以清楚体现。他声称，自己的研究结果为人类最早什么时候开始养狗提供了最有力的证据。瑞典乌普萨拉大学的进化生物学家卡尔斯·维拉对此却有不同看法。维拉认为，狗被驯化的时间有可能要比距今1.4万年前早得多，但在被驯化之初，狗在世界大部分地区并没有成为人类仪式化埋葬的对象。

狗的骨骼特征表明，现代狗与中国灰狼最为相似。在我国，早在公元前3600年前的商代的甲骨文中就出现了“犬”字。另外，狗作为十二生肖之一用以纪年，也是其历史悠久的佐证。

据《史记·卷百一十·匈奴列传第五十》记载：

匈奴，其先祖夏后氏之苗裔也，曰淳维。唐虞以上有山戎、猃狁、荤粥，居于北蛮，随畜牧而转移。其畜之所多则马、牛、羊，其奇畜则橐駞、驴、骡、駃騠、騊駼、驒騱。逐水草迁徙，毋城郭常处耕田之业，然亦各有分地。毋文书，以言语为约束。儿能骑羊，引弓射鸟鼠；少长则射狐兔：用为食。士力能毋弓，尽为甲骑。其俗，宽则随畜，因射猎禽兽为生业，急则人习战攻以侵伐，其天性也。其长兵则弓矢，短兵则刀鋋。利则进，不利则退，不羞遁走。苟利所在，不知礼义。自君王以下，咸食畜肉，衣其皮革，被旃裘。壮者食肥美，老者食其馀。贵壮健，贱老弱。

匈奴、猃狁、鲜卑是典型的北方游牧民族。

张晏曰：“淳维以殷时奔北边。”又乐产《括地谱》云：“夏桀无道，汤放之鸣条，三年而死。其子獯粥妻桀之众妾，避居北野，随畜移徙，中国谓之匈奴”。其言夏后苗裔，或当然也。故应劭《风俗通》云：“殷时曰獯粥，改曰匈奴”。又服虔云“尧时曰荤粥，周曰猃狁，秦曰匈奴”，韦昭云“汉曰匈奴，荤粥其别名”，则淳维是其始祖，盖与獯粥是一也。在殷商时期他们曾被称为鬼方、犬戎，等等。中国古人认为他们与我们一样都是炎黄的子孙，是被殷人驱赶到北方的夏人的后裔。据《史记·匈奴列传》云：“匈奴其先祖夏后之苗裔也。”《山海经·大荒北经》则称：“黄帝生苗：苗生龙，龙生融，融生吾，吾生并明，并明生白，白生犬。犬有二牡，是为犬戎。”又云：“有人面兽身，名犬夷。”

根据文献记载，猃狁族称自己的祖先是二白犬，并以白犬为图腾的西北最古老的游牧民族，属于西羌族，是炎黄族先祖的近亲。早在炎黄时期，猃狁族就是炎黄族的劲敌。《后汉书》就有记载：“昔高辛氏有猃狁之寇，帝患其侵暴，而征伐不。”高辛氏就是黄帝的曾孙、尧帝的父亲帝喾。

据《后汉书》记载，至汉朝，在原来猃狁活动范围内曾出现一个人口众多的西戎白狼国。到东汉明帝时，“白狼……等百余国，户百三十余万，口六百万以上，举种奉贡”，自愿归属东汉。白狼王还命人作诗三首，合称《白狼歌》，献给东汉皇帝。因此，白狼国就是猃狁国的变种，白狼王则是猃狁的后人，而白狼族就是崇拜白狼，并以白狼为图腾的部族。白狼国的存在，也可以证明猃狁所崇拜的白犬很可能就是白狼。

据史料记载，猃狁族极为野蛮凶悍，猃狁的母族——古羌族也崇拜犬图腾。《资治通鉴》第一百九十卷里说：在唐朝初年有“白简、白狗羌并遣使入贡”，而且，唐还“以白狗等羌地置维、恭二州”。这说明古羌族也崇拜白犬。实际上，从民族归类上看，猃狁族就是西羌族，西羌包含猃狁。那么以上所说的“猃狁”、“白狗”和“白狼”等族就都是西羌族。由此可以断定，古羌族有以白狼或白犬为图腾的部落。今天蒙古族和羌族中崇拜狼图腾的部族，应是猃狁的后代。这也证实了“戎狄同源”的说法。

鲜卑读音“先辈”，鲜字中见“羊”，为游牧文化的表征。

3. “龙”“羊”联姻成“华夏族”

2007年7月，电视系列片《古蜀探秘》第一集《禹迹寻踪》在北川开拍。摄制组成员、四川省科普作家协会理事长董仁威等应邀参加了“纪念禹生北川4134周年”庆典和“全国禹羌文化研讨会”。董仁威还在活动期间，向与会专家请教，写了一系列关于古蜀国揭秘的文章。在《炎黄子孙是“龙的传人”？

“羊的传人”？》提出了“‘龙’‘羊’联姻成‘华夏族’”的如下观点：

“华族”和“夏族”自古以来就是两个互相通婚的部落，其中，最著名的有龙族“黄帝”娶“羊族”西陵氏女嫘祖生昌意，昌意娶蜀山氏女昌仆，生“五帝”之一颛顼，鲧娶夏后氏女修己生禹。

《史记·五帝本纪》曰：“昌意，降居若水。昌意娶蜀山氏女，曰昌仆，生高阳。”意思是说，黄帝与嫘祖生的第二个儿子昌意，是在若水出生的。若水为今岷江上游，而嫘祖的出生地为现四川盐亭县。嫘祖应为“羊族”人，昌意为“龙”“羊”混血种。也就是说，“龙族”的黄帝与缧祖结婚生子后，其子昌意亦在“羊族”居住地长大，与“羊”女结婚生子，生下另一个“龙”“羊”混血种颛顼。黄帝的四代孙鲧（黄帝孙颛顼的儿子），与“羊”族的修己结为夫妻，生下“龙”“羊”混血的大禹。大禹在中原成为部落联盟首领，并由“龙”“羊”族与其他部落形成以“龙”为图腾的“华夏族”。

“羊首龙”是“龙”“羊”族混血后诞生的华夏族的见证。

炎黄二祖

汉族是中国的主体民族。“汉”原指天河、宇宙银河，《诗经》云：“维天有汉”。华夏族称为“汉人”，始于汉朝

四、汉族龙·羊图腾

汉族的主体民族是华夏族，华夏族的主图腾是龙图腾与羊（含阳与凤、鸟）图腾。

1. 汉族

汉族的起源是多元的，而且既有主源又有支源。

汉族，黄种人的一种，说汉语，写汉字，认同中国历史文化与中国价值理念，并且带有50%以上的汉代汉族血统。

汉族在先秦自称“华”、“夏”。到了汉代，外族人称他们为“汉人”。“汉人”跟“秦人”、“唐人”一样，是因朝代名称而得名的。汉族的族称，得名于汉朝。汉族之名自汉王朝开始，还散居到世界各地。

汉族是中华民族中人数最多的一族。到20世纪末人口已达12亿，是中国人口最多，也是世界上人口最多的民族。聚居中原、遍布全国。

汉民族的语言为汉语，又称中文。汉语的书写基础汉字是一种表意文字。汉字是承载中华传统历史文化与图腾文化的符号。

2. 华夏族——汉族的主体民族

汉族古称华夏或诸华、诸夏，早在黄帝时代，黄河流域先后出现几个大的部落联盟，在黄河中上游的黄帝部落和炎帝部落结成联盟，在涿鹿打败蚩尤为首的九黎部落，后来黄帝部落又在阪泉打败炎帝部落，从而统一中原各部。

华夏族是汉族的前身。后来的汉族也自称华夏族，但已融合了更多的古代民族，不完全等同于三代时期的华夏族。汉族的主体民族是华夏族。

3. 汉水出漾水·羊图腾

宁强嶓冢山——西汉水之源

“汉”的本意是水名，指漾水，发源于嶓冢山，初叫漾水，过汉中始称汉水。《说文》：“羕，水长也。从永，羊声。”漾水河上有个县城（宁强县，原名“宁羌县”）也叫汉源镇。漾水与宁羌县都露出“羊图腾”之纹。

“汉水”名称美好而又吉祥。《左传》云：“汉，水祥也。”

汉水流域位于我国中部腹地，自古以来就是南北文化交融的重要地区。黄河文明、长江文明相互汇合，形成了汉水文化自身的特色，在中国文化史上有着十分重要的价值。汉水文化的构成是多元的，它既包括汉文化、楚文化，还包括与汉、楚相关的其他地域文化。尤其是在汉、楚文化形成的早期，这种多元文化互融的状态更是非常明显。汉水为汉、楚文化的孕育提供了不竭的源泉。

从漾水汇合成汉水，“汉水”不只是一条河的名字，历史舞台上“汉水”是养育汉文化的源头活水。

4. 汉就是阳、夏·阳图腾

南北朝时期，北方少数民族与汉族杂处，少数民族居民称汉族男子为“汉子”，如《北齐书》载文宣帝高洋任命魏恺为青州长史，魏恺坚辞不就，高洋听说以后大为光火，说道：“何物汉子，我与官，不肯就，明日将过，我自共语。”后来逐渐演变为对一般男子的称呼。“男子汉大丈夫”，也成了男人们自豪、自吹的用语。

汉族之“汉”是“男子汉”之“汉”，“男”为“阳”，“汉”亦为“阳”，“汉”就是“阳”。

我们民族先祖自称为“夏”，又称为“汉”，汉就是夏。这个名称来自一条大江河，这条江河古称夏水，又称汉水。古之夏口，今称汉口。

夏是“太阳图腾”之纹。

5. 龙图腾

从伏羲到黄帝，从华族到华夏族，炎黄祖孙一直高举“龙旗”进入汉王朝。汉字是见证与记载汉民族“龙图腾”、“龙文化”的形象符号。

源于人文始祖伏羲的《易经》，是中华民族的“大道之源，众经之首”。文献记载，伏羲“始作八卦”，《周易·系辞上》载：“龙马负图出于河，圣人则之，以画八卦”，就是说伏羲时代，黄河中跃出一匹龙马，背负白龟甲纹书“河图”，伏羲接受了它。根据河图，悟出了天地万物的变化规律——唯一阴一阳而已，画出八卦。龙先祖伏羲得“龙马”之助，为中华文明带来了曙光，以画图、图纹及龟甲（甲骨文的载体）记载文、字，承载中华文明史。

《易经》是一部传承龙图腾、龙文化与中华文明史的经典著作。

且看《易经》第一卦

乾 乾为天 乾上乾下

乾：元，亨，利，贞。

初九：潜龙，勿用。

九二：见龙再田，利见大人。

九三：君子终日乾乾，夕惕若，厉无咎。

九四：或跃在渊，无咎。

九五：飞龙在天，利见大人。

上九：亢龙有悔。

用九：见群龙无首，吉。

象曰[①]：天行健，君子以自强不息。潜龙勿用，阳在下也。见龙再田，德施普也。终日乾乾，反复道也。或跃在渊，进无咎也。飞龙在天，大人造也。亢龙有悔，盈不可久也。用九，天德不可为首也。

①注：“象曰”之“象”指《易传》（孔子对易经解释说明的十篇文章，即《十翼》）中的《象传》。

易经 易传

乾卦六爻的部分爻辞，孔子的解说别具匠心。

初九：潜龙，勿用。意译：龙潜在水中，暂时不能发挥作用。象曰：潜龙勿用，阳在下也。对比可见天上的太阳，就是龙；“龙”即“阳”，即“乾”即“天”。

九五：飞龙在天，利见大人。意译：飞龙上天，有利大德大才之人出现。九五在所有卦里都是最吉之爻，此爻为“君位”。皇帝通称“九五之尊”，就是这么来的。乾卦九五，刚健中正，纯粹而精，最为可贵。

上九：亢龙有悔。《象》曰：“亢龙有悔，盈不可久也。”其意是指龙飞升到九天之后，无法再往高处飞升，只剩下两种可能，一是原地不动，别一种是下落。第一种是非常难做到了，所以后果往往是第二种，也就是下落，离开显赫而崇高的位置，悔亦晚矣。乾卦的六爻代表事物由酝酿到开始，由发展到成熟，再由成熟而衰退的过程。按照《易经》的哲学，到了极端必然走向反面。

用九，见群龙无首，吉。象曰：天德不可为首也。意译：出现一群龙，都不以首领自居，吉祥。当全人类为皆圣明的群龙时（和而不同的群龙），人皆平等，无贵贱之分，无有领导者与被领导者之分别，故云无首。好一派太平世界，好一派世界大同，和平盛世，吉祥如意。

潜龙、飞龙、亢龙、群龙，《易经》一开篇就在造龙。因此无论是阴阳学家，还是天子百姓，避凶化吉就得望龙行事。于是看风水，找龙脉、断龙脉，几千年延绵不断。更进一步，王者披上龙袍、戴上龙冠，扮起龙来。龙言一出，驷马难追；龙颜一怒，人头滚滚。集威力与祥瑞于一体之龙的使用权与解说权，被帝王垄断了；民间之龙不能是黄色，不能是五爪。

自强不息，厚德载物（第二卦坤卦）精辟地概括了中国文化对人与自然、人与社会、人与人关系的深刻认识与辩证的处理方法。中华民族历经几千年的考验与兴衰变化，而

天水伏羲庙龙祖

二月二“龙抬头”

皇名月《中国帝王图》汉武帝

湛江人龙舞（非遗项目）

一直能稳固地凝聚在一起，并保持一个伟大民族的生机与活力，是同这种深刻认识分不开的。自强不息（阳的精神）、厚德载物（洋的精神）是构成中华民族的民族精神与民族性格的重要表征。

中华民族帝王的龙图腾崇拜，始于秦而盛于汉。秦帝国自秦始皇至秦王子婴，共传三帝，享国十五年。两汉历经400多年，汉武帝时期，大汉帝国已经成为东方第一大帝国，世界上最强大的帝国之一。著名的“丝绸之路”的开辟，开通了东西方贸易的通道，中国从此成为世界贸易体系的中心。汉朝的声威远播，“汉”、“汉人”、“汉族”名、声从此走向世界。

农耕为业的汉族先民认为：农历二月初二，是天上主管云雨的龙王抬头的日子；从此以后，雨水会逐渐增多起来。因此有了“二月二，龙抬头；大仓满，小仓流”的民谚。农历二月二龙抬头，是汉族民间传统节日，流行于全国多数地区；但各地的风俗活动不同，又有花朝节、踏青节、挑菜节、春龙节、青龙节、龙抬头日之称。二月二又有关于龙抬头的诸多习俗，诸如撒灰引龙、扶龙、熏虫避蝎、剃龙头、忌针刺龙眼等节俗。此外，汉族民间还有“二月初一龙睁眼，二月初二龙抬头，二月初三龙出汗”的传说。唐宋以来，封建帝王又封龙神为王，自此龙王信仰遍及全国。

汉族民间舞龙的历史悠久，源远流长。舞龙，又叫龙舞、耍龙灯、龙灯舞，是汉族民间舞蹈形式之一，早在汉代民间就已十分普遍。据《辞海》载：“龙舞流传历史悠久，在汉代已有记载（见《春秋繁露》）。”唐宋时期的“社火”、“舞队”表演中，舞龙已是常见的表演形式。元宵节点龙灯，端午节划龙舟，节庆、大型盛会舞龙舞狮，数千年前龙就走进了寻常百姓家。由于龙的形象威武严肃，象征个性的坚毅刚强，所以汉族民间喜以“龙”作为男性的命名。

中山长洲醉龙队表演舞醉龙（非遗项目）

《中华文化之歌》长卷，中华炎黄文化研究会理事、《中华文化之歌》作者陈汉东先生在朗诵。

2008年12月15日,在实现两岸“大三通”的这一天，“‘天下为公’两岸行”代表团团长张磊教授等在国民党中央党部将中华文化的“同一首歌”——《中华文化之歌》赠给国民党主席吴伯雄先生。

成语是中华民族优秀文化的重要载体，是中华民族智慧的结晶，是历史和文化的“活化石”，是经过千锤百炼而形成的语言文字的精华，是我国词汇宝库中的璀璨明珠。带“龙”成语不下百个，绝大多数为褒义，我们耳熟能详的就有龙马精神、生龙活虎、龙凤呈祥、群龙无首。“龙马”负河图献给伏羲，其意义非常；群龙无首其义则反了，《易经》处本为褒义词的“群龙无首”，不知何时成了“一群龙没有领头的。比喻没有领头的，无法统一行动”的贬义词。

2008年，中华炎黄文化研究会理事、成语文化专家陈汉东先生（广东客家人）创作了《中华成语龙》[①]，为“人文奥运”增添了光彩。

2007年4月18日，在云集全球海内外中华文化专家学者的“炎黄二帝巨型塑像落成高层文化论坛”上，河南省政协主席王全书和河南省省委常委、郑州市市委书记王文超与炎黄二帝巨型塑像总策划王仁民先生一起展开由56个成语组成的中华文化的“同一首歌”——《中华文化之歌》长卷。

①《中华成语龙》：用成语接龙（象征联结海内外中华儿女的文化纽带）的方式将2008个（象征2008年北京奥运）不同的（象征世界各国多元文化互相尊重与求同存异，寓意中华各民族的和谐共处与中华文化的和而不同）成语（汉语言文字的精华、中国历史文化的“活化石”、中华民族智慧的结晶）首尾相连（象征奥林匹克的火炬传递和中华民族的文明传承；寓意奥运圣火五洲四海处处传递，中华文明千秋万代生生不息），并且顶真回文形成五大回环（象征奥运五环，寓意世界五大洲人民的大团结）。这2008个成语既可排成五个同心圆（象征中华儿女携手并肩、同心协力办好2008年北京奥运这个全球盛会的共同心愿；寓意五湖四海的中华儿女拥有共同的文化精神家园）又能连成一个大圆环（寓意同一个世界，同一个梦想，象征天下为公，世界大同）。

五、羌族羊图腾

汉代彩陶羊·羌族地区出土

汶川县和平寨羌族释比王海云——猴头法冠上有羊角状饰物

羌族是至今保留“羊图腾”崇拜的民族，在第二章我们已做过详细的介绍。羌民“羊图腾”崇拜的表现，是在方方面面的。

羌族羊皮鼓舞

灾后北川新建的房都烙上了“羊图腾”之纹

四角羊头

山羊城

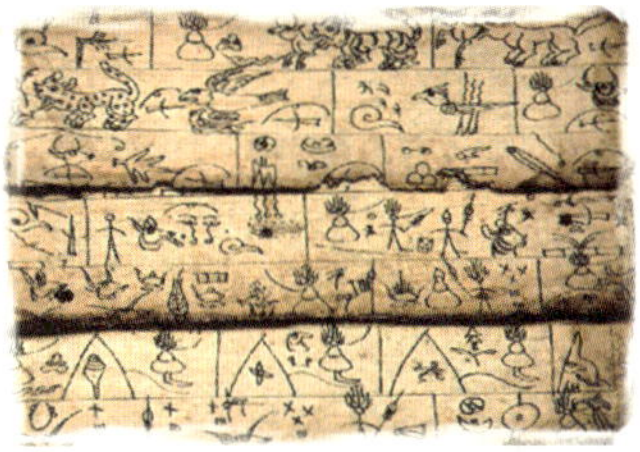

东巴文

东巴文化纪念碑

东乡族

塔塔尔族

六、其他民族

藏族 羊也是藏族崇拜的主要动物对象。西藏自治区首府拉萨市古称“山羊城”（藏语“逻娑”意），其得名源于进藏和亲的文成公主用“火畜”白山羊降服了魔邪。

纳西族 仅就语言词汇而言，纳西族“羊图腾”遗留痕迹极为显著。纳西族语言中，“绵羊”与“祖先”发音相同，纳西语中的羊还有“人生”、“生活”之意，基本具备人羊同一的特征。以羊称祖先、岳父、岳母等还突出了祖先崇拜与图腾崇拜之间的连续性。东巴文中还将“祖先”写作羊头状。纳西族民间最高保护神“三多”神属羊，并称其出身是牧羊人。

朝鲜族 朝鲜，朝中见“日”，早上之日为“朝阳”；鲜中见“羊”。韩国有40多万大禹的禹姓后裔，是韩国的一大望族，1993年起，该宗族多次组团到河南等地寻根问祖。韩国姜氏有130万人（中国姜姓有300多万），尊称姜太公为国父。朝鲜族有把喜鹊当祖先的古老传说，是日鸟崇拜的遗迹。

与古羌人有密切血缘关系的彝族、哈尼族、景颇族、普米族等少数民族，都保留有“羊图腾”崇拜的文化遗迹。

苗族、黎族 苗族、黎族的先祖，可追溯到原始社会时代活跃于中原地区的蚩尤部落，蚩尤是集“羊”、“牛”、“虎”等的“龙”——饕餮。

网上流传很广的《中国五十六个民族的图腾》（为现代整合创作资料，未能联系上原创作者），其羌族“羊图腾”在汶川羌族可见。依据其图腾之“纹”，将其余民族的图腾，按广义羊图腾分“羊图腾”、“阳图腾”与“鸟图腾”归类为：

1. 羊图腾

东乡民族喜养羊、善养羊，以养羊为主的畜牧业是东乡族自治县的传统优势产业。

塔塔尔族，主要分布在新疆，信仰伊斯兰教。

2. 阳图腾

以太阳纹（圆、火、放射纹等）为标志。

普米族

裕固族

德昂族

鄂温克族

布依族

3. 鸟图腾

塔吉克族

维吾尔族

傣族

乌孜别克族

哈萨克族

七、中华民族

中华民族是一个经济一体、文化融合、血缘混杂的民族，是56个民族的总称。中华民族的主体民族是汉族，汉族的前身是华夏族。华夏族与汉族的形成，不仅是中原大地诸华、诸夏的融合、发展、壮大，同时也包含了对中土四方东夷、西戎、北狄、南蛮各民族与种族的融合。

古今中华的民族和图腾都是多元的，中华民族的主体图腾是融合了羊图腾元素的龙图腾。包含阳图腾、鸟图腾、凤图腾的广义的羊图腾，是展现中华文明、历史、精神与文化最为主要的图腾，是与龙图腾一起至善至美地诠释中华民族图腾文化

天安门城楼上端正中，国徽与两旁金龙组成“金龙和玺”图案

伏羲阳图腾

的图腾，是融合自然崇拜、食物崇拜、祖先崇拜、生殖崇拜、精神崇拜为一体的图腾，是全程参与、伴随、见证、标志中华文明形成的图腾。

1. 中国人也是羊的传人

自然崇拜、天地崇拜是人类最早的崇拜，在母系氏族社会，中华民族的始祖“华胥氏”的图腾是光华四射的“阳图腾”，“光”就是“华”。

中华民族在母系氏族社会的存续、父系社会的起始阶段，生殖崇拜产生，民族女始祖女娲以“蛙”、“葫芦瓜”、“鱼”为图腾，人文始祖、三皇之首的伏羲以蛇（小龙）、“阳鸟”为图腾，而代表渔猎社会文化符号的“狗图腾”也在

旭日东升

“伏羲”之“伏”字上留下回响。在伏羲时代，“食物崇拜”的“羊图腾”、“牛图腾”是原始畜牧肇始的文化符号。祭祀圈养牛羊作“牺牲”，是精神崇拜与祖先崇拜的产物。以牛羊为“犠”与“上扬之气的”香火之“兮”祭祀太阳之神与祖先“华”、“曦”、“羲”。中华先祖伏羲，是“华胥”之后，是“羊族”之祖，是龙也是阳。

炎帝像

在伏羲时代解决动物性食物资源品种后进入游牧时期，炎帝、黄帝是中华民族由游牧时代进入农耕时代的功勋人物。炎帝“姜姓”、“生姜水”，说明炎帝是游牧“羊族”之子（相对伏羲而言），部族以羊为图腾。

黄帝，合符釜山确定了复合型的龙图腾，为中华步入文明做出卓越的贡献。因此，黄帝在中华历史上的地位至高无上。黄帝是光帝，是中华民族最为明亮的太阳神，是中华民族的阳祖先。

中国是龙的故乡。中华民族的始祖神伏羲、女娲是龙，中华民族的始祖炎帝、黄帝是龙，因此中国人是龙的传人。

中华民族的始祖神伏羲、女娲也是羊，中华民族的始祖炎帝、黄帝也是羊、阳鸟（太阳神），因此中国人也是羊的传人。

2. 龙凤呈祥·龙羊图腾

伏羲女娲龙凤呈祥

中华民族是由56个民族组成的多元的民族，尽管各个民族有着各具特色、具有悠久历史文化内涵的图腾，但龙图腾、凤图腾、羊图腾是共有的图腾。

太阳神是中华民族的始祖、共祖，也是世界上各民族的始祖、共祖。在人类最初的悟性中没有什么能比白天与黑夜、光明与黑暗、温暖与寒冷的对比更明显。

在中国人眼中“太阳”是天，是万物之父。天人相应、天人相通的“天人合一”的思想构建了中华传统文化的主体。中国的图腾文化元素“羊”与“阳”相通，人与羊从文字、文化

龙凤呈祥

到精神形象的相似，是中华传统文化的特色。

龙图腾、凤图腾、羊图腾都是包容、祥和的象征。龙图腾、阳图腾展现的是阳刚之美，凤图腾、羊图腾展现的是阴柔之善，各具特色。龙凤是虚，羊阳是实，羊更是“与人为善”之食。“食文化”是“母体文化”，中国“羊图腾”与“羊文化”至善至美地承载了中华传统文化的发展与精髓。

中国人的祖先伏羲、炎帝、黄帝是龙又是羊，因此炎黄子孙既是“龙的传人”，也是“羊的传人”。民族始祖伏羲与女娲的孪体连生形象就是羊像，可谓龙凤呈祥。

《易传》中有两句话，对中国的民族精神有决定性影响。一句是“天行健，君子以自强不息”（乾卦）。另一句是“地势坤，君子以厚德载物”（坤卦）。如果说前一句代表了龙的阳刚之气，那后一句则代表了羊的阴柔之怀。

龙在人民心目中有如滔滔黄河、滚滚长江、巍巍昆仑的宏伟气魄，代表自强不息、不畏艰难、勇于拼搏、奋发图强的精神。她有神圣的号召力，顽强的毅力，巨大的创造力和坚韧的凝聚力，永远召唤着中华儿女、炎黄子孙团结奋斗，振兴中华。

羊在人民心目中有如润物无声的滴滴山泉、涓涓流水，为友善、吉祥、纯洁、质美、公正、礼仪、和合（合群）、奉献的美好形象，代表厚德载物、美满祥和、与人为善、务实求新的精神。她是民族团结的凝聚力、文化之源，永远伴随着中华儿女、炎黄子孙，继往开来，与时俱进。

藏羚羊

羊并非软弱无能，无论在高山雪地，羊都能跟着人走过去，人能到的地方羊能到，人去不到的悬崖峭壁羊也能去。在藏羚羊、独角神羊（獬豸）身上我们可以看到羊刚毅的一面。

龙从形象（图腾构成的融合）方面体现厚德载物，而羊则从民族精神方面体现厚德载物。

龙是精神的物化形式，龙是超凡脱俗之神；羊是物质的具体形象，羊是暖身饱肚之物。龙是虚，羊是实。没有虚，形象高大不起来；没有实，无立足之地。虚实结合，才能有血有

獬豸·独角羊

周连玉书法作品

肉、有形有神。龙凤固然高贵、美好，但落到实处还是要“呈祥”，显露出羊图腾的符号，无论是食品、祭品、礼品，羊都呈现出祥和。

中华民族的发展与形象，必须有虚有实，立足实处。龙为阳而羊为阴，龙性刚而羊性柔，阴阳结合，阴阳平衡，世界才能“和”。

“龙凤呈祥”是中华民族图腾“龙羊一体”表述语，是“中国人是龙的传人，中国人也是羊的传人”的历史承载，是奉献于世界的中华祥和文化精品。

第七章

羊图腾与羊文化

在本书的姐妹篇《点解姓羊——祥和广州与华夏羊文化》的序言《一部探索羊文化的开拓之作》中，中国艺术文化普及促进会会长、作家、中国文联党组原副书记、原秘书长孟伟哉说：

羊文化？是的，羊文化。

羊是文化？否，如果孤立地看，羊只是一种动物；若从羊与人类的生活、人类历史密切的关系着眼，它就是人类历史演进的一个角色，就属于人类历史文化与文明的范畴。

羊文化是一个简称。所谓羊文化，其实是人与羊的关系的文化。离开人，无所谓文化。没有人，什么文化亦不存在。

人类在自己生存发展的漫长历程中，学会了造工具、挖地穴、建房屋，也学会了驯养羊、犬、牛、马、鸡、鸭、猪，只要愿意，只要有人从文化的视点予以探讨和研究，予以考察和阐述，皆可以称之为文化著作。

我们已经见过有关建筑、服饰、风水、茶与酒等文化类专著，却还不曾见识谈羊文化者。坊间关于牛羊鸡猪等饲养技术的书籍，广义地说也是文化，也有文化内涵，但它们注重的是饲养禽畜的经验与技术，缺少人文意义。从这种意义说，杨冠丰、黄森章两位先生这部《点解姓羊——祥和广州与华夏羊文化》，可谓一部开拓之作。

孟老所言精辟之处是“羊文化”的人文意义。羊与人类的关系之密切，尤其是与华夏民族炎黄文化关系之密切，决定了华夏“羊文化”具有深刻的内涵。

一、羊之字

汉字是形声字，汉字中的“羊”尽管有演化过程，但其字形始终似羊。图腾是符号文字，也是汉字的原始之纹，如羊、日、日鸟之图腾，从画到图纹再到文与字。

羊，早期初文作羊头的正视形“”，可见双角、两耳与颜面部分；或写作全羊形“”；后省作“”，上端是羊的突出特征——两只大弯角，中间的一竖是羊面的瘦化形，羊的两耳演变成平直形，下段的嘴巴已与羊身重合（另一说下像羊须）；甲骨文作“”，金文作“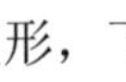”，小篆写作“”。许慎认

古羊字

为“羊”上两点是羊角，上横为羊耳，末三笔形为尾足，《说文·羊部》：“羊，祥也。从𦍋，象头、角、足、尾之形。孔子曰：‘牛羊之字以形举也。’凡羊之属皆从羊。”“𦍋，羊角也。象形。”

从只见两羊角的“𦍋”，到有两角一尾四足的“羊”，是羊“纹”化为字的结果，是汉字源于物形的经典。

“羊”字构字特征是羊“角向下”和“外弯”，与“牛（Ψ）”字之纹的角形恰恰相反为——“角向上”“内弯”，这也是古代许多礼器、图腾之“纹”设计、识别的依据。

六千年前一块陶片上的羊

广州西汉南越王墓守护大门的卫士“饕餮”与主棺室文王面上的杏形金片，牛角纹在上，羊角纹在下，是祭祀用大牢的演绎。

在汉字中，“羊”字既可以成为形旁，也可以成为声旁。

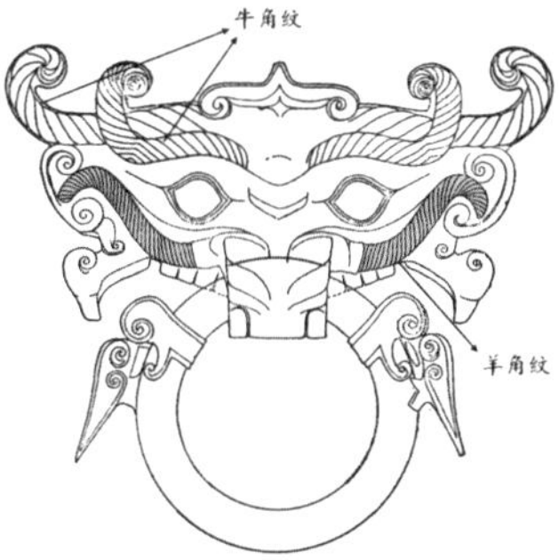

饕餮牛羊角纹

1. 羊之声——昂扬一声，三生万物

“羊”字的韵母为ang韵。ang韵是元音a，开口度比较大，再加上后鼻音ng的鼻腔共鸣，听起来昂扬响亮，绵延回荡，表现出一种明亮纯净、阳光的精神。“羊”字的发音，给人的感觉高昂响亮，豪迈坚定，声韵铿锵，厚实向上，韵味悠长。

人类生命与文明源于阳、洋、羊：太阳系产生原始大气从而有了构成生命物质的小分子，生命的化学进化过程在“海洋”中完成从而有了生命物质单细胞，而源于海洋之水的“羊水”则孕育了人体生命细胞的发育与成长。

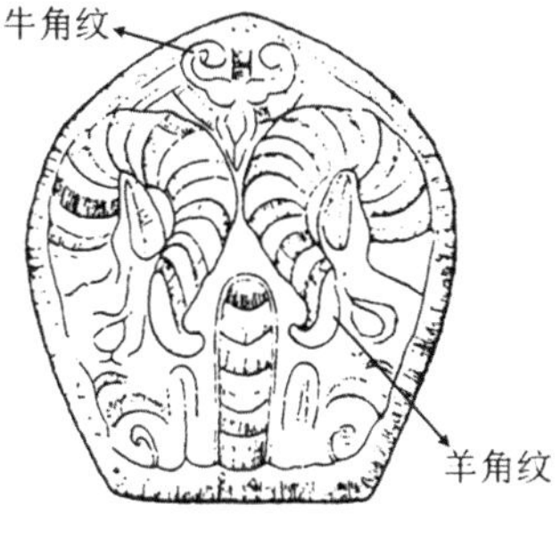

杏形金叶牛羊角纹

太阳给生命带来光明、温暖与能量。植物的光合作用，是生命物质取之不尽的生命能源，万物生长靠太阳。太阳为世界奉献了热和光，“阳”是“亮点”，“阳”是刚是父。

海洋，纳百川之精华，孕育了生命，蓄生理之河——水，平衡调节大地的气温，保证人类生存的环境。海洋为生命奉献了母体的情怀；“洋”是“气魄”，“洋”是柔是母。

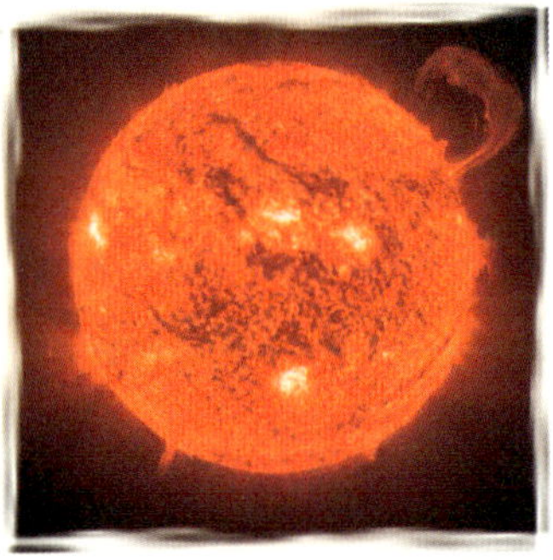

太阳

海洋

羊

宁夏贺兰山岩画（距今三千年到一万年左右）

羊是中华民族进入文明社会的物质基础。“養”字从羊，表明羊为华夏先民的“主膳”。天造地合的人与羊是生命之物，母体之羊水首先养育了人，羊与人为膳、与人为伴、与人共进。“羊”“我”一体为“義”，中华文化人羊一体，有“義”字为证。“義”是“我”族的图腾为羊、“中国人也是羊的传人”的文字演绎。

阳、洋、羊在汉语中同音同调。阳、洋、羊是生育、养育、造就中华民族及其文化的天地物，是“生命之羊”、“大写的羊”。

太阳之光、海洋之水、食羊之美，都为养人。太阳、海洋、养生之羊，大写之“阳洋羊”昂扬一音——“阳洋羊”，三生万物。

2. 羊之义

“义”，是指正当、正直和道义这样的气节，即“正义之气”。

对人类而言，羊献身之义就是：与人为善（膳）、奉献牺牲。这是羊之义举，也是羊最大的美德。

与人为膳（善）·食品

羊对人类的最大贡献，就是与人为膳。

中华民族进入文明社会的游牧时期，羊被驯化解决了先民们饥饿和美餐的问题。据专家对古遗址的考证，我国早在8000年前就开始养羊了，如从猎羊古岩画中看羊的驯化约在万年以上。据古代文献记载，中国的养羊历史很长，传说伏羲时起，即教民饲养家畜。当时，人们的狩猎工具已有新的发展，发明了网，可以用网来捕获活的野羊。为了储备过冬和防止自然灾害，为了储备祭祀用牲畜，将捕来的活野羊等野生动物圈养起来就成为自然而然的事。中国第一个朝代——夏，已经有了养羊的记载。到了商代，中国的农牧业已经发展到一定的水平，畜牧在商代经济生活中占有重要的地位，“马、牛、羊、猪、犬、鸡”这个六畜概念已形成。最早的可见的文字资料卜辞表明，殷商时期已经“六畜”俱全。从徐中舒先生主编的《甲骨文字典》收字情况来看，以“六畜”为字根的各部分字，其字数依次为：羊部45文，豕部36文，犬部33文，牛部20文，马部21文，鸡部3文。其中羊部字占明显优势，豕、犬次之，再次牛、马，鸡最少。

从攫取性的渔猎生产过渡到生产性的农牧业生产，是人类社会的一次大革命。这次大革命给人类社会带来极大的变化，居住方式也开始由游徙过渡到定居，从而逐步告别从动物界遗留下来的本能的生产活动和居住方式。从吃鱼到吃羊，是中华饮食文明进步的物质表现。从渔猎时代的野生动物作为食物的主要来源，到懂得收养有了猎物的累积进入畜牧时期，食物有了积蓄。“畜”就是食物积“蓄”的开始。六畜中，羊成为养生的主食，是由于羊肉品质鲜美而富于营养，可以满足人类生存、生活的需要；羊可以群养，秉性温和易于宰杀；羊群在没有水草的荒野中，依然和顺地跟着人走，忍耐力强、前进不止，生命力十分旺盛。母羊产羔翌日，即交配成孕，孕期140天，两年5胎，每胎2至4只，因此俗话有“羊不离胎”与“种姜养羊，不亏银洋”、“种姜养羊，本少利长”之说。

在汉字形成时期，文字的构成文“明”了六畜的作用：羊是“主膳”的，食羊为养，口中有羊为善；牛主要用于耕田，是生产工具，牛在地上（下之“一”）为生；马是交通工具，“驾”“驭”用马；鸡是报时畜，一鸣天下白；狗是看家、狩猎，又是祭祀的牺牲，猎、获（獲）、狩、嗅等字从“犬”，是借用犬的嗅觉来追踪猎物的反映，“伏”反映一种夏天杀狗的祭祀，“献（獻）”反映以狗祭宗庙的事实；已经被驯化为家畜的猪，是先民建立家庭后猪（豕）才入室，猪在下而人在上，从追“逐”到入室安家，反映有了“女”人与“豕”，“家”才能“安”。

古人从吃羊肉感受到膳食的美味，故金文的“善”字从羊从二言，表示众口夸赞的意思。金文“善”用“羊”表示，意为美味。后在“羊”下加“誩”，意为用语言连连称美。《说文•誩部》：“善，吉也。”“善”的本义为吉祥、美好。隶变后楷书是“羊”“言”为“善”，意为羊的温顺叫声与“善”的内在含义相通。后即将“羊”字“丨”的下半部分插入“誩”中。异体字简作“善”，后成为规范字形。

“善”为“膳”的本字，“善”是口中有羊，“用膳”就是吃羊肉饱肚子，从“月”表明当时是以肉食为主食。“善”字由膳食之美引申为美好之义，故后世另造“膳”字来代替它的本义。因为羊的性情温和驯顺，所以“善”又有善良、慈善之义，与“恶”相对。

羊肉串

羊与人为膳，就是与人为善，为人所用，以人为本。

“善”与羊的关系，来自人们对羊的味觉感受、视觉感受和精神感受。羊被视为“善”的化身，不仅在于它是人类优秀的生物伙伴和食物来源，更在于它的品格被人类认同，并融入人的价值观中。羊性情温顺、宽厚仁义、知礼有仪，其美德让人景仰，因此，受到中国传统道德观念的普遍推崇。羊作为人们祭天祭祖的牺牲，而且具有如此众多的优良品德，很自然地，这些品性也就成了人格化的道德准则。

羊肉火锅

奉献牺牲·祭品

用图腾兽作为牺牲来祭祀，是一种与祖先神灵沟通的方式。图腾兽是与祖先神灵与崇拜物沟通的媒介。

烤全羊

在古代，羊不仅是供膳的，我国有文字记载的祭祀始于商朝，甲骨文承载了这段历史。商朝“国家大事，唯祭与戎”。凡举国之大事，商王均要事先奉告于祖先宗庙。出征、献俘、占卜等也常在宗庙举行。几乎是所有在宗庙举行的宗教仪式都要用人为牲（人祭），其用人之多，手段之残忍，前所未有。

甲文 金文 小篆

祭品——牲

牲，古代为祭祀宰杀的牲畜。供祭祀和享宴用的牛、羊、猪叫“牲”。甲骨文“牲”字从羊，说明最早用作“牲”的动物祭品是羊。

纯洁的祭品㸰（牺）——羔羊

古代祭祀的第一个要求是要心“诚”，第二个要求是祭品要“洁”。

祭祀所用牲品“不求丰大”，只求体全而精洁，因此对祭祀用牲有十分严格的规定，必需用羔羊。羔羊可爱而纯洁，祭祀用羊羔，就是“洁”的保证。

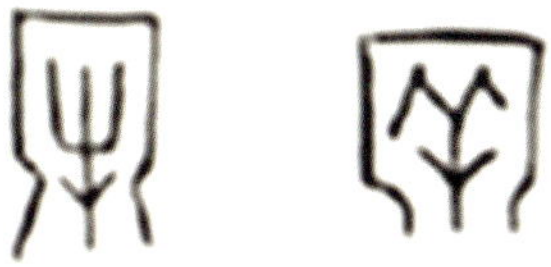

甲骨文牢字

金文牢字

秦文牢字

全羊祭祀

牺，特指做祭品用的毛色纯一的牲畜，是“洁”的表征。犠，含动物文化元素为牛和羊，说明牛羊是祭祀最为重要的牺牲。

祭祀之礼仪——太牢、少牢

古时，将要祭祀之祭牲用绳子绑住脚后拴在树桩上或圈养在栅栏中为“牢”，即祭祀之牲为“牢”。

甲骨文中“牢”的异体字有（从宀从羊），和内（从宀从犬）。远古时期，牛、羊、犬都是祭祀之牲。

我国进入文明社会初期，祭祀用牺牲有严格的等级差别，这就是祭品——礼的区别。根据牺牲搭配的种类不同而有太牢、少牢之分。太牢用牛、羊、豕三牲，少牢只有羊、豕，有时只用羊也叫少牢。由于祭祀者和祭祀对象不同，所用牺牲的规格也有所区别：太牢之祭是古代国家规格最高的祭祀大典，古代皇帝祭祀天地、祭祀宗教庙等，都用太牢。诸侯祭祀不能用牛，只能用少牢。《礼器》记载“祭典有之目：国君有牛享，大夫有羊馈，士有豚犬之奠，庶人有鱼炙之荐”。先秦时期祭祀用羊称“羊馈”，而且大夫才可用羊馈。

自古以来，羊与人类就和睦相处，为人类作出了无私的贡献。羊对人从不要求什么，吃的是草，奉献给人的却是羊奶、羊毛、羊肉和羊皮，连羊粪也是很好的肥料，全身都贡献给人类。羊的精神就是奉献和牺牲。

用牛羊等家畜作牺牲，取代以人作牺牲的祭祀、陪葬，都是社会文明与进步的表现。作为“代罪羊”，为华夏进入文明作牺牲，是羊的善举、义举。羊的牺牲与奉献精神有汉字“犠”、“牲”、“牢”可证，“犠”与华夏文明祖先“羲”以及东方之“曦”一样，光照人间，光耀千秋，载入史册。

3. 羊之品——鲜美养羞（馐）

与人为膳之羊成为食品，奉献牺牲之羊成为祭品。

羊能成为华夏先民游牧时期的主食，是由于羊之味的鲜美

贺兰山岩画　放牧

与丰富的营养价值。

鲜美可口，是人们对美食赞赏的常用语。

“美”源于羊的味觉感受。说文：“美，甘也。从羊，从大。羊在六畜，主给膳也。美与善同意。”王筠则曰：“羊大则肥美。”段玉裁进一步说：“甘者，五味之一，而五味之美皆曰甘。羊大则肥美。”许慎、王筠、段玉裁都是从人们对羊的味觉感受上谈“美”的字源意义。

《说文》：“养，供养也。从食羊声。”甲骨文和金文中的“养”字，是会意字；像人手执鞭杖赶羊之状，表示放牧羊群（人手执鞭杖赶牛的甲骨文为“牧”）。后字义演变为“养育”。就人的生命与生存而言，养育尤为重要，养者人母，娘胎出来吃奶只有几年，断奶后养育之食物只能源于自然。羊肉味甘而大热，性属火，食后可补中益气，安心止惊，开胃健力。羊全身是宝。明末美食家李渔的评论是：“羊肉之为物，最能饱人……凡行远路及出门作事，卒急不能得食者，啖此最宜。”食羊是养生之需，养的发音为“羊”而字由“食”“羊”合成，都名副其实。食羊为养，羊对中华文明的成长是有养育之恩的。

羞，是会意兼形声字。甲骨文从手持羊，会进献美食之意。篆文从羊，从丑（用手扭住）。《说文》：“羞，进献也。从羊，羊，所进也；从丑，丑亦声。”

羞，本义为进献美味，泛指美味可口的食物。祭祀进献是古代大事，办不好是一种耻辱，故引申为：感到羞耻、害躁、难为情。“羞”为引申义所专用，美味之义便另加义符“食”，写作“馐”来表示。

“牢羞”是古代祭祀使用的牺牲，如牛羊等。

国内“说文四大家”之一、博涉经史、对《说文》之说尤深南朝梁文学家王筠（481—549）说：“凡食品，皆以羞统之，是羊为膳主，故字不从牛、犬等字而从羊也。”

金文 小篆

群羊

4. 羊之德

群体

由许多同种生物的个体组成的整体为群体。三人成众，三五成群，“多”通常指两种（人）以上。

合群，是羊的一个重要特性。《诗经》有“谁谓尔无羊，三百维群”。羊性成“群”，便于驯养和繁殖。

群，会意兼形声字。金文与小篆的字形是上下结构：上为君，有君王领头之义，也作声符；下为羊。两形会意，表示许多羊聚在一起，造字源于羊喜群体相聚，每群羊都有自己的头羊。《说文》徐铉注：“羊性好群。”由此产生“群众”，体现了中华民族注重群体的特征。群是羊的聚合，众是人的聚合。

在封建社会，皇帝为君，众官为臣，百姓为众为民，众官、众民都为群，为君之羊，都是群体，而为君的皇帝则只有一个。

人人合群，群体才合，群合就是群和，群合群和的群体才有力量。所以合群是一种美德。

群体，是社会的潮流，是社会的主人。社会和谐，就是群体的和谐，和而不同的群羊给人做出了榜样。

和而不同

羊秉性温和。羊是“群”、“和”的象征。

《诗经·召南·羔羊》序曰：“召南之国化文王之政，在位皆节俭正直，德如羔羊也。”为什么说人“德如羔羊”？孔颖达解释道：“《宗伯》注云：羔取其群而不失其类。《士相见》注云：羔取其群而不党。”

群而不党，就是和以处众而不阿私，即团结群众、公道、和谐相处而不结党营私。群而不党，源自《论语·卫灵公》：“君子矜而不争，群而不党。”何晏《集解》引孔安国曰：“党，助也。君子虽众，不相私助，义之与比。”朱熹《集注》：“和以处众曰群，然无阿比之意，故不党。”

和而不同 群羊

无论是领头羊、公羊、母羊，还是羔羊，不为吃而争斗打架，不会拼个你死我活，羊之“群”“和”是人类“和而不同”的楷模。

知恩善报

羔羊似乎懂得母亲的艰辛与不易，所以吃奶时是跪着的。羔羊的跪乳被人们赋予了“至孝”和“知礼”的意义。《春秋繁露》云：“羔食于其母，必跪而受之，类知礼者。”

《说文》给“孝”作了很好的解释：“孝，善事父母者，从老省从子，子承老者。”撰写《说文》的许慎认为：“孝，天之经，地之义，民之行也。”孝为百行之首，孝是道德的根本。

5. 羊之形——羊大为美，吉祥如意·礼品

羊大为美

汉字是表意兼表形的文字，汉字是注重审美形象的文字。

“羊”“大”为“美”，“美”源于羊。《说文》“美”本义为“甘”；“甘，美也”，可见甘美相通，“美”源于羊的味觉感受。

在原始社会，饮食的满足给了原始人最美好的感觉和享受，在这个基础上原始人产生其它方面美的意识，美食是全人类不需翻译的世界语言。美，是一切艺术的灵魂，也是一切艺术给人以吸引和诱惑的源泉。在中国，美的本义和审美意识，都是从吃起源的。“美”字所包含的最初的美之意识，即味觉审美意识，是人类其他审美的先河。

我国无论是汉族还是少数民族，很早就开始饲养羊了，羊肉是一种重要的肉食。在食物不足而羊又相对容易饲养和获取的时期，人们钟情于羊就不足为奇了。

甲骨文美字

羊大，可以满足饱肚子的需要；羊大，羊皮也大，可暖身；羊大，经济价值就大，可以交换到更多自己需要的东西，今天的话说就是卖更多的钱；羊大，是身体强健的标志，是养

殖生产的目标，是游牧的需要。无论从哪一个角度看，羊大都为美。

在我国甲骨文中，“美”字可以看到与“羊”的共同之处：上部是一对羊角，下部是一个人双手摊开，双脚叉开站立在那里，合起来正是一个人头上戴着羊头或羊角，即“羊人为美”。

羊是原始华夏民族很重要的一种图腾崇拜对象，以羊为图腾崇拜对象的部落在举行巫术仪式的时候，部落首领或巫师往往要把自己打扮成祖先的模样，戴上羊头，或插上羊角，跳起图腾舞蹈，祈祷狩猎成功。他们认为这种巫术仪式是美的，反映在甲骨文的文字上，就形成了上述形状的“美”字。羌族释比从事法师，就是戴着有两个角的羊皮帽子。

中国传统审美取向的形成与羊的确关系密切，“美”字不仅产生于对羊的味觉感受和视觉感受，同时还产生于对羊的精神感受。味觉感受和视觉感受是直观的，精神感受是意象的。它们尽管都是“美”产生的重要条件，但后者似乎更为重要。

羊不但食在美，其形、质、品德之美更为人们乐道。

羊天生丽质，象征纯洁珍贵。美好的白玉，则用洁白莹润的羊膏来比喻，美其名曰羊脂白玉。

羊秉性温和，能和睦相处合群生活，羔羊跪乳的孝举，与人为膳，甘作牺牲，都是一种美德。

羊之美，美在德。

吉祥如意·礼品

羊是中国传统的祥瑞、祥和、吉祥之物；汉字之“祥”是祭祀文化的产物。甲骨文的“祥”就是“羊”。羊解决了先民的现实生活问题，美食之羊就被摆上了神台，从而产生了“祥”——示神用之羊。祭台上摆上羊，为祈求平安、如意、吉祥、和谐等。因此，羊是“祥之兆”，“祥”是大吉羊，羊是祥瑞的象征。

西汉董仲舒《春秋繁露·执挚》曰：“有角而不任，设备而不用，类好仁者；执之不鸣，杀之不啼，类死义者；羔食于其母、必跪而受之，类知礼者；故羊之为言犹祥欤！”“吉祥”又是“吉羊”的谐音。自古以来，羊就是最得体的祭品与礼品，祭祀献羊求吉祥，送礼送羊送祥和。

送礼、喜庆、祭祀，送羊之义是带来吉祥。

《爱玉缘》油润和田玉籽玉羊

元代玉羊

6. 羊之性——羊致清和

羊是“和”文化的象征，古有“钟律和则玉羊见”的传说。每逢羊年，华人使用最多的祝福词有两个，一是“三羊开泰”，另一个就是“羊致清和”，用于祝福人们羊年行好运，生活清静、安宁、祥和。

“和”是羊的美德。羊食叶草不吃荤，不杀戮，宽容忍让，秉性温和，合群，群羊和睦相处，羊肉性和，都是羊之“和”。“和”即不偏不倚、无过之无不及，古人称为大德。

曦，东方的曙光，和熙的阳光。曦，有羊有“和”。

洋，海纳百川宽容之和，有羊有“和”。

东方民族的始祖“羲”，是由羊与禾养育而步入文明，文“明”之“羲”是“祥”“和”祖先。

中国文字有一特点，一些文字是相关相连，相连相通的。从羊——吉羊，祥——祥和，从曦、羲到洋，文“明”“羊”连着“祥”、连着“和”，“羊”就是“祥”就是“和”。

阳、洋、羊昂扬一声——羊，天地人和。

羊致清和，名至实归。

二、以羊为……

以羊为鲜美养膳，以羊为祥和牺牲，以羊为善美义之食品、礼品、祭品，羊在中华文化中的形象可谓是至善至美。

1. 以羊为图腾、为祖

中华民族的始祖之神是伏羲与女娲，中华民族的英雄之神是黄帝与炎帝。

《山海经》中记载：“东海之外，甘水之间，有羲和之国。有女子曰羲和，方浴日于甘渊。羲和者，帝俊之妻，是生十日。”“帝俊妻常羲，生月十二”，帝俊之妻“羲和”是太阳之母，“常羲”是月亮之母。

伏羲是华夏族的始祖、人神，伏羲庙碑文有“人根之祖”、“斯文鼻祖”之称，是肉食为主食的牧猎时期与畜牧业开创、发展时期的传说人物。由伏羲所创造的以八卦为核心的先进文化，是中华文化的最初渊源。

太阳之母“和羲”、月亮之母“常羲”、中华民族人文始祖“伏羲”之“羲”从“羊”，“羲”是“羊图腾”“阳图腾”一族的先祖。

中华民族始祖之一神农炎帝，是开创中华农业文化之伟人，有“神农大帝”之美称。神农炎帝“人身牛首，长于姜水”。

炎、黄同是有氏羌族血统的部落联盟首领，《国语·晋语》载：“昔少典娶于有蟜氏，生黄帝、炎帝。黄帝以姬水成，炎帝以姜水成。成而异德，故黄帝为姬，炎帝为姜。二帝用师以相济也，异德之故也。”

后稷是以农耕为主的周民族的始祖，其母姜嫄生下他是一个羊胞胎样的圆球，将他“诞置之隘巷，牛羊腓字之（牛羊保护）；诞置之平林，会伐平林；诞置之寒冰，鸟覆翼之”。

古代另一版本的五帝太昊、少昊、黄帝、炎帝和颛顼都是太阳神。

尧，是我国原始社会末期一个部落首领，以善于治理天下著称，辅佐他掌管天地的是羲、和两人，掌管东南西北四方的是羲仲、羲叔、和仲、和叔，法官“皋陶敬神羊”成为司法鼻祖。

“大禹出于西姜”，禹母修己属于羌族“有莘氏之女”，禹所建立的夏朝是中国历史上开纪的第一个朝代。

周人始祖姬弃母亲姜嫄之“姜”里有羊；周文王“禁羑里”演八卦为六十四卦之地，“羑里”的“羑”镶入了“羊”；神话中道家学派的始祖宗师——老子在四川成都转世成独角羊；周武王之后，原名邑姜，是姜子牙的女儿、成王和叔虞的母亲，是中国历史上颇负盛名的妇女，周成王曾夸赞她“贤于内治，明胎教之道”，尊为“圣母”。

始祖级的中华祖先都与羊结下不解之缘，是以羊为图腾之祖。

2. 以羊为族、为姓

羌族是中国最古老的民族，古羌族与华夏民族血脉相连。“羌，西戎牧羊人也。”“姜，神农居姜水，以为姓。”姜、羌本为一字之分化，是母系社会与父系社会的不同表达，甲骨文中亦常互用。姜、羌均像头戴羊角头饰之人，代表以羊为图腾的起源于我国西北的原始游牧部落。

“姓”的本义是“生”，而“女”字则表示最初的姓是以女性血缘关系为依据的。这是上古母系社会遗留在姓氏里的痕迹。

古姓与族一样源于图腾，姓即图腾的结果，在文字内现在尚能看见他种种遗迹。如，羊——姜姓之图腾，凤——风姓之图腾。

源于羊的姓除姜以外，还有羊、芈、羊角、羊舌、公羊与阳、杨、梁、欧阳等姓。

姜姓是羊图腾的“纹”化标志。而羊姓中的一支出于周官“羊人”之后，“羊人”是司职周王室专门管羊（供膳食与祭祀）的小吏；另一支为春秋时晋国受封于羊舌邑之人，以邑名为氏，后改为羊氏、羊姓。

今甘肃境内，也有一支羊姓族人，其族可能系古代羌人的后裔。回族中的羊姓，源于地名。除了上述之外，今天的白族、彝族、傣族、黎族、东乡族、傈僳族中都有羊姓。

满、回、侗、土家、布依等少数民族中都有阳姓。

妇好尊

3. 以羊为阳

“阳”和“羊”同音同调。自古以来，“羊”与“阳”存在着密切的文化联系。羊性情柔中有刚，故人们以“羊”作“阳”的代号与具象符号；羊在易学家的研究中被借为“阳”的象征符号；民间的艺术作品中，也用羊来表现“三阳开泰”、九羊启泰的主题。在第四章“羊通阳”中，我们都已经作过详细叙述。

4. 以羊为尊

尊，字亦作罇。甲骨文字形，像双手捧着尊，从酉，从廾

商代晚期双羊尊，现藏英国不列颠博物馆

清牙雕三牺尊

羊形牺尊 春秋晚期南方吴越之器，现藏于安徽省博物馆

（双手）。本义：酒器。尊为大中型盛酒器和礼器。流行于商周时期，春秋后期偶有所见。尊与彝一样，原是成组礼器的共称，宋朝之后开始专指一类器物。

《说文·酋部》：“尊，酒器也。从酋，廾以奉之。《周礼》六尊：牺尊、象尊、著尊、壶尊、太尊、山尊，以待祭祀宾客之礼。”本义为举杯敬酒。由敬酒，又引申为尊奉、敬重（动词）、地位或辈分高的（形容词）、受尊敬的人（名词）。尊为引申义专用，酒尊之义便加义符“缶”或“木”写作“罇”、“樽”来表示。

商周至战国期间的牺尊，为酒器或礼器，是一种权力和富贵的象征。受着神权审美崇拜思想等因素的影响，将尊铸成牛、羊、虎、象、豕、马、鸟、雁、凤等动物形象，或是威武、凶猛、有力、神威作辟邪，或是温顺、憨厚、祥瑞而祈求祥和，都是取材于大自然和人类社会活动实践的崇拜。牺尊在商周青铜器中非常流行，到春秋战国已很少见。

九五之尊，过去是指皇帝至高无上的尊位。古人认为，九在阳数（奇数）中最大，有最尊贵之意，而五在阳数中处于居中的位置，有调和之意。这两个数字组合在一起，既尊贵又调和，无比吉祥，是帝王权威最恰当的象征。

以形美、品美、义美之羊为尊，既是权力和富贵的象征，也是对祥和、美德的崇尚。

清牙雕三牺尊 器物造型怪异，三羊头、三羊尾、六羊腿组成器物的下半部，羊头尾相对，寓意着吉祥的“三羊开泰”语。颈部阳刻“大清乾隆”和“三牺尊”字样。三牺尊本来是商代大型的青铜盛酒器皿，属礼天之祭器，清时参考其造型再造成牙雕。

5. 以羊为生肖

生肖，或叫做十二生肖、十二属，对个人来说，是用来记自己诞生之年的。生肖是人生命中难以磨灭的徽记——属相，还有就是“本命年”的烙印。羊代表和顺。

《说文》：“肖，骨肉相似也。从肉小声。不似其先，故曰‘不肖’也。”

人生于某年，我国流行的传统的纪岁方法，即以十二支象十二兽顺序排列：子鼠、丑牛、寅虎、卯兔、辰龙、巳蛇、午马、未羊、申猴、酉鸡、戌狗、亥猪相配，以某年的干支肖为某兽，俗称为“生肖”。十二生肖是记人的生年属相的，亦称十二属相。十二生肖广泛流行于亚洲诸民族及东欧和北非的某些国家之中，几乎是一个具有世界性的民俗事象。

生肖是华夏先民动物崇拜、图腾崇拜以及早期天文学的结晶。人类最初所崇拜的当然是那些最常见的、与人们生活关系最紧密的动物，如牛马犬羊鸡狗之类。在原始祖先们看来，它们的价值几乎和人的生命一样重要。在人类温饱没有解决的时期，与人为膳的羊入选十二生肖，就是众望所归了。

中国生肖文化是中华民族传统文化及民俗的重要组成。在春秋前后，地支与十二种动物的对应关系已经确立并流传，生肖文化在我国至今已有两千年的历史。凡有华人、华裔生息的国家和地区，特别是在东亚及东南亚，生肖文化的影响很大。中国及这些国家和地区均发行生肖邮票。中国于1980年发行第一枚生肖邮票“猴票”，于1991年（辛未年）发行羊年生肖邮票1枚，于2003年（癸未年）发行羊年生肖邮票2枚。

在中国的历书中，羊是最富温情的属相。出生于这一年的人被称为乐善好施者，他们往往为人正直、亲切，易被别人不幸经历所感染。他们脾气温顺甚至有些羞怯。当他们的各方面都处于高潮时，往往是风度优雅的艺术家或有创造性的人。

以羊为膳、为养、为馐之食品，以羊为牺牲、为祥、为和之祭品，以羊为善、为美、为义之礼品，羊是美的符号，美的源头。

古代生殖崇拜岩画：新疆呼图壁县康家石门子的古代生殖崇拜岩画上，出现了性器勃举的人与虎的形象。

三、羊文化与生殖文化

人类社会的发展，有两大支柱：一是物质生产，又称产食文化；二是人的生产，又称生殖文化。在人类的远古时期，种族的繁衍占有极重要的地位。以生命生殖崇拜为中心，是由中国原始阴阳哲学观念所决定的。把生育后代视为头等大事之一，祈求生育、崇拜图腾、崇拜女祖先、崇拜男根等观念必然反映在文化、神化、绘画、文物之“纹”等之中。

“东行亡羊，失具羝牂；少妇无夫，独坐空庐。”这是汉焦延寿《易林》八《坎、革》中的两句。以公（羝）和母羊（牂）比喻男女配偶。

1. 羊与阳器

我国从新石器时代起，盛行生殖崇拜。这是因为人们不知道自然繁衍的奥秘所在，而又有传宗接代的强烈愿望。在母系社会，人们对女性存在神秘感，由此导致了对女性生殖器官的崇拜。到父系社会，男子居统治地位，又出现了对男性生殖器官的崇拜。

男性生殖崇拜，最早最普遍的是山岳中形似的天然石头，人类学家们称它为“石祖”。“祖”字，从“示”从“且”，“示”表示祭祀，“且”是“祖”的初文，“且”是象形字，甲骨文像雄性生殖器，是生殖崇拜的体现，是祭祖时祭桌上摆设的老祖宗的神主牌（灵牌）、墓碑之源。缙云仙都石笋，依山傍水，拔地而起，直插云空，高170多米，堪称世界之最。它和古文祖字“且”相似，故古人把它作为“石祖”崇拜之地。直到如今，这里还流传着这样一则传说：石笋本来是条龙，从地下破土而出，意欲冲到天宫。隆隆声惊天动地，当时正值深夜，附近的山民以为天灾来临，来不及穿衣服，赤身露体地跑出家门，结果龙被看“厌”了，只长这般高。这传说与亚当、夏娃伊甸园的故事类似，都是人类从愚昧步入文明的民俗遗迹。

“阳器”是男性的生殖器，古字“羊”通“阳”。挺拔的“石祖”充满“阳刚之气”。

金文的羊字“”字下方也似男性的生殖器。

缙云仙都石笋

新石器时代文化遗址中发现的男性生殖崇拜物——石祖、陶祖

2. 海与洋

阳光、水分、空气是生命三要素。没有水，就没有生命。水是生命之源、生理之河。生命的化学进化过程是在海洋中完成的，地球上最早的生命、一切生命的基本组成单位——细胞是在海洋中诞生的，生命的生物进化初期是在海洋中进行的，海洋是孕育原始生命的温床。

《说文》：“海，天池也，以纳百川。从水，每声。”每，人之母也；“每”字的造字本意，就是指氏族社会内子孙众多而受人尊敬的长辈。

万川入海，海纳百川，海洋是海连着洋，海洋是人类生命之“母”。

海洋是指地球上广阔而连续的咸水水体的总称。它是地表最庞大的自然地理单元，其总面积约为3.6亿平方公里，约占地球表面积的71%。全球海洋的容积约为13.7亿立方公里，从这个意义上讲，地球是“水球”。

海洋是海连着洋，彼此相通，共同组成世界统一的海洋整体。海与洋并不相同，海洋的中心主体部分叫做洋，边缘附属部分称为海。“海”比“洋”为小，“洋”之水多于“海”之水。我国的东海、黄海、渤海、南海、北海只是太平洋的部分组成。

地球表面图

3. 洋水与羊水

“洋”是“羊”与“水”之和，洋水是孕育生命之水。

爬行动物的羊膜卵

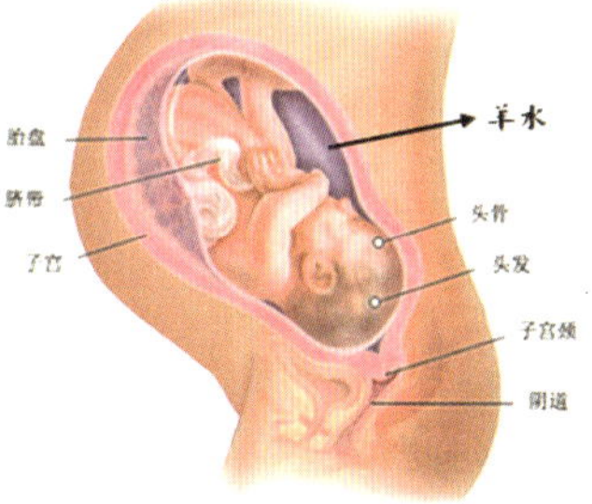

羊水就像孕育BB的“海洋”

羊膜卵与羊膜动物

羊膜卵为羊膜动物（主要指爬行类和鸟类）所产生的卵。卵外包有一层石灰硬壳或不透水的石灰质软卵壳，可防止卵内水份蒸发，避免机械损伤和细菌侵袭。卵壳上有大量小孔可透过空气，保证胚胎与外界的气体交换。具卵黄囊，可保证胚胎发育所需的全部营养。虽然卵处于陆地上，但在胚胎发育期间，卵内出现羊膜、绒毛膜等结构，为胚胎制造了局部的水环境，保证胚胎发育的顺利进行。羊膜卵的出现，使动物可以在陆地上繁殖和发育，无须像两栖类那样在生殖时必须再回到水中，从此出现了真正的陆生动物。

羊膜动物是爬行纲、鸟纲和哺乳纲三纲动物的总称。羊膜动物有了羊膜卵，摆脱了两栖类动物在个体发育中对水环境的依赖，使动物能够在陆地上孵化，为登陆动物征服陆地、向陆地纵深发展提供了可能。羊膜卵的出现被认为是脊椎动物演化史上的第三块里程碑。

爬行动物是最先出现羊膜卵的，爬行类是最早的羊膜动物，羊膜卵的出现使它们可以在繁殖时不受水环境的影响，就像青蛙卵如果没水就不能活，但蜥蜴的就行。鸟类和哺乳类都是古爬行类的后裔。

羊水与洋水

羊膜包在胚胎的周围，胚胎和羊膜之间密闭的空腔称羊膜腔，腔内充满液体，称羊水。胚胎浸在羊水中，正是借助于这种自身形成的水环境，它们才不再依赖外界的水环境。羊膜卵的胚胎悬浮在羊水中，使胚胎在自身的水域中发育。

羊水是指怀孕时子宫羊膜腔内的液体，在整个怀孕过程中，它是维持胎儿生命所不可缺少的重要成分。羊水是人类的生命之水。

羊水的成分98%是水，另有少量无机盐类、有机物荷尔蒙、卵磷脂和脱落的胎儿细胞。

羊水形成水囊，可减少对母体的伤害。胚胎浸在羊水中，相当于处在一个专用的小水池中，使其免于干燥和各种机械损

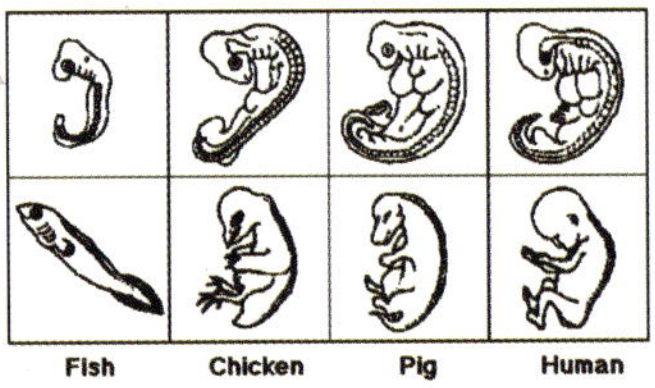

鱼、鸡、猪、人的胚胎

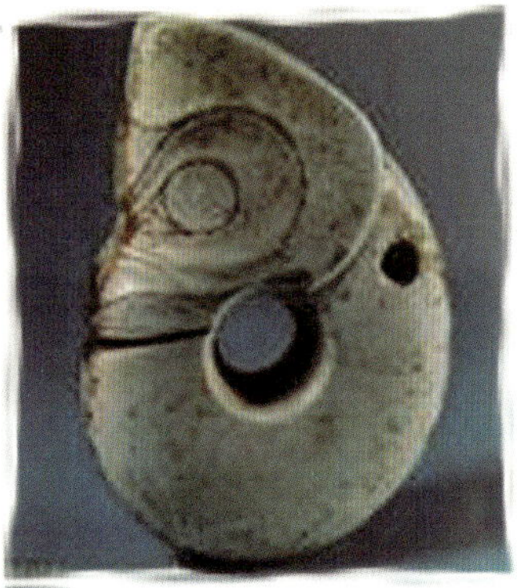
红山玉猪龙

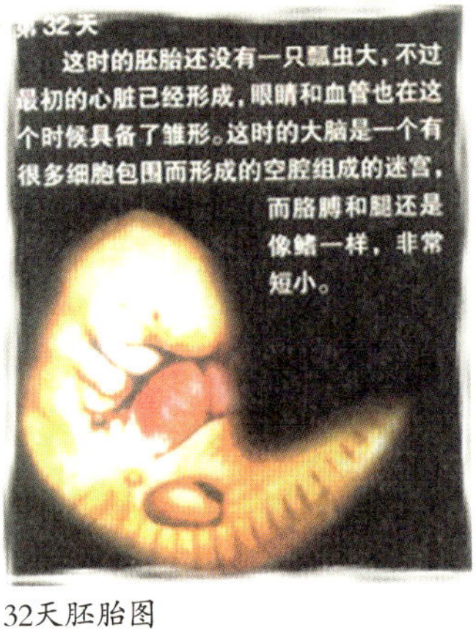

32天胚胎图

伤，羊水让胚胎能够自由活动，预防外界细菌感染，使胎儿能在稳定的压力和温度中成长。羊水对于生命的存在有着重大的意义，过多和不足，都是胎儿提醒我们怀孕危险的讯号。羊水是评估胎儿健康和性别的指标。

人类是另一种类型的“两栖动物”，胎儿时期住在水中，出生后生活在陆地上。而孕育胎儿的神奇之水便是“羊水”。

羊水是十月怀胎婴儿成型的营养物质，因此，“羊水之和”的“洋”与“羊水”，都可以视为是孕育人类生命之母体。

按我国的阴阳学说，天为阳地为阴，地分水陆，土为阳水为阴，“洋”是阴中之阴。

生命的化学进化过程在海洋完成，没有水、海洋，生命无从谈起。生命物质首先在海洋里面形成，海洋之水变成了“羊水”——怀孕时子宫羊膜腔内的液体，每个人都必需吸取的营养之水。每个人都是从母亲的胞胎吃足羊水，从羊膜里面钻出来到人世间的。

为什么叫羊水？为什么不叫牛水或猪水、狗水？因为人类与羊类的关系实在太密切了，其他动物完全不能与之相提并论。羊是伴随人类进入文明时代最重要的动物，是中国早期文明中最有生存繁衍意义的物种。中国先民早期的生产生活、祭祀、生殖繁衍、语言文字、审美意识，乃至礼仪与风俗习惯、音乐舞蹈，等等，都与羊有着千丝万缕的联系，从食之鲜美、祭祀求祥，到生命之羊水、养生之气“氧”，再到曲折、狭小道路之“羊肠”，概莫能外。

有专家指出，以6000年前红山文化为代表遍及北国的“龙图腾”雏形，不是别的，正是人类的胚胎之纹。当人类发现了它就是人类的起源时，胚胎就成为一种崇拜对象。红山玉猪龙，与胚胎对比一番后就会发现，所谓的“龙”实际上是母腹中一个首尾相接浑圆欲坠的“羊水胎儿”——母系社会生殖崇拜的符号。“红山玉猪龙”的“猪首龙身”，可以称为“人首蛇身”，它是人类胚胎之“纹”。

四、广州的城市图腾——羊

羊图腾是岭南文化中心地广州的特有文化元素。

1. 广州美名“羊”

广州又称为羊城、穗城或五羊城。关于其来历，有一个历史悠久、家喻户晓的传说：据广州地方史志记载，广州地区在先秦时属楚国范围，称为“楚庭”。当时（我们的观点见“五羊何代降斯乡”），广州连年灾荒，田野荒芜，农业失收，人民不得温饱。一天，南海的天空忽然传来一阵悠扬的音乐，并出现五朵彩色祥云，上有五位仙人，身穿五色彩衣，分别骑着不同毛色的仙羊，羊口衔着一茎六出的优良稻穗，降临楚庭。仙人把稻穗赠给了广州人，并祝愿这一地区永无饥荒。祝罢仙人腾空飞逝，五只仙羊化为石羊留在广州山坡。从此，广州便成了岭南最富庶的地方，这就是广州有“五羊城”、“羊城”、“穗城”名称的由来。关于五仙降临的年代，有各种各类的说法，流传比较广的是周代。

2. 赵佗《报文帝书》之“羊”

公元前207年，秦王朝在农民起义的风暴中被推翻，中原出现群雄并起和楚汉相争的局面。在中原动乱之时，原龙川令赵佗接受南海尉任嚣的遗命，趁机在岭南聚兵自守，建南越国，定都番禺。赵佗用中原文化礼制治理南越，实行“和辑百越”的政策，使汉越民族和睦相处，社会安定，这一时期是岭南经济文化发展的一个重要时期。刘邦盛赞赵佗治理岭南“甚有文理，中县人以故不耗减，粤人相攻击之俗益止，俱赖其力”。

吕后专权·马牛羊予牡，毋予牝

刘邦去世后，吕后专权，高后五年（公元前184年）春，吕后颁布“别异蛮夷，隔绝器物”的政令，对南越国进行经济封锁：“毋予蛮夷外粤金铁田器；马、牛、羊即予，予牡，毋与牝。”即和南越国做生意，只能卖公羊，不能卖母羊。

赵佗求羊·马牛羊齿已长

当时地处边陲的南越对中原在经济和文化上有着相当程度的依赖。赵佗曾三次派出内史藩、中尉高、御史平等使者出使汉廷，请求恢复汉越关市。而吕后却实行“别异蛮夷”政策，“予牡，毋予牝”，禁运母羊种畜给南越，使得岭南之“羊”的繁殖遇到问题，老公羊不是“牺”不能用于祭祀，老母羊失去生育能力不再能生羊羔，因此影响到南越国赵佗祭品牺牲的来源，引起赵佗不满，这也是赵佗再度割据称王的主要原因。

吕后死后，汉文帝刘恒继位，立即纠正吕后推行的“别异蛮夷”的政策，汉越修好，断绝了数年的汉越关市又得以恢复。汉文帝下诏请已经告老还乡的陆贾为太中大夫，带着诏书和厚礼再度去南越见赵佗。赵佗读了汉文帝诏书后，深为感动，写了一篇《报文帝书》，全文如下：

“蛮夷大长老夫臣佗昧死再拜上书皇帝陛下：老夫故粤吏也，高皇帝幸赐臣佗玺，以为南粤王，使为外臣，时内贡职。孝惠皇帝即位，义不忍绝，所以赐老夫者厚甚。高后自临用事，近细士，信谗臣，别异蛮夷，出令曰：‘毋予蛮夷外粤金铁田器；马、牛、羊即予，予牡，毋与牝。’老夫处辟，马、羊、羊齿已长，自以祭祀不修，有死罪，使内史藩、中尉高、御史平，凡三辈上书谢过，皆不反。又风闻老夫父母坟墓已坏削，兄弟宗族已诛论。吏相与议曰：‘今内不得振于汉。外亡以自高异。’故更号为帝，自帝其国，非敢有害于天下也。高皇后闻之大怒，削去南粤之籍，使使不通。老夫窃疑长沙王谗臣，故敢发兵以伐其边。且南方卑湿，蛮夷中西有西瓯，其众半羸，南面称王；东有闽粤，其众数千人，亦称王；西北有长沙，其半蛮夷，亦称王。老夫故敢妄窃帝号，聊以自娱。老夫身定百邑之地，东西南北数千万里，带甲百万有余，然北面而臣事汉，何也？不敢背先人之故。老夫处粤四十九年，于今抱孙焉。然夙兴夜寐，寝不安席，食不甘味，目不视靡曼之色，耳不听钟鼓之音者，以不得事汉也。今陛下幸哀怜，复故号，通使汉如故，老夫死骨不腐，改号不敢为帝矣！谨北面因使者献白璧一双，翠鸟千，犀角十，紫贝五百，桂蠹一器，生翠四十双，孔雀二双。昧死再拜，以闻皇帝陛下。”

赵佗的《报文帝书》，是现存的岭南第一部文献，是岭南进入文明的标志，是第一篇记载羊与广州关系的文章，是解密、文明广州神话 ——广州与羊结缘的关键。

《报文帝书》中两处提及羊，一是“毋予蛮夷外粤金铁田器，马牛羊即予，予牡毋与牝”，二是“马、牛、羊齿已长，自以祭祀不修，有死罪”。“自以祭祀不修有死罪”，说清了当时广州求羊是为了祭祀，“齿已长”牛羊是“牲”，不是纯洁的“牺”，祭祀之“牺”是羔羊。

羊与广州的关系·祭祀牺牲

羊虽不是岭南的主食，但身为南越王的赵佗，即使以汉朝官员的身份进行祭祀，都必须有羊——牲，牺牲是宗教诸礼中最重要的供品。

祭祀是一种尊严的礼仪，祭祀祖先必须虔诚，按礼仪行事，祭祀所用之羊是羔羊——牺，纯净、高贵之品。供品不到位是失礼，就是对祖先的不敬，就会受到惩罚报应。

赵佗在《报文帝书》“马、牛、羊齿已长，自以祭祀不修，有死罪”之述说明，赵佗求羊主要是为了祭祀。

3. 西汉南越王墓之“羊”

西汉南越王墓位于广州解放北路的象岗山上，是西汉初年南越王国第二代王赵眜的陵墓。赵眜是赵佗的孙子，号称文帝，公元前137年至前122年在位。该墓于1983年6月发现。

西汉南越王墓

本书作者之一黄森章是走进千年古墓第一人，当年为考古队长

南越王墓构筑在象岗腹心20米深处，由山顶凿出一个深20米如“凸”字形的土圹，再在土圹中以大石板砌筑墓室，南辟斜坡墓道，然后用红砂岩石块贴靠坑壁砌筑墓室。墓室以红砂岩石仿照前堂后寝的形制砌成地宫，墓顶用24块大石覆盖，再分层夯实，仿照生前宅居筑成，坐北朝南，共分为前后两部分7个室，宽12.5米，长10.85米。墓道和前室、主室之间，有两道石门封闭，前部三室，分别是前室、东西耳室；后部四室为主棺室、后藏室、东侧室和西侧室（分见下两页平面图、结构透视图）。墓主居后部中室，身穿丝缕玉衣，腰侧挂10把铁宝剑，头部放有金钩玉饰等，还有“文帝行玺”龙钮金印和“赵眜”玉印，“泰子”龟钮金印等9枚印章陪葬。前部前室四壁和顶上均绘有朱、墨两色云缎图案；东耳室是饮宴用器，有青铜编钟、石编钟和提筒、钫、锫等酒器以及六博棋盘等；两耳室是兵器、车、马、甲胄、弓箭、五色药石和生活用品、珍宝藏所。东侧室为姬妾藏室，殉葬姬妾4人均有夫人印1枚。西侧室为厨役之所，殉葬7人，无棺木，室后置猪、牛、羊三牲。后藏室为储藏食物库房，有近百件大型铜、铁、陶制炊具和容器。南越王墓共发现有妃嫔、御厨、乐师等15人殉葬，是广州地区发现的唯一有人殉葬的南越国时期墓葬。南越王赵眜墓陪

葬品包括金银铜器、礼乐用器、玉石珍玩、甲胄弓镞、车马帷帐、五色药石、丝织衣物、竹木漆器、象牙制品、印玺封泥、墨丸石砚、铁石陶器等文物一千余件（套），举凡南越王生前所用的东西，都放在墓中陪葬，是目前岭南地区发现规模最大、随葬品最丰和殉人最多的一座墓葬。这些珍贵的出土文物对研究秦汉时期岭南土地开发、生产、文化、贸易、建筑等状况以及南越国历史等方面都具有重要价值。广州南越王墓被誉为近代中国五大考古新发现之一。古墓挖掘完毕后墓地在原址保存并建立西汉南越王博物馆，1996年11月，国务院公布广州南越王墓为全国重点文物保护单位。

西汉南越王墓中，具有标志性、代表性的出土文物之“羊”有：

大门“饕餮”羊之纹——敲开岭南历史文化的大门

在南越王墓的大门里，守门之神兽是饕餮。因此，敲开岭南历史文化的大门，揭开广州建城与南越国的历史文化，首先得从饕餮说起。

大门上饕餮图案，可见“羊之纹”，以羊角为胡子，是龙中有羊，是龙也是羊的表述，是赵佗世家“求羊”、立国成龙的标记。

南越王墓石室大门上的饕餮

外椁铜铺首饕餮羊禾之“纹”——南越国“图腾”

外椁铜铺首上的饕餮图案，同样可见以羊角为胡子的“羊之纹”。但不同的是铜环下方有稻状下垂，是有羊（祥）有禾（和，谷穗）。外椁铜铺首上的“祥和”饕餮，是南越国求羊、求“阴”求“和”的写照，是广州神话“羊衔谷”的源头，是南越国的文化图腾。

祥（羊）和（穗）纹杏形金片·“覆面”“瞑目”

外椁铜铺首上饕餮

墓主玉衣面罩上的覆面上缀有8块杏形金片，金叶上的图案主题是二尖角羊头纹，两相背向，中间为穗状物相隔，又是有羊（祥）有禾（和，谷穗）。金叶顶尖处有一图案化的角纹，有“羊角”与“牛角”两说，我们认为应是“牛角”，依

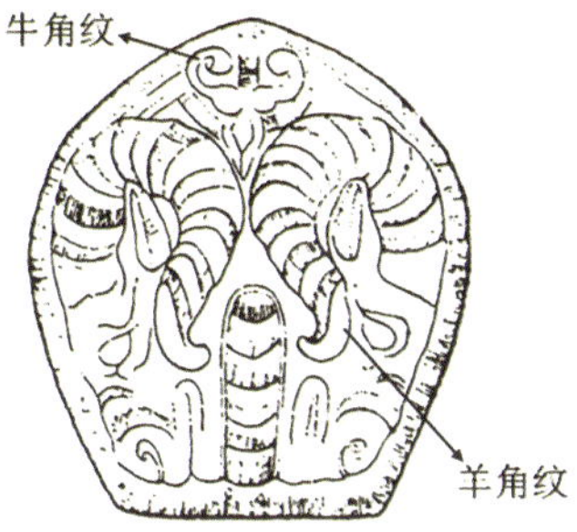

覆面上的杏形金片

棺椁“头箱”内盛卜甲的漆盒附饰金兽

随葬器物铜牌饰

东汉陶屋

据就是前面所说牛羊角纹各自的特点：向上内弯为牛，向下外弯为羊。

主棺室棺椁“头箱”内盛卜甲的漆盒附饰——金兽·羊

金兽：四兽皆作伏地翘首回望状，四蹄伸开，尾巴卷成一团。是羊非羊，还是似羊之羊，有争论，值得研究。但不排除为羊与多种动物元素融合成型的神兽。

墓道随葬器物铜牌饰之“羊”

墓道随葬器物铜牌饰1对，周边微凸起，饰穗状纹。中间为两羊相缠相互依偎的图样，又是有羊有禾的组合。有专家说，两羊相互依偎的图样是游牧文化的影响；但周边饰穗状纹，且以上外椁铜铺首饕餮与杏形金片“覆面”都是有羊有禾的组合就不应只是游牧文化的影响了。广州神话“五羊衔谷”为何是“羊”、为何是“谷（禾穗）”，谜底南越国求羊求禾（穗），就显露无疑了。

此外，为厨役之所的西侧室室后置猪、牛、羊三牲；西耳室铜盆内发现羚羊角。

4. 汉代出土文物之“羊”

从广州考古中发现，西汉至两晋时羊文物出土最多。

麻鹰岗东汉建初元年（76年）砖墓，出土一间三合式陶屋，后侧廊屋就有一个羊圈，一俑正赶着三只羊沿屋侧斜梯进入羊圈。其他汉墓出土的陶屋也有一侧设羊圈，几只陶羊自己爬上阶梯，鱼贯式进入圈栏。

汉代出土文物之“羊”与南越王墓之羊，未见羊有数量为五的。可见南越国时“五羊”观念还未形成。五羊神话成型不可能早于广州建城初期，即不可能成型于东汉前。

5. “五羊衔谷”话阴阳

谷（穀）是阴，阴养万物

谷特指山谷，“谷，泉出通川为谷。从水半见出于口。”

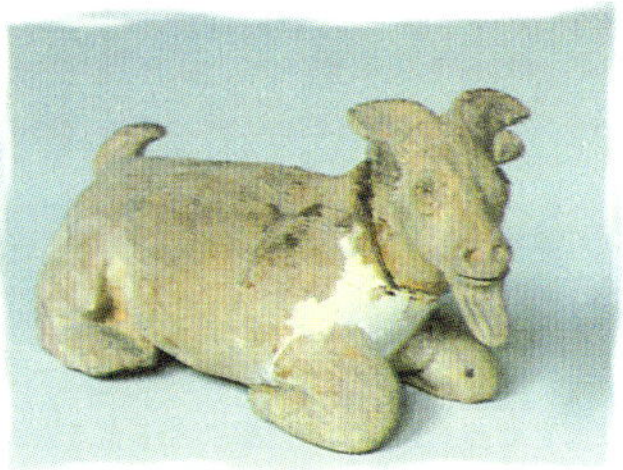

东汉陶塑·山羊

陶屋·东汉前期

东汉陶器·绿釉羊圈

山谷

山谷之“谷”，指“两山或两块高地中间的狭长而有出口的地带”，和穀的形状一样都似女性生殖器，谷为阴。

老子在《道德经》有“谷神不死，是为玄牝；玄牝之门，是谓天地根”的表述。其中的“谷”“玄牝之门”指女性生殖器，“天地根”表明对女性生殖器的崇拜。

阴阳观念，置阴于阳前称“阴阳”，其先后关系也表明对女性的崇拜。

谷为阴，果实累累的“穗”犹如母生子般地生、养着万事万物。

注：山谷之“谷”与稻谷之“穀”同音不同义，广州神话“五羊衔谷”之“谷”是稻谷之“穀”。中国的吉祥文化喜用谐音字来表达祝福之意，如用蝙蝠寓意“福”，用鹿寓意“禄”。无论“谷”与“穀”都为阴。

“五羊衔谷”是五行阴阳学说的神话表达形式

“羊”为“阳”，“谷”为“阴”；五仙、五羊、五色、五方，是“五行”的影响。“五羊衔谷”神话是五行阴阳学说的神话表达形式，体现了中国古典哲学中的阴阳参合（和）观念，并将这种涵义深刻的观念表现为生动艺术意象。果实累累的“谷（穗）”犹如母生子般地生、养着万事万物，是生存繁衍观念的隐语符号。“五羊衔谷”，魂系华夏。“五”“羊”“谷”三汉字，集“五行阴阳”文化、“羊（祥）”文化、“和（谷，禾）”文化于一体，是中华“祥和”文化、“五行阴阳”河洛文化的载体和代表作。

阴阳五行（学说）是中国古代传统文化（哲学、医学、道教等文化）的源头和核心，代表着中华文化的哲学基础，是构成中国传统文化最重要的组成部分。阴阳五行学说，可分为阴阳学说与五行学说，然而两者互为辅成，五行说必合阴阳，阴阳说必兼五行。

阴阳五行说的核心是阴阳协调（适中、不过度）才能平和、和谐。

龙马负河图

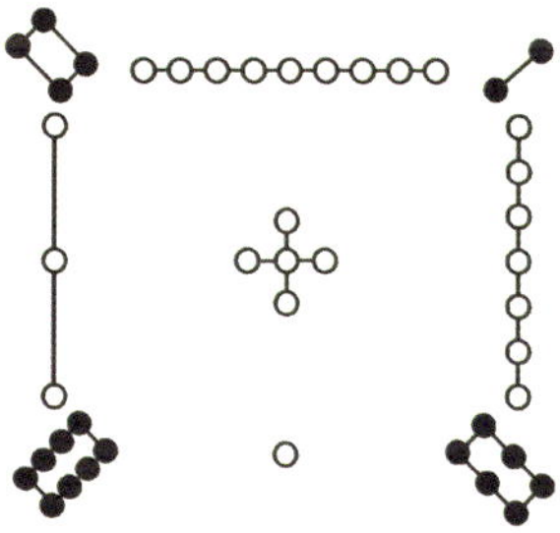

洛书：古称龟书，传说有神龟出于洛水，其甲壳上有此图像

伏羲先天八卦图

4	9	2
3	5	7
8	1	6

洛书九宫数

6. 五羊何代降斯乡

各种版本的五羊神话，内容差别不大，但五仙人降临广州的时间跨度竟从周朝至西晋，长达千余年，可谓众说不一。神话的始创、变化与成熟，有一过程。

文明羊城、五羊之始

唐人高适（702？—765）的《送柴司户充刘卿判官之岭外》诗中有“海对羊城阔，山连象郡高”之句。这是“羊城”别称的最早出现。

晋人顾徽的《广州记》：“广州厅梁上画五羊，又作五谷囊，随羊悬之”。这是五羊、五谷的最早出现。

南越国文化喜羊、禾

南越国建立与岭南进入文明的初期，西汉南越王墓出土文物中，主棺室外椁铜铺首饕餮、主棺室南越文王面上的杏形金片、墓道随葬器物铜牌饰都是有羊有禾，说明南越国的统治者对羊、禾情有独钟，在进入天国之日对羊、禾念念不忘，在南越王墓中留下了千年的印记——羊、禾之纹。

民以食为天。羊、禾是与人为膳的物质基础，是动植物食物资源的表征；五谷丰登、六畜兴旺是中华进入农耕文明时期先民的基本诉求与美好希望。

从秦末汉初赵佗求羊（牝）繁殖、求女安家的历史事实看，南越国的羊、禾之“纹”，蕴含的应是求得阴阳和谐、社会安定，是阴阳学说、阴阳平衡的印记。

五羊载道《说文》后

承载“五羊衔谷”神话的历史文化建筑“五仙观”为道观。

以阴阳五行解释治国之道的道教经典《太平经》，完成于东汉中晚期，而盛传于东汉后期；道教正式有实体活动，是在东汉末年太平道和五斗米道的出现。

广州神话“五羊衔谷”，精辟地选用五、羊、谷三字，可见创作者对汉字研究的功底。东汉的许慎用易经、五行学说为

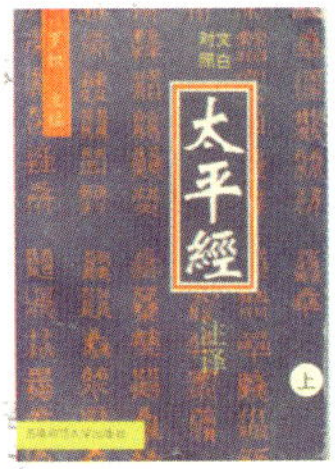

太平经

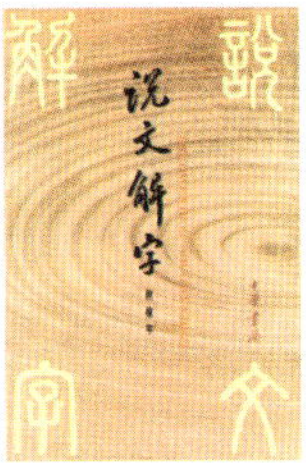

说文解字

指导还原了汉字的构造，编撰了《说文解字》。《说文》是中国第一部系统地分析汉字字形和考究字源的字书、中国首部字典，成书于东汉中期。

根据广州的史志文献，广东省著名的考古专家麦英豪先生认为：“五仙五羊的神话大抵到北宋完备了。”

综合以上资料，我们认为“五羊”神话的源头是广州建城初期的求羊求和（禾穗为元素），而神话的成型，即“五羊”之“五”的出现，不早于东汉（25—220年）末期。

7. 广州谷神庙之“羊”

“五羊衔谷”神话的载体

五仙观

“五仙观”，是岭南历史文化积淀留下的宝贵遗产，是“五羊衔谷”神话的载体，是广州历史文化之“纹”，与“五羊衔谷”神话一样“价值连城”。“五仙观”及岭南第一楼是广东省文物保护单位。

“五仙观”是一座祭祀五仙的谷神庙，曾有“广州祖庙”之称。五仙观南汉唐时就为府尹祭祀五仙的谷神祠，南宋始具规模。

头门上石匾，有清同治十年（1871年）由文渊阁大学士、两广总督瑞麟书写的“五仙古观”四字。

五仙五羊塑像

五仙观五仙五羊塑像

后殿五仙塑像，年幼的在中间，手里拿着稻穗，年长的四位在左右，手里分别拿着黍、稷等谷穗。五仙像下面的五头羊，大小相交，毛色斑驳。

《广州重修五仙祠记》碑刻

据“五仙观”现有碑刻《广州重修五仙祠记》记载：北宋初年，当时岭南进士第一人古成之前往“五仙观”游览，留下了“拨破红尘入紫烟，五羊坛上访神仙”诗句（作于984—987年间），从古成之（947—1007）生卒年龄与作诗时间，都可以得知古观历史已经超过千年。

残缺联石碑

石碑对联已破碎，失去三个字，无法尽睹全貌。

上联断裂成两截，可恢复成完整的原样，上书“羊去石存遗迹宛在”八个大字；下联找到断裂的其中三截，碎片并不完整，只有“瑞”、“垂阴有年”等几个大字，中间还缺三个字，落款为“某某将军书”，也不完整。上联可见碑刻的年代“同治辛未孟冬月”。

8. 传承历史，一片“羊”光

五羊石雕

以神话故事为题的“五羊石雕”，是广州的城市标志。

1959年，由艺术家尹积昌、孔凡伟、陈本宗等设计创作。整个雕塑高11米，由53立方米石料组成，共用130余块花岗石雕刻而成，仅主羊头部一块石料，就重达4000余斤。雕塑当中，五羊大小不一，主羊头部高高竖起，口中衔穗，回眸微笑，探视人间，余四只羊，环绕其身，或耍戏，或吃草，还有羊羔在吸吮母羊的乳汁。五羊姿态各异，造形优美，栩栩如生，情趣横溢，令人流连忘返，浮想联翩。经过50多年的考验，五羊石雕已成为广州城的象征。

五羊石雕含两羊相依偎的爱情·阴阳和谐主题与羔羊跪乳·知恩善报主题。

宋代《五羊仙》队舞

北宋政和四年（1114年），宋徽宗曾赠给朝鲜乐器数种和曲谱10册，以及服装等，并传去中国的乐舞（唐乐）《五羊仙》女子队舞。

广州市市徽

1926年版的广州市徽

20世纪90年代广州市徽

五羊石雕

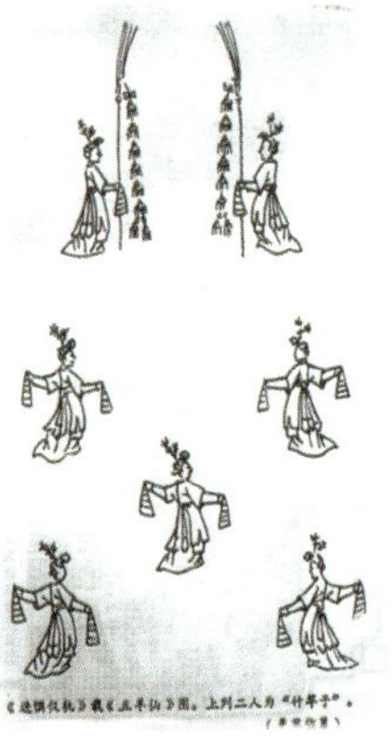

朝鲜李朝轨议厅《进馔仪轨》载《五羊仙》图

中山纪念堂“祥和”支柱

中山纪念堂“支柱”有椭圆羊形标志52个，其中羊形标志外绕以禾穗，其设计理念明确：蕴涵广州神话“五羊衔谷”；羊是祭祀之礼，表达对孙中山先生的思念与缅怀；孙中山先生是民主革命的领头羊，广州是国民革命的大本营；羊城人民敢为先的精神以及广州人民对祥和的期盼与祝福。

与中山纪念堂相呼应中山纪念碑，二层小平台围栏下均匀地分布着26只石羊。

民国时期五羊仙币

民国二十五年（1936年）发行取材于广州神话“五羊衔谷”的羊币，又称五羊币，是我国近代仅有的一种以羊为图案的流通铜币。正面穿孔上分列“中华民国二十五年”与“广东省造”两行文字，书法纤细隽美。穿孔下为五羊图——五只大尾绵羊，形态自然，栩栩如生，坐卧起立，无一雷同，雕刻精细，惟妙惟肖。羊币的另一面右刻面值“壹圆”两字，左有禾穗一束，寓意“穗城”。圆孔周围还用了五个“羊”字（篆书）连结成回纹装饰。

羊城交通

羊城交通是最具“羊”形“羊”味，最具时代动感的企业文化行业板块。广州地铁、南方航空、广州公交等标志“羊”光灿烂，羊城通、羊城交通台、羊城地铁报等耳闻目睹是“羊”，“五羊”自行车、摩托车与“羊城”牌各式车辆见证羊城发展之道，早已奔向东西南北与世界之道。广州地铁是广州的交通大道，其形象为坚实而开放的地铁轨道——“羊”光大道，展现了广州以开放的姿态拥抱21世纪灿烂未来的“祥和通途”。

全运会吉祥物的领头羊

1987年第六届全运会的吉祥物“阳阳”，开了全运会体育吉祥物的先河。

以“羊”为元素的吉祥物“阳阳”，以“羊”为元素的会徽

广东省食文化研究会
Ecliptical Culture Seminar, GuangDong

广东省食文化研究会会徽

黄森章著

文化领头羊

南方报业传媒集团被誉为“报业结构最合理，读者覆盖最全面，综合运营能力最强”的报业集团，报业集团报徽是（阳鸟）火凤凰；《广州日报》是承载岭南文明中心地最有影响的平面媒体，主报《广州日报》占据着广州报业广告收入的头把交椅，同时也是中国报业的头把交椅，旗下大洋网突出了岭南的地理优势“洋”；《羊城晚报》是新中国第一份大型综合性晚报，素有“岭南文化名片”的美誉，品牌价值位居国内晚报都市报类第一位，《羊城晚报》姓“羊”。三报业各自的形象为阳（火凤凰）、洋、羊。

喜羊羊是“和而不同”的五羊群体（喜羊羊、美羊羊、沸羊羊、懒羊羊、慢羊羊）中的领头羊，是入选“中国青少年儿童最喜欢的十大卡通明星”中唯一的中国产动画明星，它承载了善良机智、团结友爱、勇敢坚强的美德，在儿童乃至成人中具有强大的亲和力。“喜羊羊和灰太狼”是中国原创动画第一品牌，扎根羊城的制作方原创动力，是广州创意文化产业的领头羊。

广东省食文化研究会会徽，是对“五羊衔谷”与人为善、和而不同、三羊开泰、天地人和的诠释。本书作者杨冠丰、黄淼章为创会会长、副会长，多年来解读广州“点解姓羊”、为赋予广州神话“五羊衔谷”历史底蕴（根）和文化内涵（魂）做过大量的工作。其中黄淼章的《南越国史》、《陈家祠》、《南海神庙》、《哥德堡号》等，杨冠丰的《“鲜”为人知》，以及二人合著的《点解姓羊——祥和广州与华夏羊文化》，都是具有岭南文化特色的专著。

8. 2010广州亚运之“羊”

2004年，在广州申办2010年第十六届亚运会时，响亮提出了“祥和亚运、绿色亚运、文明亚运”的申办办会标准；2006年，第十六届亚运会组委会确认了由太阳、圣火状的羊和文字三部分组成的会徽“五羊圣火”，源于广州神话的会徽发出“祥和之光”；2008年亚运会吉祥物揭晓，创意源于“五羊衔谷”、寓意“祥和如意乐洋洋”的乐羊羊：五只时尚、动感、可爱的羊，分别取名“阿祥”、“阿和”、“阿如”、“阿意”、“乐羊羊”。“祥和”，成为2010广州亚运文化的核心主题。

杨冠丰、黄森章合著

杨冠丰、白卫东、王琴合著

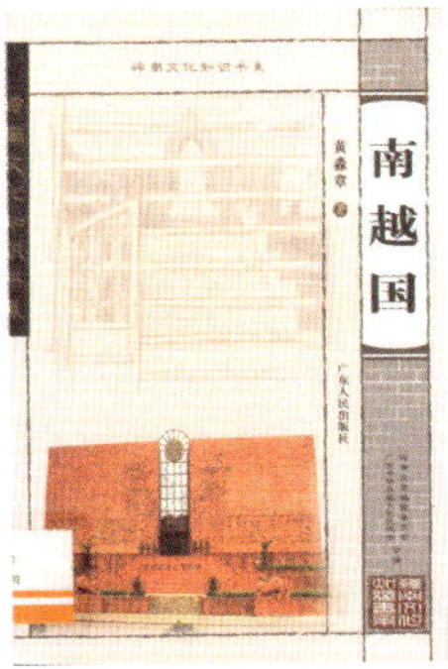

黄森章著

五羊圣火·会徽

五羊圣火会徽

会徽标识由文字、五羊、太阳三部分组成。第一部分是位于最底层的文字部分“16TH ASIAN GAMES Guangzhou 2010”，中间为一个经过简化的“五羊”标识，右上方是一个象征着亚奥理事会会徽的太阳图案，其中，“五羊”被设计成四条跑道，又作火焰状，意喻亚运圣火，一直延伸向天空中的太阳。“五羊圣火”作为核心设计理念的亚运会会徽代表广州，代表亚运，也将让亚洲、全世界更了解广州。

会徽设计，以柔美上升的线条，构成了一个造型酷似火炬的五羊外形轮廓，构图以抽象和具象相合，在灵动、飘逸中不失稳重，象征着亚运会的圣火熊熊燃烧、永不熄灭。它既体现了广州的城市象征，也表达了广州人民、广东人民、中国人民对多哈亚运会之后新一届激情盛会的美好的期待，和促进亚洲和谐、人民幸福吉祥的美好愿望，还表现了运动会应有的动感。以“五羊圣火”作为核心设计理念，融合了亚洲奥林匹克精神和中国岭南文化的元素。

吉祥物乐羊羊

广州亚运的吉祥物取名乐羊羊，一套5种，为历届亚运会中数量最多的吉祥物。形象是运动时尚的五只羊，分别取名“阿祥”、“阿和”、“阿如”、“阿意”、“乐羊羊”，组成“祥和如意乐洋洋”，表达了广州亚运会将给亚洲人民带来“吉祥、和谐、幸福、圆满和快乐”的美好祝愿，也同时传达了本届运动会“和谐、激情”的理念 。

“五羊”是广州市最为知名的一个标志，以五只羊作为吉祥物，充分体现了东道国、主办城市的历史底蕴、精神风貌和文化魅力。

9. 食在广州之“羊”

广州是美食之都，“食在广州”是广州一张亮丽的名片，这张名片是在具有物质基础与有味有道的文化内涵上打造出来的。从鲜美可口，到广州人对美食的赞赏“和味”、“鲜”都是中华饮食文化的精华，其源头都是与人为善之基础物质羊与禾（穗）。

广州又名羊城，“食在广州”很有名。

2000多年前广州建城初期，吕后专权“马、牛、羊予牡，毋予牝”；赵佗求羊，在岭南进入文明的标志、岭南第一文《告文帝书》中“马、牛、羊齿已长，自以祭祀不修，有死罪”。文明了赵佗“求羊”的目的：祭祀之牲必需是羔羊——代表“洁”的“牺”。“食在广州”有文有史。

广州南越王墓守护大门的卫士“饕餮”，是南越王墓的标记，是解开历史文化名城“点解姓羊”的敲门砖。南越王墓中饕餮显露出“龙中有羊”。今天，饕餮成为中国食文化的形象；现代餐饮业中，“饕”被引申为“会吃”，“饕民”一词便是那些爱吃、会吃的食客的专属美称，而不少美食者也欣然自称为“饕民”。粤语“为食”有喜吃、好吃之义，“为食猫”与“饕民”可谓异曲同工。西汉南越王墓中的饕餮，是广州的为食猫，是“食在广州”的历史文化形象。“食在广州”之“羊”有形。

粤菜是鲜味的代表作，羊城的美食特点“鲜”明——“清、鲜、嫩、滑、爽”，“生猛海鲜”是粤菜的招牌。广州饮食重“鲜”，鲜字中见羊，为“鱼”“羊”之和。著名学者易中天是用“生猛鲜活”四个字来概括广州。

广州人对美食的追求与赞赏是“和味”，和是口中有禾，味是口中有羊（未，生肖羊）。

老火靓汤是“食在广州”的一大特色，“饮头啖（第一口）汤”，是广州人的崇尚。广州老西关人说，广州女人如果不会煲靓汤，就像中国人不会说中国话一样，丢弃了文化的根。“汤即羹之别名也”，羹字中见羊，是小羊“羔”与大羊“美”之和，《说文》：“羹，五味之和也。”

广式糕饼、点心享誉海内外，传统的广式月饼（有国饼之称）已从广州走向世界。糕中见羊。

生猛海鲜

老火靓汤

广式月饼

“食在广州”之“羊”有味——鲜味、和味，有食——羹与糕。

广州具有海洋文化的底蕴与优势，以洋为道，集东西南北，融古今中外，积淀了岭南饮食文化资源与内涵之广。

“饮食味要美，调好咸和鲜”。鲜味是采中之白，犹如画画时纸越白越出彩。鲜味是底味，底味好底气足，味道就好。鲜味具有出味、和味、正味等调味功能。粤菜之所以能清而不淡，爽而不生，嫩而不焦，油（滑）而不腻，全在“鲜”一字之上。

“食在广州”之“羊”有道——海洋，有理——鲜味调味科学。

10. 从岭南文化中心地广州走向世界的羊图腾

广州是岭南文化的中心地。

有道是：天时不如地利，广东与广州的地理优势在海洋。海洋是中外人、财、物流通、交流之道。以洋为道，是广州这座海洋文化城市的特色与优势。“洋”是走向世界的通道。

广东是中国进入世界大家庭最重要的通道

梁启超先生曾经说过：“拿一个北极投影的世界地图来看，全球被清清楚楚地划分成内中外三部分。我们可以看出，世界发达国家和地区几乎都集中在内圈。更值得注意的是，内圈的西北角，处于东西交接地位的是北美；内圈西南与北美对应的，正是东北到东南亚海岸线，其中心点就在珠江口。”梁启超在写下这段话时，也许已经敏锐地预见到，有朝一日，当中国真正进入世界大家庭时，广东将是最重要的通道之一。

广东人充满活力的另外一个原因是生活在大海之滨。海洋永远是流动的，百川异源，归海而会，潮涨潮落，变化无穷。

对于广东来说，蔚蓝的大海却是实实在在的生命线，是生命活力的源泉。没有大海，广东的一切都将截然不同。历史将改写，命运将改变。广东人是大海的儿子。广东人的性格，就是大海的性格。以不息为体，以日新为道，前有所承，后有所开，天地位焉，万物育焉。

（节选自叶曙明《其实你不懂广东人》）

西来初地华林寺

白天鹅·改革开放的地标

孙中山·起共和而终帝制

岭南文化的特征——以洋为道通世界

广东拥有四千多公里长的海岸线，是国内沿海省份中最长的一段。广州是岭南文化的中心地，广州临南海之滨，扼珠江之口，具有以“洋”为道的海洋资源的优势与对外交流的地理优势。海洋文化是岭南文化的底蕴与重要组成部分，广阔的海岸线及其地理优势，造就了岭南文化的开放性。得风气之先，敢为人先，改革开放在广东试点取得成功，是天时地利人和的结果。

两千多年前，广东人就到海外做生意去了，广州就成为海上丝绸之路的发祥地（西汉南越王墓主赵佗的孙子赵眜身上，有着中国唯一一件用丝来连接的玉衣）。秦汉时期，以广州为起点的海外丝绸之路的航线就开辟了，起着联结亚、欧、非经济与文化的纽带作用。唐代的“广州通海夷道”是当时世界上最长的航线，隋唐以后广州成为著名的东方大港；清朝“五口通商”前，广州是中国唯一的对外贸易口岸；广州的“十三行”曾是中国外贸的代名词。新中国成立后，始于1957年的“广交会”，是举世闻名的“中国第一展”，是我国唯一的综合性出口交易会。广交会强化了广州商都的历史地位，使广州的开放称誉世界。

以洋为道，粤人走出去了，广东成了华侨之乡。世界上现有四千多万的华侨华人中，广东人就占了一半以上，外国人认识中国人，最多、最早认识的就是广东人。广东人走出去了，广东文化随之而去，粤语、粤曲、粤菜早就走向了世界。粤语被联合国正式定义为语言，并且认定为日常生活中主要运用的五种语言之一，粤语是澳洲第二大语言，加拿大第三大语言，美国第三大语言，粤语在香港、澳门享有官方语言地位。“凡有华人的地方，只要有粤剧，就有八和会馆。”现散居世界各地的“八和”子弟共7000多人。八大菜系之一的粤菜，在国外成为中国的代表菜系。

广东是西方人、西方经济与西方文明进入中国大陆最初之地。以“西来初地”为印记的“西来庵”（华林寺），是印

八和会馆

西来初地

度名僧佛教达摩在广州登岸“结草为庵”广传衣钵之地；建于唐初的怀圣寺是伊斯兰教传入中国后第一个兴建的清真寺；“未有羊城，先有光孝”，说的是位居广州“四大丛林”（光孝、六榕、华林、海幢）之首的千年古刹光孝寺，是海外来华僧人的首达之地；佛教禅宗六祖慧能在光孝寺剃发受戒，最终完成了佛教的中国化、平民化和世俗化，确立了禅宗南派成为中国佛教文化的主流地位，使佛教重心由北方为重心转向北南并重，六祖文化成为岭南文化一面特色鲜明的旗帜。400多年前的明末，意大利的传教士、学者、为东西方文化交流中做出巨大贡献的开拓者利玛窦，从澳门、肇庆进入中国，在中国内地——广东的肇庆建立了第一座天主教堂“仙花寺”，在肇庆绘制出第一张中文世界地图，中国第一次出现在美洲地图上。这幅地图代表着东西方第一次重要意义上的联系，它也是东西方商业交流的催化剂。利玛窦不但把世界介绍给中国，也把中国介绍给世界，把中国“四书”译成拉丁文。正如意大利驻广州总领事馆总领事米儒意先生说的那样，“意大利包括整个西方了解中国都是从利玛窦开始的”。

从近代史看，戊戌变法、辛亥革命的源头都在广东，这与广东对外开放时间最长、接触西方文化最多、具有“以洋为道”的地理、人文优势有关。广东先驱如康有为、梁启超、孙中山等，把国外先进思想带回中国，广东成为近现代革命的策源地，东西方文明的交汇点，孙中山成为中华从广州走向共和的标志。三元里抗英，康有为创办万木草堂推动维新变法，孙中山推翻封建帝制，毛泽东创办农民运动讲习所，国共第一次握手等，中国近现代革命的许多重大事件都发生在广州，广州成为中国近现代政治舞台上最为引人注目的亮点。广州还是马克思主义在我国最早传播的地区之一；越南革命先驱胡志明早期还在广州举办越南青年政治训练班，为建立越南共产党做了思想上和组织上的准备。

20世纪80年代，中国的改革开放，是广东率先把大门、窗户打开，让外资、外国管理模式等进来，这使广东成为改革开

广州怀圣寺 伊斯兰教传入我国后最早建立的清真寺之一

利玛窦

放的先行地。作为我国第一家自行设计、自行建设、自行管理的现代大型中外合作酒店，白天鹅与同期成功开业的中国大酒店、花园酒店一起，带动了80年代中后期外商投资中国酒店业的热潮，引领中国酒店业走向现代化、国际化，成为广东乃至全国酒店业人才的“黄埔军校”。因此，白天鹅不仅仅是地理坐标，而且是广州改革开放的窗口，是南中国开放的坐标。

以洋为道，是岭南历史文化的特色与优势。

走向世界

2010年11月12日，世界瞩目的第十六届亚运会在羊城举行，举办城市的图腾是“羊”；2009年5月18日，中央电视台4频道《走遍中国》介绍广州亚运，首播“走进越秀”，第一集是“羊图腾”。

2010年亚运申办办会标准“祥和亚运、绿色亚运、文明亚运”；2010广州亚运的会徽“五羊圣火”是“羊”，吉祥物“乐羊羊”——“阿祥”、“阿和”、“阿如”、“阿意”、“乐羊羊”，是寓意“祥和如意乐洋洋”的五只小羊。羊与广州和2010亚运结下不解之缘。历史赐予岭南文化代表中华祥和文化走向世界的机遇。

2010广州亚运会徽与吉祥物的创意元素“羊”，都源于广州神话“五羊衔谷”。广州神话“五羊衔谷”是中华祥和文化的代表作，其具有“世界性、跨文化性、标志性”的内涵“与人为善”、“和而不同”，是构建和平世界、和谐社会的基石，是可以走向世界的中华优秀文化。因此，亚运会徽和吉祥物是广州城市“羊图腾”、“羊文化”重要的载体，2010广州亚运将可能是“羊图腾”、“羊文化”走向世界的里程碑，广州将可能成为“羊图腾”、“羊文化”走向世界的发祥地。

五、崇拜文化与羊图腾

华夏文化是传史、传情、传神文化，瑰宝无数，其中汉字堪称宝中之宝。

文字、文化、文明都姓“文”，前人把“识文断字”作为评价人文化素质高低的标准，了解中国文化、华夏文明，读懂中国的文字是根本。

中国的文字是汉字，汉字是事物的名字，是有声、有形、有义的人类传播文化与交流文明的工具。读懂中国的文字，就必须了解汉字的形、声、义。

中国传统文化讲究天人合一，汉字造字亦同。

在《点解姓羊——祥和广州与华夏羊文化》一书开篇中，我们曾阐述过汉字与华夏文明的关系。

华夏羊图腾与华夏羊祖先“羲”的关系，是华夏“羊文化”的精彩华章。从汉字同音字阳、洋、羊、昜（阳本字）、旸（阳古字）、杨与羲、曦、兮、牺、蜥的关系，也可见一斑。

羊图腾是自然崇拜、祖先崇拜、食物崇拜、生殖崇拜、精神崇拜的产物。

1. 自然崇拜——太阳图腾

曦

形：日（自然崇拜之阳）＋羲（祖先崇拜）

阳，万物之父，天上三光日月星之首

羲，万物之灵，地上三皇之首

音：同羲

义：东方之光，天人合一。

陽（本字为昜、暘）

形：日＋昜（阳鸟或蜥蜴之形）

音：同羊

义：阳（天上）中之阳，万物之父。

楊

形：木＋昜

木（扶桑树），生长在东方大海上的汤（旸）谷。

音：同羊、昜、阳

义：日升处旸谷中的扶桑树，太阳之家，栖息九日之树。

曦

昜

2. 祖先崇拜——羲名与羌族姜姓

羲

形：羊＋禾＋兮＋戈

音：同犠、兮、蜥（蜴）

义：东方民族之祖，华夏祖先领头羊，祥和之祖。

姜

形：羊＋女

音：从女，羊声，居良切（《说文解字》）

义：羌族女始祖之姓；神农居姜水，以为姓。

3. 食物崇拜——羊图腾

与食相关的汉字养、善、馐、鲜、美、羹、糕都源于主膳之羊。

4. 生殖崇拜——阳石与羊水

阳石为阳祖。

羊水源于洋水，人类养生之水。

古“羊（）”字形似阳性生殖器；中国文化现象：女人为水，为阴；土、石为阳。

4. 精神崇拜——祥、兮、牺

祥

形：示＋羊，摆上祭台上之羊

音：羊声。似羊切。

义：福也，一云善。呈祥。

兮

形：祭祀时香火上升之气（信息）——香火上扬

音：同羲。

义：通过香火向崇拜者传递信息，联络情感。

一“龚龙杜几”（石祖）

兮（上扬香火）

祭祀牺牲

辛未（羊）年纪念五盎司精制金币

犧

形：牛＋羲

音：同兮、羲。

义：祭祀崇拜者奉献之牲。

5. 道德崇拜

美、善、義、儀、孝等与羊相关

六、博大精深的羊文化

羊的意蕴：与人为善，奉献牺牲，吉祥如意，群体，和而不同。

羊文化汉字精品：鲜、美、羹、糕；馐、義、养、善。

羊之声：三羊（阳洋羊）开泰；羊之义：与人为膳、奉献牺牲；羊之品：鲜美养馐；羊之德：和而不同、知恩善报；羊之形：群体、羊大为美；羊之性：羊致清和。

与人为善，奉献牺牲，群体，和而不同，知恩善报，羊是人类道德的楷模。

以羊为图腾，以羊为祖、以羊为族、以羊为姓、以羊为阳、以羊为尊、以羊为祥、以羊为和、以羊为美、以羊为善、以羊为牺牲、以羊为养、以羊为孝、以羊为生肖，以羊为神判（独角神羊獬豸），以羊为……，中华羊文化博大精深。

养生、主膳羊为先，鲜美、羹餻羊为源，礼仪犧牲羊为重，灋（古字“法”，廌，独角羊）義（义的繁体字）美德羊可见，伏羲炎黄羊祖先。和而不同的群羊，与人为膳，伴随中华民族进入文明，华夏先民感念羊的奉献牺牲，在最美好的人、事、物的造字与文化塑造中都镶入羊符号。

汉字演绎了中华祥和文化和而不同、博大精深的内涵与中华民族“与人为善”、“善有善报”的道德观与价值观。

第八章 羊图腾与中华民族形象

太阳（天）

海洋（地）

养生之羊（人）

清华大学“厚德载物，自强不息”校标

一、阳洋羊——三羊开泰，天地人和

羊是中华民族进入文明社会的物质基础，滋养了炎黄祖先与华夏文明。天造地合的人与羊是生命之物，“养”字从羊，母体之羊水养育了未来的希望，羊与人为膳、与人为伴、与人共进。

阳、洋、羊汉语同音，阳、洋、羊是生育造就中华民族的天地物，是“生命之羊”、“大写的羊”。

太阳之光、海洋之水、食羊之美，都为养人。太阳、海洋、养生之羊，大写之羊“阳洋羊”昂扬一音——羊，天地人和，三羊开泰。

“大写之羊”是“羊、阳、洋、羊文化之和”，是现代文明和古代文明之“和”，是华夏文明“文”“物”之“和”。

《易传》中有两句话，对中国的民族精神有决定性影响。一句是“天行健，君子以自强不息”（乾卦）。另一句是“地势坤，君子以厚德载物”（坤卦）。前一句代表了龙的阳刚之气，后一句则代表了羊的阴柔之怀。“自强不息，厚德载物”作为中国的传统文化，体现了一种健全的人格，它集刚健和柔顺两种不同的特质于一身，标志着人格的全面发展。

1. 阳，万物之父——自强不息

太阳给生命带来光明、温暖与能量。植物的光合作用，是生命物质取之不尽的生命能源，万物生长靠太阳。太阳为世界奉献了热和光，“阳”是“亮点”，阳是刚是父。

自强不息是清华大学的校训之一，其意是要求清华学生具有奋发图强、勇往直前、争创一流的品格。如梁启超所言：“君子自励犹天之运行不息，不得有一曝十寒之弊，学者立志尤须坚忍强毅，见义勇为，不避艰险。”

自强不息，是中华民族屹立于世界民族之林之本。

冲浪·勇往直前

戈

我国羲中之“戈”——自强自卫之器

我、國（国的繁体字）、羲三字中都有一“戈”字，体现的是中华民族自强为自卫的理念。

甲　　金　　秦　　隶

《说文》：“我，……。或说从戈从𢦏。𢦏，或说古垂字”，“禾。从木，从𠂹（垂）省。𠂹象其穗。”“我”，没有五谷（禾）难以养生，没有武器之“戈”就不能很好保护自己。

“伏羲”一名由人、犬（狗）、羊、禾、兮、戈构成，体现了与上古先民生活最为密切的事和物，物质文明之需：狗、羊、禾；精神文明之需：兮（祭祀用香火）；与生产与自卫之需：戈。

金文　　小篆　　楷体　　小篆

国的本字为或、域，繁体字为國。

《说文》：“国，邦也，从口从或。”“从口”之“口”应是指“或”所围的方形区域（大口，外口）。

《说文》释或字云：“或，邦也，从口从戈，以守一。一，地也。域，或又从土。”“或”字中“守一”意为“守

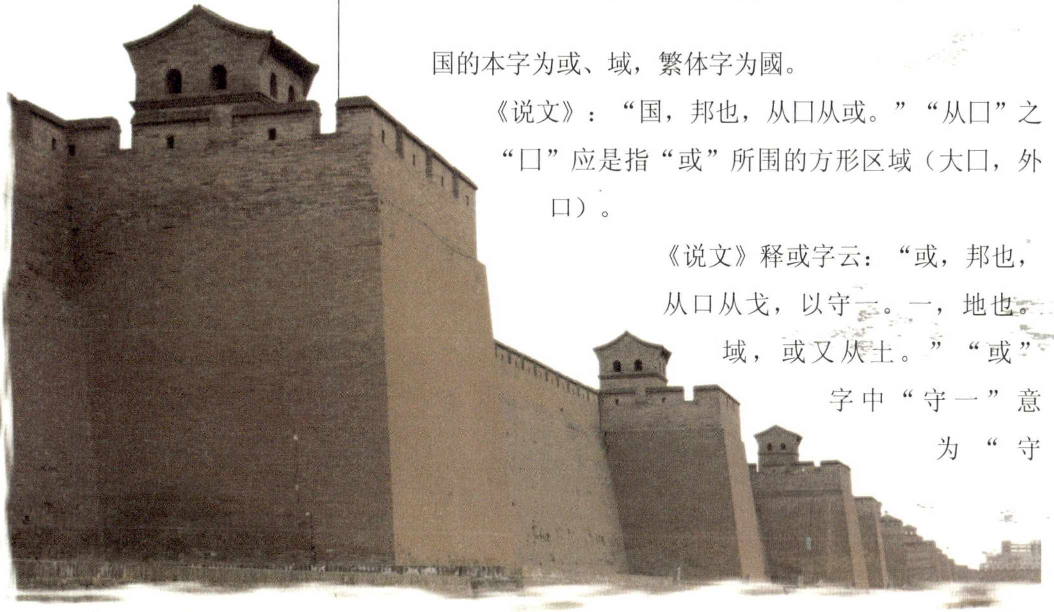

平遥古城

地”；“从口”之“口”应理解为“人所以言食也”之“口”（嘴巴，小口）。

“國”字历经“或”到“域”的“纹”化过程，戈（武器）的作用是守卫用土筑成的方形区域内的土地以及食物与话语权。商代甲骨文出现“或”，周代以后才出现“国”字。

“国”概念的产生和空间想象有关。“国”所从之“囗”理解为方形疆界，符合古人以四方划界的地域观，似城邑之围拦或者城郭往往筑成方形。所以“国”字又兼指“城”或“都城”。

国家的“国”原本不过是小小的城邑。这种人为划定的四方空间观念随着历史的进程而发展，经过投射和放大，才拓展为指代以都市为中心向四周展开的民族国家。

“天子诸侯所守土为域，所建都为邦。”“国”的文化经历了三阶段的进化：没有疆界的“或”，以土筑城、墙的“域”（城乡最初分化意义上的城或镇，邑），方形区域的古“国”（高于部落的独立政治实体）。来自考古发现的实证材料与语源分析的结论，是吻合对应的。

国字的字符密码：以军事力量（戈）守卫土地（一）、边疆界（“囗”）与食物和话语权（内小“口”）。

长城

大埔围屋花萼楼

开平碉楼

钺

金文（王字）

国字中间的“戈”还清楚地表明，武器是用来保卫国家，打击侵略者，而不是用来侵略他人的。不把作为武器的“戈”的矛头延伸到包围圈外进入他国领土，这是中国人民爱好和平的特点与历史文化。

甲骨文的“武”字像人执戈以行，“武”的本义是：或静止持戈而立，注视前方；或举戈而动，欲与人、欲与兽斗，与人斗争夺地盘和剩余价值，与兽斗是维持地盘和生命。《左传·宣公十二年》楚庄王说：“非尔所知也。夫文，止戈为武。”《毛公鼎》的“武”字“从止从戈”，将持戈的“武”改造成“止戈”的“武”，是周人用“战以止战”的哲学思想指导造字的见证，是中华民族反对战争的见证。

与“我”、“國”、“羲”字从“戈”之义一样，秦人筑长城、客家人建围屋、广东开平人修碉楼，都为自卫——保护自己不受侵害，无攻击性。

王之实力（形）与神力（义）

古时的“王”意义相对较窄，主要指君主、国王、王后、王子、王宫等，后来其词义不断扩展，指大或首的意思，如老虎——百兽之王，牡丹——花中之王。

在殷商甲骨卜辞中，“王”字的使用有两种情况，一种是商族先公即商汤建国之前的祖先称“王”者，如“王亥”、“王恒”等。另一种情况是商代君主称“王”，即商代的时王、今王。商代君主所以称“王”，是由于“王”是实力、威力、权力、神力的象征。

甲骨文金文“王”字，似上古军事统帅所执斧钺之形，初始之时指代秉持斧钺之人即有军事统帅权的首领，以主刑杀之斧钺象征“王”者之绝对权威，以后随着国家的出现，才逐渐演化成握有最高行政权力的统治者。《史记·殷本纪》记载，殷王曾封周族首领姬昌为西伯，“赐弓矢斧钺”，授予他对周围小国的征伐之权。斧钺作为随葬品的遗风一直延续到夏、商、周三代，被置放在军事首领和最高统治者的墓葬中。吴其昌先生提出“王字之本义，斧也”。大斧既是劈山开路的工

具，也是征战杀戮的兵器，谁掌握大斧“钺”，谁便拥有至高无上的权力。王是有实力、势力、威力、权力的“强者”。

《说文》：“王，天下所归往也。董仲舒曰：‘古之造文者，三画而连其中谓之王。三者，天、地、人也，而参通之者王也。’孔子曰：‘一贯三为王。’”就是说“三”字上面一横为天，下面一横为地，中间一横为人。能通天地通鬼神的人为“王”，呈现的是神力。这个意义上的“王”，是儒家思想中的“圣王”的模本。

从掌握生杀大权实力之王（武器形）的“纹”化之义，到通天地具神力之王的人文之义，都是社会发展需要的产物。文字、文化都是在发展、变化的，这就是文化生生不息的生命力所在。世界上唯一不变的就是“一切都在变（化）”，汉字的发展没有“食古不化”。

虎和钺

金文“王”字

强者与话语权

“强者为王”的观点：

> 当今世界，奉行的是弱肉强食、强者为王的丛林法则。整个社会结构就是由一条条食物链组成的，这些食物链构成了“大鱼吃小鱼”的生存网，并最终形成一张严密的关系网，每个人都生活在这张网中。
>
> 我们强调话语权，但到底谁具有话语权？答案只有一个，就是强者，只有强者才有说话的份儿。
>
> 我们强调秩序，但秩序到底保护谁？我们强调规则，但规则到底由谁制定？答案是强者。强者为了使自己的利益最大化，当然要制定对自己有利的规则。规则面前并不是人人平等，规则往往是强者的逻辑，强者主导着规则的制定，指导着规则的使用。正如一句古语所说，“多财善贾，长袖善舞”，谁拥有的资源越多，谁就越有可能获得成功，成为“赢家”。“赢家通吃”的一个明显特征是：它可以借助自身的优势，成为竞争规则的制定者。
>
> 这个世界是强者的主流世界。世界由强者控制着、主导着，弱者只能被动适应。古往今来，概莫能外。

对“强者为王”的鼓吹者、崇拜者、实施者，有网友如是

森林之王

狮子

森林

话语权往往掌握在强者手中

“9·11”事件·占有力不受制约者制造的恶果

说：“我怎么觉得信奉强者为王的应该到野生动物园，那里的规则就是这样的。比人类社会的简单，就是强者为王。”

话语权往往掌握在强者手中

人类社会，始终存在着两类基本矛盾：强者之间的矛盾和强者与弱者之间的矛盾。

求得生存和发展，必须参与竞争乃至战争，包括自然界里的竞争、社会之间的竞争以及社会内部的竞争。竞争的结果显而易见，当然是强者胜出、优胜劣汰。竞争也是无情的，战场、官场、商场都是战场。在生活资源贫乏的年代是如此，在物质文明比较发达的现代也是这样。为了成功，少数人的“强者”可以使用一切手段，甚至是不择手段——改朝换代的战火连绵，争权夺利的残酷杀戮，剥夺千万条无辜生命的血腥镇压。进入高度文明的今天，以战争解决问题的方式威胁到全人类的生存，和平、竞争、合作、发展维护共同生存的利益，已经成为强者与弱者的共同认识。因此，建立和谐的社会、有序的社会秩序与竞争规则，是生存和发展的基础。

占有力强的占有者，即为强者；占有力弱的占有者，即为弱者。规则总是由强者制定的，即规则总是按照强者的需要制定的。利益最大化，是强者和弱者共同的第一选择。弱者没有足够的占有力实现自己的占有目的，而强者却可以。规则的制定者——强者，也就是话语权的掌握者。无论是少数人服从多数人，还是多数人服从少数人，其实都是符合规则定律的：规则总是由强者制定的。少数人占有统治地位、掌握话语权并享有各种特权，是历史的基本事实。

不论强者、弱者，不受制约的占有者，是最危险、最可怕的占有者。一切危险和罪恶，都源自占有力不受制约的占有者，强权政治以力服人，恐怖分子不遵守基本的人类道德规范，都是实现现代和平世界的大敌。唯有彼此相互制约，保持稳定的适中的利益平衡状态，一切危险和罪恶才会被消除。

能力、影响力、武力、权力、威力、神力，都影响着占有力，都是强者掌握话语权的“筹码”。

然而，掌握话语权的强者，并非能主宰世界，并非都能决定胜局，因为强弱是相对的、变化的。任何新生事物都是由小到大、由弱到强发展的，真理往往掌握在少数人手中，人们对事物的认识都有一个过程。恃强欺弱、以势压人、以力服人，必将置多数的“弱者”于对立面，树敌越多支持者越少，成功的机会就越小。得道多助，失道寡助；得民心者得天下，失民心者失天下，人民大众才是历史的创造和推动者，团结众多的弱者，才是强者争取多赢局面的最佳选择。

善待弱者，是善者仁翁之义举，是与人为善的基本内涵。

然而，靠乞求、忍让，靠仁慈和善良，永远都不可能获得真正平等的规则。只有靠提高占有力才能制约占有力，才有与强者平等对话的资本，才有获得平等规则的可能。提高占有力，是实现平等的根本出路。因此，自强，只有自强，才能从根本上掌握自己的命运。

从图腾崇拜看强者

图腾崇拜是物质文化、精神文化、社会文化，受历史条件的影响。图腾文化直接到影响人的价值导向、行为方式，启迪思想境界与理念。

古代战争是力量的较量，尤其是武力的较量。强者，强而有力，大而有力，威而有力，戏剧中的升堂“威武”一声就是用来显示为官者的威力的。

在生产力落后、食物资源匮缺的古代社会，食物资源的拥有手段是战争，战争是确认“强者”的手段。弱肉强食，胜者为王败者寇，“强者为王”主宰生杀大权与利益的支配。没有强有力的武装“戈”，“我”就可能成为野兽之食，或成为竞争对手的败敌。在食物资源不足的野蛮社会，没有武力保护自己的宗室、部落、国家，或被屠戮，或被当作食物吃掉，或被作牺牲用于祭祀、陪葬、祭旗，或被掳作奴隶，任人宰割，历史就是这么写的。综观人类历史，在正常的宗教还没有建立和盛行的时期，人类为生存而发生的战争，往往以杀戮，来建立所谓的和平与稳定。

老虎是百兽之王，老虎吃野兽，吃家禽、家畜，还吃人，虎虎生威，其威力人难以与之相比。对人而言，老虎确属“强者”。因此，古人对老虎产生畏惧，希望老虎不要危害自己、亲属、族人和家畜，希望借助老虎的神力来制服野兽、鬼怪与敌手。

老虎

虎吃人卣

沉睡的雄狮

“兽中之王”虎、硕大的熊、凶狠的狼，就这样以其对古人生活秩序和生命安全造成威胁而被摆上神坛，成为被古人崇拜、尊重与敬畏的图腾。这些受崇拜的图腾——“强者”，并非与崇拜者有血缘的关系。图腾文化是历史文化的产物。

“虎吃人卣”文化元解有三说。

一说“虎食人反映了虎食鬼的神话，以威猛的虎来驱御凶魅恶鬼以避不祥”；一说“虎食人是视觉上的误会，人是正在作法的巫师，正在借助虎的力量沟通天与地、人与神”；一说是“象征着人的自我与具有神性的动物合一”。

说文：“男，丈夫也。从田从力。言男用力於田也。”男子逐渐在主要生产部门占据重要地位，决定生死的战争是“力的较量”，男比女有力，因此父系氏族社会确立，妇女退居次要地位。《列子·天瑞》：“男女之别，男尊女卑。”男尊女卑、重男轻女是崇拜力量强者产生的“社会逻辑”与结果。

中华民族的复兴靠自强

世界上国家的安全都取决于文明发展程度和是否有足够的武力保护文明的发展。因为这个世界国家之间、民族之间的较量经常是弱肉强食、你死我活的。能够屹立于世界民族之林的民族，只能是强者。华夏历史上就不乏这样的例子。

从鸦片战争、中英法战争到中日战争，从《南京条约》、《北京条约》到《马关条约》，19世中叶以后，中国饱受西方列强侵略压迫，被瓜分得四分五裂，被戏称为“东亚病夫”、“一盘散沙”。这样的国家不可能有尊严，当然也不会有任何话语权。

自1840年鸦片战争以来的百余年间，中国有国无防，国门洞开，任人宰割。1949年，这只沉睡了上百年的“亚洲雄狮”觉醒了。新中国没有被扼杀于襁褓中，没有被气势汹汹的强者所吓倒，新中国成立刚一年就敢于出兵朝鲜，抵抗强权侵略，并一举洗刷了民族的屈辱，将侵略者挡在了国门之外，开创了历史的新篇章。

抗美援朝战争，是美国强加在中国人民头上的战争，是在

老虎

虎吃人卣

沉睡的雄狮

“兽中之王”虎、硕大的熊、凶狠的狼，就这样以其对古人生活秩序和生命安全造成威胁而被摆上神坛，成为被古人崇拜、尊重与敬畏的图腾。这些受崇拜的图腾——“强者”，并非与崇拜者有血缘的关系。图腾文化是历史文化的产物。

“虎吃人卣”文化元解有三说。

一说“虎食人反映了虎食鬼的神话，以威猛的虎来驱御凶魅恶鬼以避不祥”；一说“虎食人是视觉上的误会，人是正在作法的巫师，正在借助虎的力量沟通天与地、人与神”；一说是“象征着人的自我与具有神性的动物合一”。

说文：“男，丈夫也。从田从力。言男用力於田也。”男子逐渐在主要生产部门占据重要地位，决定生死的战争是“力的较量”，男比女有力，因此父系氏族社会确立，妇女退居次要地位。《列子·天瑞》：“男女之别，男尊女卑。”男尊女卑、重男轻女是崇拜力量强者产生的“社会逻辑”与结果。

中华民族的复兴靠自强

世界上国家的安全都取决于文明发展程度和是否有足够的武力保护文明的发展。因为这个世界国家之间、民族之间的较量经常是弱肉强食、你死我活的。能够屹立于世界民族之林的民族，只能是强者。华夏历史上就不乏这样的例子。

从鸦片战争、中英法战争到中日战争，从《南京条约》、《北京条约》到《马关条约》，19世中叶以后，中国饱受西方列强侵略压迫，被瓜分得四分五裂，被戏称为“东亚病夫”、“一盘散沙”。这样的国家不可能有尊严，当然也不会有任何话语权。

自1840年鸦片战争以来的百余年间，中国有国无防，国门洞开，任人宰割。1949年，这只沉睡了上百年的“亚洲雄狮”觉醒了。新中国没有被扼杀于襁褓中，没有被气势汹汹的强者所吓倒，新中国成立刚一年就敢于出兵朝鲜，抵抗强权侵略，并一举洗刷了民族的屈辱，将侵略者挡在了国门之外，开创了历史的新篇章。

抗美援朝战争，是美国强加在中国人民头上的战争，是在

抗美援朝宣传画

绝无仅有的上甘岭战役

新加坡资政李光耀

新中国成立60周年大阅兵

美国武装干涉朝鲜内战并严重威胁中国国家安全的情况下爆发的。主体是步兵的中国人民志愿军，面对16个联合国成员国派兵，41个成员国提供了军事装备、食品或物资，主要作战对象是高度现代化、拥有制空权和制海权的美军（火力强度是中国军队的十多倍，军费开支为中国军队的8倍），在异国与世界最强大国家的军队作战，打出了中国人的志气与士气。三八线成为朝鲜半岛南北的分界线，是双方政治军事力量较量的最终结果。朝鲜战场上被击败的联合国军说：“中国人演绎了对抗整个地球的经典之战！”

抗美援朝战争的胜利，使世界重新认识了中国。新加坡资政李光耀曾说：“多年来欧美人很蔑视中国人，但当中国人民志愿军在朝鲜半岛和打着联合国军旗帜的美军作战时，他们鄙视的目光跟着消失了。”就连美国官方也不得不承认，“从中国人在整个朝鲜战争期间所显示出来的强大攻势和防御能力中，美国及其盟国已经清楚地看出，共产党执政下的中国它再也不是第二次世界大战时的那个软弱无能的国家了。中国“在朝鲜战场上赢得了自己的声誉”。

朝鲜战争是美国第一次没有凯旋班师的战争。战争对中美两国的影响及后果：“抗美援朝战争使中国一跃成为世界军事强国”，在美国人心目中是“一场苦涩的战争……”

这是中华民族和国家伟大振兴的开始。

新中国成立六十年来，中国人民发愤图强、艰苦奋斗、自力更生，取得了一个又一个的胜利。

军事战争上：对越、对苏、对印、对美等七次战役基本全胜。

军事科技上：核弹、氢弹爆炸成功，卫星上天、火箭回收，神五载人飞行、神7飞行员太空漫步；核潜艇研制成功，中国海军作为世界上第五个拥有核潜艇的海军跨入了世界核海军的行列。

疆土上：1997年7月1日香港回归祖国，1999年12月20日澳门回归祖国。强大的国力，新中国成立六十周年大阅兵展现威

神7飞行员太空漫步

火箭升空

2008北京奥运会徽、吉祥物

中国获2008奥运男子体操团体冠军

武之师的强悍战斗力，震慑台独分子。

外交上：1971年10月25日，联合国恢复中华人民共和国合法席位；1972年2月28日，中美双方在上海发表了《中美联合公报》，中美关系从此走向正常化；1979年11月26日，恢复了中国奥委会在国际奥委会中的合法地位；2001年12月11日，世贸组织正式接纳中国为成员国。

经济上：十三亿人解决了温饱问题，三峡工程、青藏铁路、火车六次提速……我们的建设如火如荼，我们的成就举世瞩目。

体育上：奥运会连续三届名列三甲，2008北京奥运会上，中国代表团共获得51枚金牌、21枚银牌、28枚铜牌，创4项世界纪录，创造了中国代表团参加奥运会以来的最好成绩，首次超越美国成为世界第一金牌体育大国。中国体坛进入了一个全新的时代。

在应对自然灾害上：5·12四川汶川大地震抗震救灾中，中华民族表现出前所未有的凝聚力和战斗力，展示了中国人力量与生命力的坚强，展示着震撼世界的“中国力量”。中国拥有的物质力量和精神力量如此强烈地迸发，诠释了“自强”、“不息”与“坚强”、“不屈”的真义。强有力的国家机器在有序、有节、有力、有效的运转。全球华人团结一致，出钱出力。始终战斗在抗震救灾第一线的主力军和生力军，是强大的威武之师、文明之师。战胜自然灾害、重建家园，灾区人民有着自信与自强，擦干眼泪，选择勇敢坚强，废墟上托起“明天的太阳”。

中国的强大，赢来世界各国的尊重与敬仰。今日的中国，实力不断增强，国际影响力越来越大——但这要持之以恒、得到世界各国的广泛信任，才能巩固中国对国际事务“话语权”的地位。“话语权”不是天赋的，也不是自封的，更不是靠别人恩赐的，而是要靠自己国力加上它国广泛信任才能争取得来的。

中国是世界上最大的发展中国家，无论在军事还是经济方

地球表面看海洋

“广州”号驱逐舰

中国人民解放军海军60周年受检阅编队第一大队

面，与世界列强相比，都还有较大的差距。中华民族是人类文明的主要发祥地之一，曾创造过辉煌灿烂的中华文明。中华民族要生存，要发展，要自立于世界民族之林，必须自强不息。中华民族要为第三世界众多的弱者代言，必须取得话语权；中华民族要为世界和平、社会和谐多做贡献，中华民族必须复兴。

中华民族要复兴，中华民族的复兴靠自强。

2. 洋，万物之母——厚德载物

海洋，纳百川之精华，孕育了生命，蓄生理之河——水，平衡调节大地的气温，保证人类生存的环境。海洋为生命奉献了母体的情怀；“洋”是“气魄”，“洋”是柔是母。

海纳百川，融汇成“洋”，世界四海（洋）相连汪洋一片，承载万物与人类立足的五洲大陆。

黄帝融合了渔猎、游牧、农业文明，与炎帝一起成为炎黄祖先；中华（华夏）民族融合汉、羌、藏等五十六个民族为一体，成为屹立于世界之林的“中国”。炎黄融合形成的中华民族文化，具有厚德载物的民族特色。

海洋文化的世界性

地球表面有70%左右的面积是海水，所谓的“五大洲”也可以看作是被水环绕的“岛屿”。作为一种陆生哺乳动物，人类早期的繁衍生息必然是大陆开始。而随着社会的进步，人类文明程度的提高，向海洋进发，则成为历史的必然。

海洋是地球环境的调节器，人类生存环境的许多因素，都受海洋的影响或制约，海洋是人类生命支持系统的重要组成部分；海洋中不但有目前已经利用的各种资源，还有许多未被发现或尚未开发的潜在战略资源，这是支持人类持续发展的宝贵财富。陆地资源总会开采殆尽，随着科技的发展，人类总会有办法开采海底资源并进入海洋开发、利用时期，这也是为什么人们说：21世纪是海洋的世界，谁拥有了海洋，谁就拥有了21

海上石油开发

南迴海岸线

世纪。

21世纪将是人类挑战海洋的新世纪。2001年，联合国正式文件中首次提出了“21世纪是海洋世纪”这一概念。今后10年甚至50年内，国际海洋形势将发生较大的变化。海洋将成为国际竞争的主要领域，包括高新技术引导下的经济竞争。发达国家的目光将从外太空转向海洋，人口趋海移动的趋势将加速，海洋经济正在并将继续成为全球经济新的增长点。

世界历史上的十几个大国，几乎全是在15世纪从海洋崛起的。不管是对东方，还是对西方，历史都公平地让它们进行一次选择。无论是太平洋、印度洋，还是大西洋，都对大陆上的民族敞开着胸膛。

海洋是人类存在与发展的资源宝库和最后空间，海洋是高新技术发展前沿领域。人类社会正在以全新的姿态向海洋进军，国际海洋竞争日趋激烈。美国指出：海洋是地球上“最后的开辟疆域”，未来50年要从外层空间转向海洋。

1996年11月北京第十四届世界海洋和平大会上指出：“21世纪将是海洋事业大发展的世纪”，“人类社会的进步将越来越寄希望于海洋”，“未来文明的出路在于海洋”。

国际海洋竞争将主要表现在以下方面：发现、开发利用海洋新能源；勘探开发新的海洋矿产资源；获取更多、更广的海洋食品；加速海洋新药物资源的开发利用；实现更安全、更便捷的海上航线与运输方式。

海洋划界十分复杂，岛屿争夺冲突尖锐等，促使各沿海国家加紧调整海洋战略。海洋边界是一条会游动的线，是实力对抗的标志，是政治、经济、军事控制力向远方的延伸，满载着征服的骄傲和屈服的耻辱。

海洋边界涉及的领土主权与海洋权益争端，将是未来世界冲突最突出、最激烈、最复杂的问题。中国古代伟大的航海家郑和有一句名言：“欲国家富强，不可置海洋于不顾，财富取之于海，危险亦来自海上。”在21世纪，随着海洋岛礁及资源争夺的加剧，海上利益争夺的形势将更加严峻。美、日、俄、印度等国都在不惜血本壮大海军，我国周边海域已出现群雄争霸的局面。

中国的海岸线很长，仅大陆海岸线就长达18000多公里。中国与世界未来的发展看海洋。中国必须做海洋的强者、海洋文化的强者，力争在21世纪中期使我国开发、利用、管理、保护和捍卫海洋的能力，接近或达到国际先进水平，把我国建成为亚洲太平洋地区的海洋强国，实现中华民族的伟大复兴。

海洋文化的开放性

海洋文化是人类与海洋在互动中产生的物质财富和精神财富的总和。它包括物化的海洋设施、海洋产品和精神的海洋意识、海洋宗教、海洋知识、海洋艺术及海洋制度等。从不同的角度看，海洋文化有不同的特征，但人们对海洋文化的共性的认识较为一致，即“开放性”、“外向性”、“冒险性”和“崇商性”。由于地理环境、风俗民情、民族性格、价值取向等的不同，不同国家、地域的海洋文化有不同的差异。

人类对海洋的开放性的利用，必然产生出开放性的文化历史。面向海洋的开放，必然带来拓展。它的拓展，包括经济活动范围的拓展、生活资料来源的拓展、商贸市场的拓展、人文精神影响力的拓展，以及人居空间环境的拓展。

海洋是世界交通的重要通道

海洋文化可分成两块，一块是“以洋为田”，养鱼、生产出海藻，开发石油物资资源，等等。一块是“以洋为道”，与外国进行人、财、物的交流，海上运输成本有陆路不可企及的巨大优势；此外，还包括文化走进来、走出去。以洋为道走向世界，海洋是世界交通的重要通道。

从15世纪到18世纪，中国和欧洲诸国掀起了海上远航探险的热潮，从而开辟出一条又一条新的航路，把世界引入导致历史进程巨变的大航海时代。对于这一系列的远洋航海活动，西方的历史学界称之为“地理大发现”，这是世界大航海时代的标志。

人类在惊异地感受到世界性大航海活动对社会发展所起的巨大推动作用的同时，深深感到对海洋的认识已经从局部走向全局。大航海扩大了世界市场，增加了商品流通的范围，促进了商业的革命性变化，同时也开始了近代的殖民掠夺，推动了西欧资本主义经济的发展，一个资本主义时代很快随之到来。

人们认识到，通过海洋可以到达地球上的各个大陆和岛屿，海洋不仅能让人类“靠海吃海与就近航海”，更可以成为人类进行世界交通的重要通道。人

航海时代

哥德堡号

们进一步认识到，正是海洋的世界交通重要通道作用，才使世界性大航海活动得以推动社会的发展。“海洋是世界交通的重要通道”比之“靠海吃海与就近航海”更显得重要，是人类社会探索、利用与征服海洋的显著进步，也是人类通过实践而认识海洋的显著进步。于是，人类的海洋观念的主流就从“靠海吃海与就近航海”的初级阶段发展到了“海洋是世界交通的重要通道”的新阶段。这几百年的时间中，葡萄牙、西班牙、荷兰、英国随着海洋文明快速崛起。

人类海洋观念主流的这一次新发展，不是一般的进步，而是一次本质性的飞跃，是人类海洋观念的第一次本质性的飞跃。

厚德载物“羊文化”

龙从形象由多种图腾的构成，体现了厚德载物；羊则从以下民族文化方面等体现了厚德载物的中华民族精神。

以羊为图腾的生命之源：阳，洋，羊，氧，羊胞胎，羊膜，羊水，阳（羊）石，牂牁。

以羊为图腾的华夏水土：羊水与常羊山（炎帝故土）、洋水、漾水（汉水源头）。

以羊为图腾的中华美食文化：羊大之“美”，鱼羊之“鲜”，食羊之“养”，与人为膳——食羊饱肚，味——口中有羊，羹——调味之源，羔——烤羊肉，珍“羞”，豆腐（别称小宰羊）。

以羊为图腾的民族美德：美、善、和、義、儀、犧牲、灋（古字法，廌为独角羊獬豸）、群体、孝（羔羊跪乳）。

以羊为图腾的吉祥物与祥和文化：“祥”，大吉羊，三羊（阳）开泰，羊致清和，龙凤呈祥。

以羊为图腾的城市：羊城——广州，公羊城——江西抚州，羊苴咩城——云南大理，山羊城——拉萨市古称。

为本书题写封面的中国书画家协会副会长周连玉先生为汶川题辞“上善若羊”

3. 羊与万物之灵——与人为善

天地交合，万物生长；牛羊成群，与人相伴。羊致清和，与人为膳，羊之义举，顺应天道。

羊与人一道，渡过了一个又一个寒冬，翻山越岭，一步一个脚印，步入文明社会，进入现代社会。

为了人类的进步，羊一个又一个地献身于餐桌和祭台。

与人为善，是中华文明的重要组成部分，是中华民族的传统美德，是为人处世的重要准则。老子的“上善若水”倡导的就是与人为善。

中国传统文化历来追求一个“善”字：待人处事，强调心存善良、向善之美；与人交往，讲究与人为善、乐善好施；对己要求，主张独善其身、善心常驻。

与人为善，包含着丰富的内涵：一是要宽容大度，即事事处处为他人着想，胸襟宽阔，豁达大度，不计小怨。二是要常怀善意。三是要乐施善举，要常怀爱心，无私奉献，助人为乐。

要善待朋友，善待他人，善待自己。在今天，提倡与人为善，对于构建和谐社会具有重要意义。

拔河·群体力量的展示

二、群体

图腾是家族、宗族、氏族、民族的文化标志，是群体情感连结的纽带。

群体是相对于个体而言的，但不是随便几个人就能构成群体。群体是指两个或两个以上的人，为了达到共同的目标，以一定的方式联系在一起进行活动的人群。羊，三五成群；人，三人成众，汉字的“群众”以羊和人代表。

以中国文化为代表的东方文化，是由伦理观辐射认识论和人本观的。中国人的思维方式是圆形的，善于整体地考虑问题。从群体来讲，它注重人际关系和人与社会的关系，讲求伦

羽毛球单打·个体技艺的表演

理道德，尊卑有序。中国文化强调家庭、宗族和国家利益的实现，强调个人对群体的责任和义务。它把人看作是群体的分子，认为人是具有群体生存需要、有伦理道德自觉的互动个体，每个人的命运都跟群体息息相关。

人的生存原则除了维护自我的存在外，个体的人是由群体（表现形式之一）——家庭中生存。在中国的文化演变中，儒家强调：人的个体生命必须融合在群体中而成为一体的关系，而形成了宗族；宗族是能保障人生存的群体组织，宗族的存在由有血缘关系的人联系起来，能面对生命中的种种挑战，尤其在遭到各种自然和社会力量打击时，宗族中的领导人—族长以其能力、智慧和道德将全族的生存能量聚合成一股力量，以抗衡自然和其它宗族的人。

西方文化发源于地中海地区的古希腊、古罗马，而整个地中海地区气候湿润，土地肥沃，希腊三面临海，海阔天空，交通便利。人民生活富裕，西方文化正是孕育在这片肥沃的土地上。在这样的自然环境条件下，逐渐形成了西方民族特有的自由、任性、开放、广阔、放荡不羁、注重个体的民族性格，在以个人为中心的心理因素影响下，自然造就了西方民族善于冒险、勇于开拓创新的民族风格。有学者把以此为基础发展起来的文化称之为“海洋民族文化”。

在东方文化中，人们十分注重群体的思想，即所谓“天下之本在于国，国之本在于家，家之本在于身”。因此要求社会的每一成员都必须通过“修身齐家”，进而才能参与社会，即“治国平天下”。从整体上要求个人牺牲自己，克制自己，为群体利益服务。而西方文化与此相反，极端地崇尚个人，认为个人是独立的整体，可以不依赖任何人而存在，因此强调个人的重要性。个人的人权不容侵犯。人与人之间，人与社会之间，人与国家之间只不过是一种社会“契约”。

在东方文化中，人们十分注重“合”，即所谓“天时不如地利，地利不如人和”。人需要和蔼，家庭需要和睦，国家需要合并，管理需要统一。在此思想的指导下，成功地实施了“道德、政治、宗教”三合一的管理体制，道德就是政治，就是法律，“三纲五常”、“天、地、君、亲、师”就是修身、齐家、治国的法宝和标准。而在西方文化中则不然，人们十分注重“分”，人要分，家要分，国要分而治之。道德就是道德，政治就是政治，法律就是法律，经济就是经济，虽然它们之间并不是孤立的，但却泾渭分明。

著名文化学者易中天先生说：

所谓个体意识，简单一点说，就是认为每个人都是单独的个体，是具有独立人格和

吉祥童子和合二仙

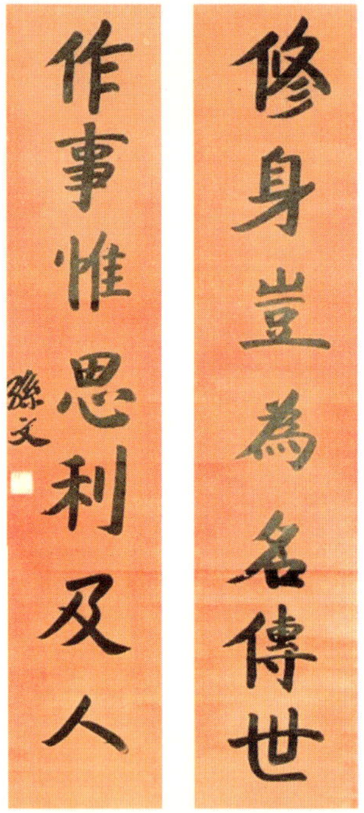

孙中山对联

一个德国华裔青年用图阐述的中西方生活方式的文化差异

自由意志的个人。因为具有自由意志，所以，每个人的幸福都要靠每个人自己去争取，每个人的行为也要由每个人自己来负责。……因为具有独立人格，所以，每个人的选择和行为，他人都不能强加干涉，除非危害了公众利益。

所谓群体意识，简单一点说，就是认为每个人都是群体的一部分。群体的利益就是个人的利益，群体的价值就是个人的价值。个人的意志，必须服从于群体的共同意志；个人的人格，只能依附于群体的共同人格。即便吃饭穿衣，也不完全是个人的事。

一般地说，以个体意识为思想内核的民族多半性格外向，以群体意识为思想内核的民族多半内向。因为个体已是社会的最小单位，实在已无“内”可“向”，只有向外发展，才能求得生存空间。群体却有着自己的内部空间。以群体为单位，生存空间界定以后，要解决的就是内部问题，眼睛非向内看不可。

中国人求和的心理，和为贵的心理，包括现在所提出的“和谐”社会的理想，其实也是一种群体意识的表现，西方人侵略的本性，为吸引人注意、为求出名所表现出的种种出格行为，也是外向的个体意识的一种张扬。

顾整体、求中和的中国文化，对中华民族的历史发展过程有着巨大的作用和影响。中国传统文化对不同民族、不同信仰、不同文化以及对自然万物尊重、承认和包容，通过沟通、协调而达到和谐共处，正是全球化社会所必需的精神指针。但是，发展成熟于封建社会的中国传统文化也有其难以避免的历史局限。如：缺乏个人的独立意识和参与意识；过分注重人际关系，使原本体现为奉献和给予的互动关系，更多地表现为牵制、依赖和索取；过分强调个人对家庭、部族和国家的责任，使得个人的权利、尊严被忽视，个人的主体自觉性很难发挥，等等。正因为是群体意识，中国人最讲求人际关系，没有了人际关系，你在中国寸步难行；也正因为是群体意识，中国人不希望群龙无首，并且还喜欢在群体内部划分出等级来；正因为是群体意识，中国人特别喜欢组成各种各样的小群体，并且为了求得最大利益，各种小群体在一个大的群体内部总喜欢斗来斗去。所以专制、等级制、“窝里斗”才会在中国得以盛行。

西方文化强调个人权利和利益的实现，崇尚民主、自由、平等、竞争。西方个体主义主张个性解放，如这种对个体本真自我的过分强调，可能会导致极端自我主义。

辩证地说，任何文化与意识都有其利弊，但极端了就只有百弊而无一利了。过分强调了集体意识，会造成极左的思想与行为。但当个体意识走向极端的时候，“无政府”状态就出现了。理想的社会应是在大的、总的方面强调群体意识，在小的、细节方面强调个体意识，如法律、法规、道德以集体意识为主，而言论、著书立说则是以个体意识为主。

世界的和谐，是东西方文化的交融，东方与西方、群体与个体也应是“和而不同”。

美国自由女神像

跨栏·速度与技巧的竞争

三、和而不同

和而不同是和谐的真谛。

“和而不同”是客观世界的真实反映，它准确地表述了世界的“多元统一”，因为事物总是在千差万别中协调发展。“和而不同”指处理矛盾时，以求同存异的“统一”同存为本，而不是以水火不容的“对立”和“你死我活”为结果，带有“融合、共生、共存、双赢”的指向。“和而不同”就是要承认“不同”，在“不同”的基础上形成“和”，从而在本质上达到相近或相似。

“和而不同”是和别人既有相通的地方，也有自己的特色。我国采用“和而不同”的“一国两制”的政策，使用和平的方式，成功解决了香港、澳门的回归与国家的完整与统一的历史遗留问题。既和世界主色调“和平发展”保持一致，又有自己的特色。从香港澳门回归的一国两制，到今天共产党和国民党第三次握手，都是遵照和而不同的原则。

饶宗颐书法作品《和而不同》题款：“己丑九十四叟选堂效马王堆体”

中国是在与当代世界其他国家的共同发展中、与当代世界各种文明的协调一致中发展自己的社会主义现代化的。这种和平发展国际战略，同时也意味着把中国传统上倡导的“和而不同”视为人类各种文明协调发展的真谛。

和而不同 中西哲学的会通

20世纪打造的足以将人类毁灭若干次的核武器，在长达40多年的冷战中成熟起来的核战争理论，还会继续影响着21世纪的战争和国家战略，威胁着21世纪人类的生存。世界各国为了自己的国防力量，在军事上大量投资，以现在的科技，掌握致命的、足以毁灭全人类的武器对各国来说已变得极为容易。战争等于自我毁灭。

和而不同的交响乐

许多邪教组织与恐怖分子组织成员都有狂热的目标，妄想建立新世界，1995年东京地铁毒气事件与2001年恐怖分子劫持飞机撞击美国纽约世贸中心的9·11事件至今让人惊悸不已，倘若它们掌握了核武器、生化武器等，足以对人类造成致命的威胁。

礼之用，和为贵

关于战争动因问题，海湾战争之后，理论界一度认为，未来战争主要是宗教矛盾、民族矛盾、领土争端引发的局部战争。2003年，美国凭借其强大的军事优势，不顾许多盟国反对，公然绕开联合国安理会发动了伊拉克战争，不少人忧心忡忡，担心美国“霸权永续”。由此看来，战争的主要根源和动因，还是霸权主义、强权政治和“新干涉主义”。建构单极世界的霸权图谋与多极化发展趋势的矛盾将日益突出。多极化是一个艰难的过程，因为世界战略格局在演进中，还有重重阻力，尤其是来自强者的阻力。

和而不同，是世界多元文化共同繁荣发展的必由之路；反之，“同而不和”就必然导致纷争乃至战争。“以其人之道，还治其人之身”，用战争解决战争，结果是战火连绵、鸡犬不宁、百姓遭殃。专制主义、霸权主义、恐怖主义求同不求和，依靠暴力手段，搅得世界不得安宁。人类拥有的核武器，可以在瞬息之间毁灭地球和人类自身。如果只强求“同”而不谋求“和”，矛盾冲突激化而导致核大战，那结果只能是共同毁灭。

当代世界以相互依存、大国合作等作为处理国际关系的主要方式。和谐的世界、良性的竞争、平和的心态，这是世界的潮流。

“和而不同”，体现了我国内政外交的理论思想。“和而不同”是人类共同生存的基本条件和基本法则。和而不同，是社会事物和社会关系发展的一条重要规律，也是人们处世行事应该遵循的准则，是人类各种文明协调发展的真谛，是解决世界走向一体化时多元民族、多元文化、多元经济共存的法宝，是人类解决国与国之间、政党与政党之间、宗教与宗教之间的矛盾倡导的先进文化，是世界文明的奇葩。

1. 中华民族“和而不同”的历史

祥和祖先（伏羲、炎黄祖先）

羊致清和，羊是“祥”与“和”的形象代表，中华民族始祖级的“羊祖先”就是祥和祖先。

中华民族的人文始祖伏羲，“羲”是“祥（羊）”“和（禾）”一体的“纹”化之名。

炎帝、黄帝都与古羌人有密切关系，炎帝是开拓农业饮食之源“禾”的代表人物。黄帝是引领炎黄子孙步入“羊”“禾”与人为膳饮食时代的代表人物。因此，炎黄祖先是“祥和”的开山祖。

华夏民族的形成过程，就是炎黄两族和而不同的融合过程，炎黄祖先和而不同。

协和万邦（《尚书·尧典》）

《尚书·尧典》曰：“克明俊德，以亲九族；九族既睦，平章百姓；百姓昭明，协和万邦，黎民於变时雍。”这段话的意思就是帝尧能发扬大德，使家族亲密和睦；家族和睦以后，又辨明其他各族的政事；众族的政事辨明了，又协调万邦诸侯，天下众民也相继变化友好和睦起来。这段话代表了我国传统文化中“内圣外王”的对外思想。

“亲九族”就是首先把自己的宗族治理好；“平章百姓”就是继而把自己的国治理好；进而使各国团结起来，这就是“协和万邦”。《尧典》此句的背景是在殷周时期邦国林立的情况下，提倡以帝尧为楷模，以道德教化为本，以治理好本邦为前提，然后去感化他国，体现了一种处理邦国关系的原则和理想。

协和万邦

协和万邦 钱币

阴阳鱼

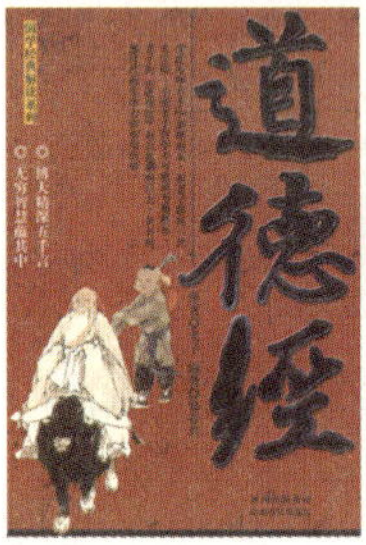

道德经

老子

"协和万邦"是中国文化的一贯的精神和传统。千百年来，中华民族基本上都是寻求与邻邦和谐相处、平等互利和共同发展，以达到生生不息，世世代代友好下去。这是中华文明的最高境界和对人类的伟大贡献。

"中华民族历来爱好和平，主张强不凌弱、富不侮贫，主张协和万邦。"

2007年2月7日，胡锦涛主席在南非比勒陀利亚大学《加强中非团结合作　推动建设和谐世界》演讲。

"万物负阴而抱阳，冲气以为和"（《道德经》）

老子是我国春秋战国初期伟大的思想家，其代表作《老子》是中国历史上首部完整的哲学著作。

"万物负阴而抱阳，冲气以为和"源于《老子》第四十二章："道生一，一生二，二生三，三生万物。万物负阴而抱阳，冲气以为和。"

其意译为：道是独一无二的，道本身包含阴阳二气，两个对立的方面相互矛盾冲突的阴阳两气生成第三者，进而生成万物。万物背阴而向阳，并且在阴阳二气的互相激荡中成为新的和谐体。

此句意为任何事物都存在着矛盾既对立又统一的两个方的，事物相反相成，孤阴不生，独阳不长，"阴阳和合万物生"，不同而和合构成两者共存的和谐体。

"冲气"，一些阴阳家和道家的演绎，就是位于太极阴阳鱼，那个区分黑白两个界面的那条线，也就是说，这个"冲"是阴阳的缓冲地带和过度区域。冲气可以转化为"阳气"和"阴气"起到平衡和调节阴阳的作用。

中和（《礼记·中庸》）

儒家"一"贯天下，倡导中和之道：

喜怒哀乐之未发，谓之中，发而皆中节，谓之和。中也者，天下之大本也；和也者，天下之达道也。致中和，天地位焉，万物育焉。

《礼记·中庸》

中庸　　礼记

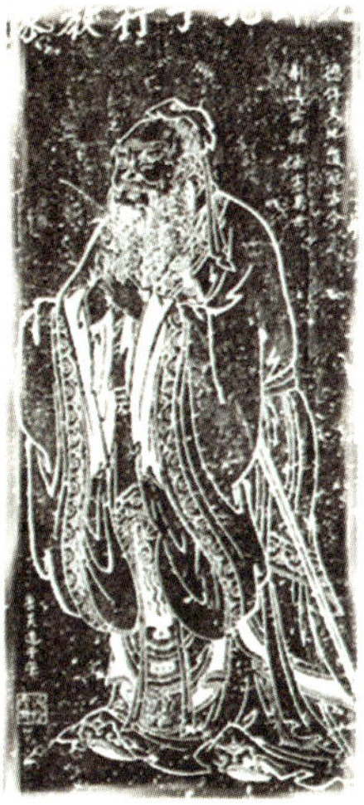

和为贵

这段话的大致意思是："一个人有喜怒哀乐之情，但没有随意发露出来，这称之为'中'。当必要发露出来时，发得都很恰当，都很恰到好处，这称之为'和'。'中'是天下最根本的所在，'和'是天下最通达的大道（理）。如果把"中和"做得特别精致完善，那么天、地、人的位置就摆正了，万事万物就能健康地发育生长和化育发展。"

中和就是中正平和。《荀子·王制》："公平者职之衡也，中和者听之绳也。"杨倞注："中和谓宽猛得中也。"田北湖《论文章源流》："闻其声音，油然愉快，游神宇下，含履中和。"用简单的话来说就是"无过之，无不及"、适中、协调、和谐。

中国文化薪火相传五千年绵绵不绝，56个民族组成的大家庭世世代代和睦相处，多种宗教共存共荣，这全得益于华夏文明的一切社会运作以"中和"二字为基本理念。

"礼之用，和为贵"（《论语·学而》）

春秋时期，中国产生了诸国之间的会盟制度。会盟中不但有盟主，有盟约，还有严明的守则及失约赏罚。其目在于解决诸侯国家之间的争端，确定睦邻友好关系。《春秋》书中记载了列国间频繁的383次战争和450次盟会活动。公元前579年，宋国约合楚国订立了彼此不使用武力、互助救难的盟约。这可视为中国历史上第一个"互不侵犯和共同防御条约"。孔子就是在这个时期提出"礼之用，和为贵"的。它强调各国应当举措得当，协调和谐。强调多样性统一的"和而不同"，倡导有公理性的"和而不流"。运用中庸之道来防止冲突与战争，主张"皆安其位而不相夺"，自我克制，通过协商对话求得和解。

有子曰："礼之用，和为贵。先王之道，斯为美。"意为：礼的应用，以和谐为贵。古代君主的治国方法，宝贵的地方就在这里。

2008年，为迎接在北京举行的第29届奥运会，充分体现人

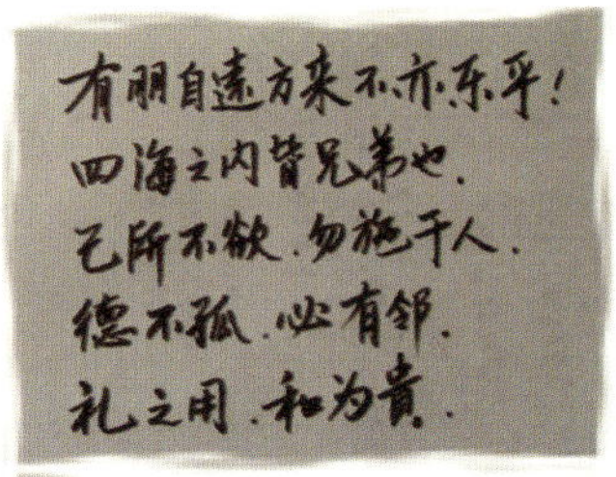

2007年曲阜祭孔大典公布的国人不可不知的五句《论语》经典评选结果

经典的中国宣言：礼之用，和为贵。（第29届奥运开幕式）

孔子像

文奥运的理念和精神，将中国古老的传统文化与奥运会全民参与有机结合，国际孔子文化节组委会、国际儒学联合会、北京奥运会合作网站央视国际和搜狐网等机构，共同推出了“国人不可不知的五句《论语》经典”征集活动，邀请10位国内外著名儒学专家遴选出20句《论语》经典，作为投票基本范围。经过近三个月的网络投票活动，最终选出了5句最能体现孔子思想精华的经典名句，推荐给北京奥组委，作为2008北京奥运会的迎宾语，表达文明古国、礼仪之邦的人民对四海宾朋的热情欢迎。其中“礼之用，和为贵”入选；另四句为“有朋自远方来，不亦乐乎”；“四海之内皆兄弟也”；“己所不欲，勿施于人”；“德不孤，必有邻”。

和而不同（《论语·子路》）

1988年，75位诺贝尔获得者在探索世界文化发展宣言写道：“21世纪，人类若在地球上生存，必须回到2500年前中国孔子那里寻找智慧。”

孔子是中国春秋末期伟大的思想家和教育家，儒家学派创始人，世界最著名的文化名人之一。孔子的言行思想主要载于语录体散文集《论语》及司马迁依据先秦和秦汉保存下的资料写成的《史记·孔子世家》。

“和而不同”出自孔子的《论语·子路》：“君子和而不同，小人同而不和”。源于西周末年，史伯与郑桓公谈及政局时，提出了“和实生物，同则不继”（《国语·郑语》）的概念，以及春秋时齐国的晏婴与齐侯论及当时政事时，取譬设喻，深入探讨了“和与同异”的道理（《左传·昭公二十年》）。

公元前800年左右的西周末年，当时郑国的史伯提出了“和实生物，同则不继”的思想，又有：“以他平他谓之和”之说。这里的“他”有“不同”的意思，在不同中寻找相同相近的事物或道理，也就是寻求“和”的过程。

到了公元前500年前后的春秋末期，齐国的晏婴以“和

论语

和而不同 万紫千红

和而不同的奥运五环

和而不同的亚运吉祥物

羹”、“琴瑟”为例，进一步阐明了和与同的差异，认为只有承认不同，才能“相成”“相济”，否则，“若以水济水，谁能食之？若琴瑟之专一，谁能听之？同之不可也如是”。

史伯和晏子从哲学和自然规律上来讲“和”与“同”，孔子则将其引申到社会领域，用以阐释做人的道理，将其作为区别君子和小人的一个标准，谓之“君子和而不同，小人同而不和”（《论语·子路》）。其意为：有学问有道德的人，通达事理的人，只要求在不同见解中能互相尊重、吸收、融合，和睦相处但不盲目苟同，随波逐流；而那些没有学问、缺乏道德的人，总是与世浮沉，盲目趋同，甚至同流合污，虽共同谋事却各怀异心。和而不同是一句极富哲理的话，反映了两种不同的世界观和价值观，含义十分深刻。和与同是一对哲学范畴，最能体现中国古代辩证思想和政治智慧。和是丰富多样，同是千篇一律；和是相辅相成，同是相互重复；和是辩证法，同是形而上学。

万事万物各有自己的特点，人们的意识千差万别。世界正是以此而生机勃勃，而姹紫嫣红。这些不同的事物互济互克，不同的意识相切相磋，世界于是得以迈开故步，向前演进。千姿百态的世界如此存在并发展，正是和而不同的最大表现。“和而不同”是客观世界的真实反映，它准确地表述了世界的“多样统一”，认为事物总是在千差万别中协调发展，所以在对待人与自然、人与人的关系上，始终把“和谐”作为尺度。

和而不同也是渗透在中国文化传统中的重要文化精神。中国文化几千年的发展过程，正是各种不同文化思潮不断交流、不断互相吸取、融合的过程。先秦百家争鸣，各家互相争鸣，互相吸取，极大地丰富了中国思想。“和而不同”的思想，不仅给古代的政治家们提供了一套治理国家的方法论，对于我们今天构建社会主义和谐社会与世界和平的实现都有着重要的现实意义。

和亲（汉代昭君出塞、唐代文成公主入藏）

中国自秦汉以来就是一个统一的多民族国家。尽管历史上也曾不断出现过统一和分裂的局面，但各民族之间还是相互吸收、相互依存，逐渐接近。特别是作为主体民族的汉族，以“和合”精神在融合、同化了许多其他民族的基础上，缔造和发展了中华民族多元一体格局的伟大国家，促进了中国历史的发展。如果说，珍视本民族的独立和文化传统是“刚健自强”精神在民族关系问题上的表现，那么“怀柔”、“抚和”与“顺俗施化”为主的政策则是“厚德载物”精神在民族关系问题上的表现。不以征服为手段而以道德教化为手段，去追求“协和万邦”，这表明“既主张维护自己本民族的独立，又不向外扩张”，是中国文化的特点，是中国人爱好和平的优秀品质。

汉代昭君出塞

王昭君，名嫱，字昭君，为汉元帝时宫女。匈奴王入朝求亲，昭君应召和蕃，此后两国交好达60余年。昭君故事至今在汉蒙两族间流传甚广。

公元前54年，匈奴呼韩邪单于被他哥哥郅支单于打败，南迁至长城外的光禄塞下，同西汉结好，约定“汉与匈奴为一家，勿得相诈相攻”。并三次进长安入朝，向汉元帝请求和亲。王昭君听说后请求出塞和亲。她到匈奴后，被封为“宁胡阏氏”（阏氏，音焉支，意思是“王后”），象征她将给匈奴带来和平、安宁和兴旺。后来呼韩邪单于在西汉的支持下控制了匈奴全境，从而使匈奴同汉朝和好达半个世纪。史载昭君出塞前后数十年间，长城内外，出现了“边城晏（晚）闭，牛马布野，三世无犬吠之警，黎庶（百姓）无干戈之役”的兴旺和平景象。

“昭君出塞”是我国历史上民族团结和各族共同发展的佳话。昭君和亲，给汉匈双方都带来了边陲和平、生产发展、生活安定、经济文化交流加强的良好结果。

昭君为了民族团结出塞和亲，实为巾帼壮举，影响非凡。为了纪念昭君出塞和亲，汉元帝改元为“竟宁”，意思代表和平安宁。匈奴呼韩邪单于归汉和昭君出塞，也反映了当时各族劳动人民的共同愿望和要求。昭君出塞是在当时两个民族要求和平友好的背景上产生的佳话，而昭君和亲的结果又加强并巩固了两个民族的和睦相处。

王昭君死后，匈奴人为她修了多个坟墓，并把她奉为神仙。汉匈的友好关系一直持续到西汉结束。

昭君长得十分美丽，又很有见识，中国古代四大美女中排名第二，享有

昭君出塞图

文成公主像布达拉宫藏

“沉鱼落雁之容、闭月羞花之貌”的美称。中国古代四大美女，唯以昭君出塞最为悲壮。世人视其为民族和谐友好、文化与经济交流传播的使者。千百年来，她受到各族人民的崇仰和赞颂，被文人墨客用梅的不屈、兰的昂扬、竹的挺拔、菊的顽强来比喻。

唐代文成公主入藏

唐贞观十五年（641年），24岁的文成公主在江夏王李道宗的持节护送下远嫁吐蕃王松赞干布。爱茶的文成公主“和边”的礼物中特意挑选了中土的茶叶，她用一双慧眼和女性温柔的双手，亲自开辟了西藏千年茶风。文成公主带着弥足珍贵的茶叶，带着“和边”的使命，不辞积年累月的长途跋涉之苦，去雪域高原传播友谊，传播饮茶文化，松赞干布“率其部兵次鲵海，亲迎于河源，见道宗执子婿之礼甚恭。既而叹大国服饰礼仪之美，俯仰有愧沮之色”。既而“渐慕华风”，在藏区移风易俗，推进社会文明。（《旧唐书·吐蕃传》）此后，内地的茶叶年复一年地沿“茶马古道”源源不绝地运往西藏。文成公主不仅为西藏带来了茶叶，而且在西藏生活期间还发明了适应西藏地理、气候、物产特点的“酥油茶”，就是将茶叶配以藏民常常食用的奶酪和酥油，为藏民的健康生活作出贡献。

唐朝文成公主嫁给藏王松赞干布的故事，流传1000多年。汉藏联姻促进了民族团结，特别是对藏族经济、文化等方面的发展，起了积极的作用。当时汉族的纺织、建筑、造纸、酿酒、制陶、冶金、农具制造等先进生产技术，以及历法、医药等都陆续传入了藏族地区。同时，汉族也吸收了不少藏族的文化。

郑和下西洋（明朝的和平使者）

郑和是明朝的和平使者。

郑和世称三保太监，1是5世纪初叶著名的航海家。自永乐三年（1405年）至宣德八年（1433年）的28年间，郑和率众七次远航。

据《明史》记载，郑和第一次下西洋时所率部众就有二万七千多人，船舶长四十四丈、宽十八丈的就有六十二艘，规模之大，史所未有。前后七次所经国家凡三十余国。这样的空前壮举，较之葡萄牙的达·伽马由伊斯兰教徒导航横渡阿拉伯到达科泽科德早八十多年。壮举也加深了中国和所到各地的贸易和文化交流。郑和远航对东南亚地区的开发，贡献尤大。

郑和下西洋600周年纪念邮票

郑和下西洋，是为了宣扬中国“天朝大国”的皇威，拓展通商，巩固和扩大封贡体系。郑和七下西洋，给各国施赠“国礼”无数，以示富强，以招外商。当时的意大利传教士利窦玛指出，明朝的军队是他所见到过的世界上数量最庞大、装备最精良的军队。但他也发现这支军队完全是防御性的，没有想把“围墙”扩张到外国去。

郑和下西洋的船

郑和下西洋是朝贡贸易的逆向形式，传播“不可欺寡，不可凌弱，庶几共享太平之福”的理念，固然反映明朝统治者以“天下共主”抚绥外国的心态，但其合理的内核可以提炼出海洋和谐、世界和谐的文化因素，为创建和谐社会理论所借鉴。

郑和下西洋，给南洋、西洋人民带来的是和平的愿望和真诚的友谊，而不是刀剑枪炮和掠夺奴役，从而加强了我国与世界各国的交流，将我国的文化和技术传到了海外，宣扬了国威，同时也取得了一定的经济收益。

尚和（唐朝玄奘西天取经，鉴真东渡日本）

中国的宗教不排外，善于汲取西方之长。佛教传入中国以及以后的发展情况深刻地反映了这一点。佛教传入中国后，经过数百年的发展，逐步走上了中国化的道路，产生了中国化的佛教禅宗。同时，儒学也在吸取佛、道两家思想的基础上发展到新的阶段，产生了宋代的道学。经过儒、道、佛三家的互相吸取、融合，终于形成了儒、道、佛三家互补共存，和而不同，共同构成中国文化的总体体系的格局。

佛教发源于约2553年前的古印度。佛教的创始人是释迦牟

如来

中原大佛

尼佛，这个名号是印度梵语音译过来的，释迦是仁慈的意思，牟尼是寂默的意思，寂默也就是清净，佛是觉悟的意思。佛教是世界三大宗教之中历史最悠久的宗教。

宗教都是本着引导人们向善，循中尚和向大同的。佛教以悲天悯人的情怀，弃恶扬善的教条，因果轮回的法则令人敬佩，并少了一些野蛮的排他性，而是劝人向善。善哉，就是很好的意思，僧人用作表示惊叹的口头语，既可以表示赞许，又可以表示不满，犹言"罪过"。

佛教承认人性是善良的，只要放下屠刀，立地就可以成佛。"佛"只是对一个觉悟者的通称而已。佛教认为一切宗教，只有教义深浅的区分，很少有好坏邪正的差别。

佛教主张"无缘大慈"与"同体大悲"，把平等的意义又推进了一步。

无缘大慈，是主张不但对跟自己有关系的人要慈爱，如自己的父母、亲戚、朋友等；同时对跟自己没有亲戚、朋友关系的人也要慈爱，如跟我从不交往或素不相识的人，也一样地关怀爱护。"无缘大慈"用儒家的话来说就是："老吾老以及人之老；幼吾幼以及人之幼。"也就是《礼运·大同篇》所说的"不独亲其亲、子其子"的意思。

同体大悲，是一种人饥己饥、人溺己溺的精神，把宇宙间一切众生看成人我一体，休戚与共，骨肉相连。

东汉永平十年（67年），佛教正式由官方传入中国，经魏晋至隋唐始臻极盛。佛教自东汉传入中国以后，千余年来一直是中国人民的主要信仰，其间经历代高僧大德的弘扬提倡，许多帝王卿相、饱学鸿儒也都加入这个行列，终于使佛教深入社会各个阶层。它的信仰深入民间，"家家阿弥陀，户户观世音。"正是忠实的写照；而佛教的哲理部份则与儒、道等相结合、相融会、相激荡，然后汇入了中华文化源远流长的大海里，形成了中华文化的主流之一，为中华文化放射出灿烂辉煌的光芒。

唐代著名高僧唐玄奘游历印度、西域，旅途19年，到达

唐玄奘

128个国家和地区的都城、疆域，观礼佛寺宝塔成千上万，亲历事故和接触的人物不计其数。其于唐贞观二十年（646年）成书的《大唐西域记》共十二卷，是唐太宗钦定，玄奘亲自编撰，由弟子辩机整理而成的一部玄奘西行的实录。该书是继晋代法显之后又一取经游记巨著。中国浪漫主义的作品《西游记》，是印度文学影响下的产物，源自唐朝玄奘西天取经的故事。

唐天宝十二载（753年）12月20日，66岁高龄并且双目失明的鉴真和尚，在日本遣唐使藤原清河一行的陪同下，实现了他多年的愿望，在5次东渡失败后，第6次东渡日本终于成功，踏上了日本的国土。到达日本首都奈良时，轰动日本全国，受到日本举国上下盛大的欢迎，皇族、贵族、僧侣都来拜见。此后鉴真受日本天皇之诏，授戒传律，在东大寺设戒坛，先后为太上皇圣武天皇、皇太后、皇子及400余位僧人授戒。756年，孝谦天皇任命鉴真为大僧都，统理日本僧佛事务。758年卸任，被尊称为“大和上”，恭敬供养。759年，鉴真率弟子

鉴真禅师 石湾陶瓷

仿扬州大明寺格局设计修建了唐招提寺，至今仍存，被视为日本国宝，对日本建筑艺术有重要影响。以后，鉴真在此授戒讲经，把律宗传至日本，成为日本律宗的始祖。鉴真虽双目失明，但能凭记忆校对佛经。他还精通医学，凭嗅觉辨草药，为人治病。留下一卷《鉴上人秘示》的医书，对日本医药学的发展作出了贡献。他带到日本的中国佛经印刷品和书法碑帖对日本的印刷术、书法艺术有很大影响。鉴真在日本生活了10年，于763年在日本圆寂，终年76岁。

中华人民共和国

中和

中文的“中”字是一字千金，价值不止连城，而是连国。

中国姓“中”，中华民族也姓“中”，“中”不但是我们中华人民共和国的“图腾”——国名，而且也是我们华夏民族最古老的纹、字图腾。

古代社会有大事先在旷地立“中”，族民望见则约定俗成从四方汇聚与“中”；另有一说“中”是立于氏族部落中央的氏族标识，是氏族成员外出归家的方向。

中，是象形字。甲骨文、金文、鋆文的中字像旗帜，上下为斿，方框为立中之处，“中”是氏族社会的徽帜，乃至成为氏族的图腾（后演变成旌旗加上图纹或文字），是由多条飘带（斿）组成的旌旗。“旌”“旗”等字的产生，替代了“中”的本义，篆文的“中”省去斿后“中”字造字之旨失却。

甲骨文中的“中”字通常是四斿或二斿，也有的省去斿形，而中加方形的口或圆形的○。其中口形或○形是以后构成中字的重要组成部分。中字的结构象征着一根插入地下的杆子，一端垂直在四四方方的地面当中。从它的空间位置来说，从上到下，垂直立着，处于地上和地下之间，所以又有从上到下的顺序里的上、中、下的中的含义。同时，它又在一块四方或圆形的地面的等距离的中心点上。因此“中”后来被引申为“中央”“中心”的方位名词，进一步引申为内里、中间之意（几何定义）。

“中”的另一种用途是测量日影定时辰。中就是正，中国人崇中崇正，“日当午则旗影正”，正午就是中午。中文的中、華（繁体）、正三字都是只有横竖的正交。在先民的眼中，五行金木水火土是土居中，以土为贵；五方东西南北中是中居中，是以中为贵；五色是黄居中，所以只有皇帝可以黄袍加身，在帝王时代，谁穿黄衣可是要掉脑袋的；五味是甘（甜、鲜）居中，所以甘味是正味，其余咸、酸、苦、辣（辛）是别味，中就是正，正就是好，粤语对美味的赞赏“正”，与中原人对好的表达“中”也同根同源。

大禹建立了“夏朝”，在天下置九鼎，设九州。国都在豫州，它“咸有九州”，“协和万邦”。国都为一国的中心，因此豫州成为九州之中——中州。

中州、中原是中华民族的发祥地，自古就是兵家必争之地。

中就是和，中庸就是中和，中和就是“中”连着“和”。中庸是作为一种儒家的思想规范和行为准则而提出来的重要概念。“中”，即不偏不倚，无不过无不及，适中，正好；“和”，即和谐、协调。中庸是一种平衡，是在左右两难中的兼顾，是在进退中的拿捏，是情理法的通盘考虑，是小我与大我的调节，是阴阳的互补，是理论与实践的相互印证、精神文明与物质文明的共同

中和殿

建设，成长与稳定的宏观调控。“和”，承认差异、个性，又承认差异和个性的协调，这就符合自然大道。“中和”是“中道”的基本义，和谐、和合、协和、和衷、“和而不同”都是“中和”的衍生词。儒家将自然、社会和人看成是一个相互联系、生生不息的生命大系统，“中和”便是这个系统存在和发展的基本条件，也是一种基本状态。

共和

中华人民共和国是多民族国家，国家认定的民族有56个，所有民族合称“中华民族”。中国是以祖先信仰为主的国家，具有儒释道三教融合的宗教信仰传统和特点，同时存在其它多种宗教。中国是民族与宗教“共和”的国土，是名与实相符的“共和国”。

伟人孙中山领导中华民族结束帝制走向共和，伟人毛泽东完成建国大业后确立了“中华人民共和国”这一国号。从对内“共和”建设新中国，到今天倡导和平世界、和谐社会，是更为宏观、更为有意义的“和而不同”的“共和”。

一国两制

港、澳、台与大陆“同文同种”、“同根同源”的中华文化精神纽带，是任何人也割不断的。

完成祖国统一大业，是历史的延续和必然，是中华民族的根本利益所在，是全中国人民包括台湾同胞、港澳同胞和海外侨胞的共同愿望。统一是中国历史发展的主流。反对分裂，维护统一，是中华民族自古以来不惜牺牲所坚持的传统。中国共产党人在带领中国各族人民实现中华民族伟大复兴的进程中，始终把国家的统一作为自己奋斗的一个重要目标和任务。

“一国两制”的构想最早是针对台湾问题提出来的，首先运用于解决香港和澳门问题。“一国两制”方针的基本出发点是尊重历史、尊重现实、照顾各方。在解决中国恢复行使对香港、澳门的主权问题上，这一构想已成为现实。

“一国两制”的基本涵义是：在一个中国的前提下，国家的主体坚持社会主义制度；香港、澳门、台湾是中国不可分割的组成部分，它们作为特别行政区保持原有的资本主义制度和生活方式长期不变。“一国两制”的核心是“一国”，“两制”则是要通过“和平”手段来实现“一国”，没有“一国”，“两制”就没有了灵魂；没有“两制”，“一国”就无以通过和平手段来实

香港回归

澳门回归

现。“一国”与“两制”是一个整体，是并行不悖的。否定了“一国”，国家就会走向分裂；否定了“两制”，国家就会导致战争。

香港、澳门的回归，为两岸和平统一树立了光辉的典范。

采取“一国两制”方式解决香港、澳门、台湾问题，实现祖国统一，体现了维护国家主权的原则性，既有利于保持该地区的社会稳定、经济繁荣和居民安居乐业，又有利于保持和发展我国同有关国家的关系，是我国实现国家统一的最佳方式。这一构想，有利于祖国统一和中华民族的振兴，有利于世界的和平与发展。

“一国两制”是一种新思维，是一个伟大的创造，是对人类社会科学理论的一个新的重大贡献。“一国两制”的光芒已经照亮了中国的香港和澳门，其影响已扩及全世界。

和平共处、和平发展、和平崛起、和谐社会

和平共处、和平发展、和平崛起、和谐社会，是新中国新时期的内政外交思想，是世界文明发展的方向。

核武器的发展，使战争的破坏力可摧毁地球上的文明和毁灭人类本身。在新的历史条件下，“战争与和平”问题关系到世界上所有国家和民族的生存与发展，关系到人类命运和文明的兴衰荣枯。争取世界和平，避免核战争的灾难，是国际社会最关注的重大问题。20世纪下半叶，虽然没有爆发新的世界大战，但局部战争连绵不绝，地区冲突此起彼伏，国际危机层出不穷，世界并不太平。纵观二战后世界历史，和平的力量不断增强，维护和平的斗争汇成了时代潮流。

和平共处

1954年6月28日，中印两国总理发表联合声明，倡导将和平共处五项原则作为处理国际关系的准则。

和平共处五项原则是：互相尊重主权和领土完整，互不侵犯，互不干涉内政，平等互利，和平共处。

互相尊重主权和领土完整是一切国家生存和发展的必要前

新中国外交史

和平共处

提，又是各国人民自由平等交往的必要条件。互不侵犯和互不干涉内政是实现各国之间和平共处的根本保证。平等互利是尊重国家主权和领土完整的必然发展。

长期以来，中国坚持以和平共处五项原则来处理国际关系，贯彻独立自主的和平外交路线。“坚持在和平共处五项原则的基础上同所有国家发展友好合作”，经过50多年的执政实践，中国共产党在错综复杂的国际形势下，成功地驾驭了现代化建设的全局。

和平共处五项原则的意义在于：

（1）它具有国际强行法性质，对国际事务具有普遍约束指导作用；

（2）它推动了国际法的发展，完善了国际法原则体系；

（3）它为国与国交往合作提供了一个很好的行为准则；

（4）它是解决国际争端的基本准则；

（5）它是反对霸权主义强权政治和武装军事干涉内政行动的重要理论依据和有效手段。

和平发展

和平与发展问题，是当今世界的两大主题。要和平、促发展、谋合作已成为时代的主旋律。世界和平是促进各国共同发展的前提条件，各国的共同发展是保障世界和平的重要基础，和平与发展二者互为条件，相互交织，密不可分。

第二次世界大战以后，特别是20世纪七八十年代以来，国际形势发生了重大的变化，形成了有利于维护世界和平、促进人类发展的总趋势。

当代世界，和平与发展早已不再是矛盾，它们相互依存，尤其在经济方面。一个四处征战的国家是无法发展经济的，应该说和平是发展的必备条件，而每个国家健康均衡的发展也促进并巩固了和平。

和平问题是当今世界的根本问题。和平包括世界总体和平和局部和平。当代世界和平问题，首先是指防止世界大战和核战争的爆发，也包括反对和制止局部战争、常规战争，以及针对军备竞赛尤其是核军备竞赛而进行全面、彻底的裁军活动。和平问题之所以是当今世界的根本问题，主要是因为战争的手段和特点发生了质的变化，对人类的生存构成了根本性的威胁。美苏（俄）两国的核武器足够把人类毁灭若干次。

经济的发展需要有一个和平的国际环境，以保证世界各国集中精力加快发展，保证各国有限的人力、物力和财力等资源用在社会经济发展上。文明的发展需要在和平环境下的积累。

中国是一个发展中的第三世界国家，我国的改革、发展和稳定都需要一个长期、稳定的国际和平环境。要想保证子孙后代的幸福生活，需要两个不可缺少的方面。第一是要坚决站在文明发展的道路上。第二是要有足够的武力保护自己。

我国奉行独立自主的和平外交政策，走和平发展道路，这是由我国的国家性质所决定的，也是和平和发展成为时代主题的历史条件决定的。坚定走和平发展道路是基于我国国情的必然选择，是基于历史文化传统的必然选择，是基于当今世界的发展潮流的必然选择。

中国一向致力于维护亚洲和世界的和平和稳定，一向主张正义，反对强权政治和霸权主义，反对国际恐怖主义，积极主张通过和平谈判方式化解地区纷争和危险，在亚洲出现金融危机时宁愿自己受损失也坚持人民币不贬值，表现出一个负责任的大国应有的姿态。

中国的发展是和平的发展，不会损害任何人，也不会威胁任何人。中国现在不称霸，将来也绝不称霸。中国保持和发展适当的军事力量，完全是为了维护国家主权和领土完整。当代中华民族的自信和荣光是建立在经济发展、社会公正、国民素质和道德力量的基础之上的。中国将以自身的发展促进世界的和平与发展。

中华民族是一个爱好和平的民族，在其文化性格中，和平是其基本的价值取向. 从古到今，中国人民都把和平作为一种崇高的社会理想，并在人们的心灵中孕育成熟了一种向往和平、追求和平、维护和平，甚至为了和平不惜作出巨大牺牲的精神境界。

和平崛起

中国领导人把中国的崛起称为“和平崛起”。这是一个准确、科学的概

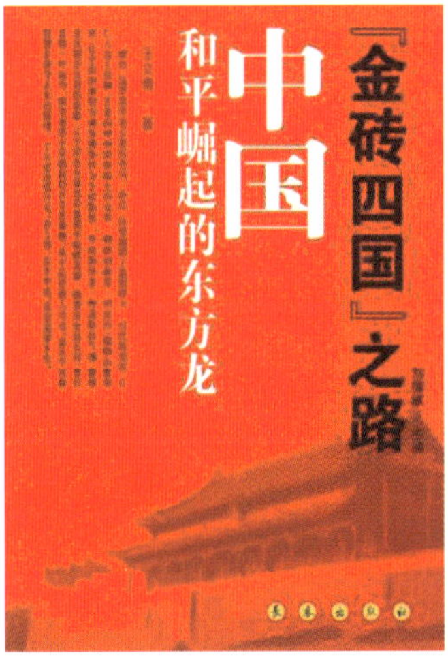

和平崛起

括：中国在通过和平之路走向崛起；中国和平崛起，是中国的选择，也是时代的选择；中国和平崛起，是发生在世纪之交、千年之交的大事件、新现象，具有世界意义和历史意义。

中国的新崛起，与历史上任何一个大国的崛起有着明显的不同，与它自己历史上的几个盛世王朝也不同。历史上大国的崛起无一不通过战争、征服、扩张、侵略、掠夺和列强之间的争夺来实现的，整个过程充满了血腥和非正义。中国新崛起则完全通过和平的方式来实现。中国选择这条发展道路是在总结人类发展史，特别是大国兴衰史的经验教训后作出的抉择。中国在崛起过程中，决不做损人利己之事；强大了也决不威胁他人，永不称霸。

中国和平崛起表现在，通过建设有中国特色的社会主义道路，通过改革开放和建立社会主义市场经济的办法，来创造良好的经济发展机制和环境，调整不同社会群体的利益，调动他们的劳动积极性和创造性，推动生产力不断发展。对外，则是国门敞开，大胆利用国外的资金、先进技术和管理经验，勇于吸收人类一切优秀文明成果充实自己。坚持独立自主的和平外交路线，高举和平、发展、合作的旗帜，互利互惠，共同发展，坚持与邻为善、与邻为伴的方针，维护世界和平，努力营造有利于自己发展的和平、稳定的外部环境。

作为一个有古老文明的东方大国，在不长的历史时期和平地实现伟大的民族复兴，使全球五分之一的人口摆脱贫穷落后，走上富裕文明，这本身就是对人类的贡献。中国发展不仅没有损害包括周边国家在内其他国家的利益，而且还使它们从中国的发展中不同程度地获益，这也是对世界的一个贡献。更重要的是，中国的和平发展之路，虽然带有鲜明的中国个性，但具有世界的普遍价值和意义。

中国选择和平崛起之路，是基于对和平与发展关系的深刻理解和对当今世界脉搏的准确把握。全面审视人类历史会发现，人类的进步大多是在和平的变革中实现的，战争和暴力很少能带来真正的进步。和平是人类的最大福祉和最大的愿望。

世界要和平，人民要合作，国家要发展，社会要进步，是当今世界不可阻挡的潮流。选择和平发展，不仅符合中国人民的最大利益，得到全体中国人民的拥护，而且符合亚洲和全世界的最大利益，得到国际的支持。

中国选择和平发展之路，并不是只求太太平平地埋头自我发展，而对世界事务不管不问。

“和平崛起”在国际上已经成为中国的特殊符号和标签。中国的和平崛起就是要发展，就是要实现现代化，就是要强盛。

中国的真正崛起应该是各个领域的整体崛起或全方位崛起，既是中国在物质文明、精神文明、社会文明和政治文明上的整体崛起，也是中国在政治、经济、文化、军事、科技等方面的全面现代化。

和谐社会

2004年9月19日，中国共产党第十六届中央委员会第四次全体会议正式提出了“构建社会主义和谐社会”的概念。随后，在中国，“和谐社会”便常作为这一概念的缩略语，指的是一种和睦、融洽并且各阶层齐心协力的社会状态。

2005年，中国共产党提出将“和谐社会”作为执政的战略任务，“和谐”的理念要成为建设“中国特色的社会主义”过程中的价值取向。“民主法治、公平正义、诚信友爱、充满活力、安定有序、人与自然和谐相处”是和谐社会的主要内容。

和谐社会就是以人为本的社会。民主法治、公平正义、诚信友爱、充满活力、安定有序、人与自然和谐相处，社会主义和谐社会的这些特征都体现着党的以人为本的执政理念，其共同点就是“人”，全体人民各尽其能、各得其所，人与人、人与社会、人与自然和谐相处。

社会和谐概念的提出，其前提正是承认一个社会有不同的阶层、不同的价值观存在，不同的利益要求需要调整。和谐社会是多元的社会，在这样一个社会里，社会各阶层、各群体、各组织的创造活力都得到承认，各类矛盾和问题在不一致中得到化解。在这样的社会主义和谐社会里，全社会形成合力，经济与社会才得以协调发展。“和而不同”，只要是合理的，都应该听取，只有不同的音符才能奏出和谐的乐章，只有不同社会制度、不同经济形式、不同的政治见解、不同的价值观念、不同的生活方式长期共存，才是和谐的社会。

辩证唯物论认为，一致是相对的、有条件的，不一致才是绝对的、无条件

的。和谐社会并非没有差别，而是“和而不同”；和谐社会也不是一个没有矛盾的社会，而是一个能够有效缓解人民内部矛盾的社会，一个多元文化和多元经济和谐共存的社会。我们要建设好和谐社会，就要坚持“和而不同”思想，鼓励百花齐放，百家争鸣，允许不同意见的表达，鼓励大家畅所欲言，见仁见智，各抒己见，求同存异。这样，才能真正形成一种又有民主，又有集中；又有自由，又有纪律；又有统一意志，又有个人心情舒畅的良好局面，进而实现构建社会主义和谐社会的宏伟目标。

2. 中华民族崛起不具威胁

国家强盛不挨打

中华民族曾有过向世界开放、国力强盛的汉唐辉煌，也有过闭关锁国、落后挨打的近代耻辱。近代中国封建统治者的妄自尊大、思想僵化，导致中国脱离了世界，世界甩落了中国。鸦片战争、中法战争、中日战争，《南京条约》、《北京条约》、《马关条约》，资源被掠夺，土地被分割，人民遭欺凌和屠杀，中华民族历经了一段苦难的历史。历史告诉我们，中华民族要自立于世界民族之林，必须要强大，必须自强不息；不强大就要挨打，就没有话语权，就不能为自己，更不能为维护世界和平作贡献。国家只有强盛，国人才有尊严，才能真正有能力维护有序的世界。

“起来！”，“前进！前进!前进！进！”沉睡了百年的东方“雄狮”终于站起来了，中华人民共和国昂首屹立于世界民族之林。

不惧对中国主权的侵犯、对中国发展的遏制，中华民族奋发图强、自力更生，内强国力；五项原则，外接友邻。新中国以不屈的自尊，独立自主，攻破坚冰，以崭新的姿态走向世界。冲破列强的封锁和阻挠，鲜艳的五星红旗终于在联合国庄严升起，新中国成为维护世界和平的生力，在国际舞台上一展

气吞山河 志在无疆

大阅兵

中华民族的雄姿。勒紧裤带，挺胸做人，原子弹成功试验，中华民族有了与列强抗衡的力量，有了代表第三世界发展中国家维护世界和平、限制使用核武器说话的资本。

改革开放以来，中国经济取得长足发展。国人用短短三十年时间，就实现了西方上百年才可达到的成就。

2008年发生震惊世人的“5·12”汶川大地震，中国人民以无所畏惧的英雄气概，挺起中华民族不屈的脊梁，万众一心、众志成城，齐心协力抗震救灾，重建家园，谱写了感天动地的时代凯歌。2008年9月，满载着13亿人漫步太空梦的神舟7号划破了东方夜空，标志着我国已经初步具有进行太空防卫战的能力，进一步提高了我国的国际地位，增强了我国的世界影响力。2008年北京奥运，堪称五千年中华文明史未有之突破，中国首次占据金牌榜第一，改革开放30年综合国力充分体现，中华民族优秀文化与精神完美展现。2009年的世纪大阅兵“亮剑”，威武之师扬我国威、军威，让炎黄子孙与世界爱好和平的人民吐气扬眉。天翻地覆、龙腾虎跃、今非昔比，中国的崛起和腾飞世界瞩目，中华民族的复兴让某些人怵目惊心。

中国发展了，对世界是机遇，而不是威胁

中国实现了从封闭、半封闭到全方位开放的历史性转变，实现了同世界从相互隔绝到利益密切相联的历史性转变。中国依靠自己经济社会的发展实力强盛了，实现了自立于世界民族之林的愿望，结束了“弱国无外交”的历史，逐渐在国际事务中掌握了一些话语权，为构建世界和平、和谐发展的新格局做出自己的贡献。中国可以对列强“说不”，但中国政府和人民的这一切作为都源自于中华民族五千年来崇尚和恪守的思想道德根本——以和为贵，和而不同的价值观。随着中国国力的增强，中国将继续在国际事务中发挥建设性的作用，继续承担相应的国际责任和义务。

从古至今，“和而不同”是中国人民十分珍惜的价值。中国仍是发展中国家，真正实现现代化还需要长期艰苦努力。为

以和为贵

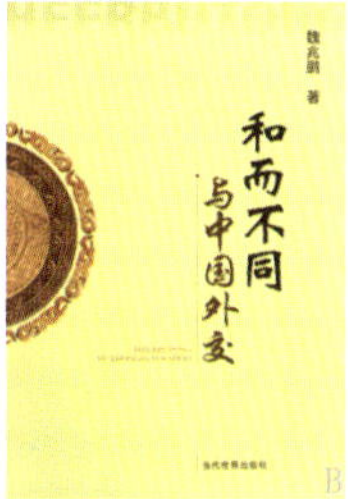

和而不同

中国维和部队

了让国人过上全面小康生活，必须聚精会神搞建设，一心一意谋发展。争取和平的国际环境发展自己，又以自己的发展更好地维护世界和平，这是中国出于自身和世界长远利益的战略选择。中国发展了，对世界是机遇，而不是威胁。历史是最好的老师，公正地记录了每一个国家走过的足迹。

“国强必霸”有悖于中国的历史

2004年12月，英国某报发表《一条苏醒的巨龙震动世界》的报道。文章作者认为，拿破仑关于中国“潜力”的说法是正确的，他建议大家让中国沉睡，“因为一旦她醒来，将震动整个世界”。一些国际学者在讨论中国变化时用了一个形象化的概念“崛起”，这一词汇却在东西方现实的差异中有了不同的解读。在国际上，特别是在现实主义国际政治学者中，“崛起”常常与“霸权更替”、“权力转移”相联系，这是西方一些人心里紧张的原因之一，而在中国人心目中，“崛起”等同于“成长与发展”，等同于“现代化”。中国的“崛起”，是以“和平”为前缀的“崛起”。

世界和平的舞台中心需要中国崛起，第三世界寄望中国的崛起，对中华民族所处历史地位，必须清楚、正确的认识，并为寻求世界和平的世人认知。

中国的和平发展，将开创大国崛起的新模式，中华文明没有谋霸的基因。只有繁荣的社会强盛的国家才能在历史的舞台上延续得更久，争取和平的国际环境发展自己，又以自己的发展更好地维护世界和平，这是中国出于自身和世界长远利益的战略选择。

中国政府承诺的“不称霸”、“不扩张”，既是中国的战略思想，也是中国的基本国策。反而是在西方世界里，那些长期奉行霸权主义的国家，总是习惯用霸权主义的逻辑去解释世界的发展，不仅用他们的欲望去图谋再度称霸世界的未来，时刻企图打碎世界和平发展的格局，而且大有“以小人之心，度君子之腹”的阴暗心理，不相信和平发展并强盛起来的新中国会与世界各国永远平等相处、和谐共生，硬是要将“国强必霸”的帽子强戴在中国人民头上。就当前世界和平与安全等重大问题，中国国家领导多次强调了中方立场和主张“坚持走和平崛起的发展道路”“中国的崛起，是和平的崛起”。

国强必霸，不适合中国。

称霸，既有悖于我们的文化传统，也违背中国人民意志。中国的发展不损害任何人，也不威胁任何人。中国要做和平的大国、学习的大国、合作的大国，致力于建设一个和谐的世界。

2009年温家宝总理在英国剑桥大学演讲

在这个蓝色星球上，有称霸的“国际宪兵”，也有争霸的“列强”，大国争霸的历史引发了无数次战争。但论定中国“国强必霸”，则大谬矣！“国强必霸”的逻辑既有悖于中国的历史，也有违中国人民的意志。

羊没有攻击性，没有侵略性，不对其他的动物造成威胁。羊是奉献、牺牲、群体、和而不同的典范，羊是中华民族的文化形象与精神形象。

中华民族的文与史、中华民族的人文与形象，充分展现中华民族是一个尚和、贵和、共和的民族。“国强必霸”有悖于中国“和而不同”的历史。

四、知恩善报

1. 羔羊跪乳

“羔羊跪乳”与“乌鸦反哺”是形容孝敬老人最形象的两句成语。源于现实生活的“羔羊跪乳”，是子女对父母感恩尽孝的生动形象。幼小的羔羊还不能有所作为，但它知道母亲养育的艰辛与劳苦，因此跪着吃奶以感激母亲的哺乳之恩。

长髯主薄有佳名，羵首柔毛似雪明。牵引驾车如卫玠，叱教起石羡初平。出都不失成君义，跪乳能知报母情。千载匈奴多收养，坚持苦节汉苏卿。

文天祥《咏羊》

谱写“人生自古谁无死，留取丹心照汗青”诗句的爱国英雄文天祥，在感人肺腑、以诗言志、备见节操的《咏羊》诗中融入“羔羊跪乳”。“长髯主薄”是羊的别称。

中国古代儿童启蒙书《增广贤文》，是思想观念直接或间接地来自儒释道各家经典的古训，其以“羊有跪乳之恩，鸦有反哺之义”教育做子女的，要学习羔羊与乌鸦的知恩善报、孝顺父母。

羔羊跪乳

文天祥

2. 知恩感恩

感恩，是爱和善的基础；感恩，是全人类的美德，它是一种传统，它是做人之基本。

感恩是中国社会文化的重要原则，是礼仪之邦的重要意识。西汉戴圣《礼记·郊特牲》：“万物本乎天，人本乎祖，此所以配上帝也。郊之祭也，大报本返始也。”就是说，天地是万物的本源，先祖是族类的本源，而父母是人的本源，人要“报本返始”、“知恩图报”，知道自己的根源，并有所感恩和报答。感恩不仅是一种礼仪，更是一种健康的心态。感恩，就是意识到今天自己获得的一切，不是凭空而来，除了自己的努力，还有许多人在背后的创造和奉献。这意味着要永远记住那些人和事，承担一份歉疚，并准备为回报而付出努力。只有心存感激，心灵才不会孤单，世界才会变得色彩斑斓。

“感恩”是中华民族性格的重要表现。感恩滋生了传统社会浓郁的亲情、友情和乡情。中华文明之所以生生不息，能够历尽沧桑，饱经磨难，却在跌宕起伏中传承不辍，与历史形成的这种感恩精神有密切的关系。

有道是“百善孝为先”，孝是孝顺父母、报效祖国，这是为人的本份。岳母在岳飞的背上刺上了“精忠报国”四字，以提醒他要不惜性命报效国家，岳母与岳飞形象光照千秋，反之奸相秦桧恶行遭到世人唾骂、遗臭万年。

知恩图报，善莫大焉。

岳飞的精忠报国，文天祥的一身正气为国捐躯，报效国家是报恩；中国葡萄酒之父、南洋富商、近代爱国华侨、“红顶

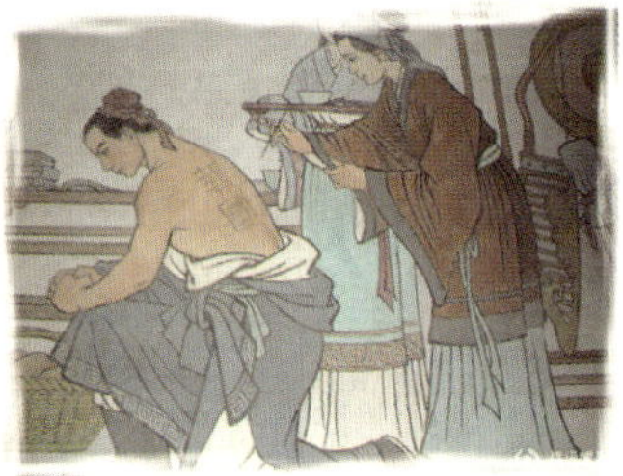

岳母刺字 精忠报国

“红顶商人”张弼士

霍英东先生

慈善家田家炳先生

商人”张弼士投资烟台创建张裕酿酒公司“实业兴邦”之举，是感恩；霍英东率先投资、合作经营中国首家中外合作五星级酒店“白天鹅宾馆”，打开中国改革开放之窗，是感恩；香港著名实业家及慈善家田家炳捐资教育卫生项目遍布全中国，是感恩。

支持汶川、玉树灾民是感恩，吃水不忘打井人是感恩，“常回家看看”也是感恩。感恩可以不只是钱财物，与人为善的身体力行，都是感恩。

滴水之恩，涌泉相报；谁言寸草心，报得三春晖。感恩也是中华民族精神之精髓。

个人的生存和发展，与社会和自然存在着千丝万缕的联系，吃水不忘挖井人，前人栽树后人乘凉。敬畏自然造化的神圣，不忘记别人的帮助，更多地为他人着想，为社会整体利益着想，就能自强不息而不怨天尤人。认识感恩，才能懂得感恩，感恩精神是和谐社会建设重要的心理和精神基础。

中华民族的感恩节

清明节是中华民族的感恩节。清明节举行的祭祀，是报谢祖先之庇荫，告慰祖先，表达铭记逝者愿望，以及表达对先祖功绩的怀念与感恩。清明节的精义在于感恩，感恩是清明祭祖的灵魂。清明感恩文化的起源，与祭祀文化的形成有密切关系。祭祀文化起源于原始宗教，形成于三皇时期，在五帝时期有较大发展，感恩文化的形成与发展和祭祀文化的形成与发展是同步的。《礼记·祭法》上说：“夫圣王之制祭祀也：法施于民则祀之，以死勤事则祀之，以劳定国则祀之，能御大灾则祀之，能捍大患则祀之。”

清明这一民族“感恩节”的文化内涵，使清明节成为激发人们的感恩情怀，弘扬民族感恩精神的节日，使人们形成一种感恩的心理，在整个社会形成一种感恩的氛围。

祭烈士

感恩祭祖

感恩祭黄帝

3. 善有善报——汉字承载的价值观

中国的汉字是集物名、形、声、意于一体的形意文字，是世界上任何其他国家文字不能媲美的。清陈沣在他撰写的《东塾读书记》中说：“盖天下事物之象，人目见之，则心有意，意欲遇之，则口有声。意者，象乎事物而构之者也；声者，象乎意而宣之者也。声不能传异地，留于异地时，于是乎书之为文字。文字者，所以为意与声之迹也。”这对于汉字的本质和功能，做了高度的概括。

汉字与图腾都是中华文化之根，蕴含着许多悠远的古老的中华民族生存发展的历史信息，记载着传递着中华文明演进的历史基因，是中华文化的命脉。汉字不仅记载着中华民族历史和文化的演进、发展，还传递着能屹立于世界民族之林这一优秀民族的道德观、价值观。

与人为“膳”的羊、禾，是中华民族先祖养生与进入文明社会的物质基础，也就当之无愧地成为构成汉字的重要元素，尤其是美食、美德与先祖之名字方面的字的构成。

汉字“义”之繁体“義”，是羊我（人）一体。与人为膳、奉献牺牲，是羊之义举，也是羊最大的美德。善，是美的，有义的；在汉字的字义里，善、美、义都是相通的。东汉许慎在《说文解字》中将善、义、美字解为：“善，吉也，从誩，从羊，此与义、善同意”，“義，己之威仪也。从我、羊。臣铉等曰：此与善同意，故从羊”，“美，甘也。从羊，从大。羊在六畜，主给膳也。美与善同意。”

中华民族是一个知恩图报、感恩的民族，“吃水不忘打井人”、“滴水之恩当涌泉相报”，在汉字的造字里展现得淋漓尽致。

五谷之长的“稷”，先后演变成古代农官田正（农业部长）与先祖的代称（后稷），再被摆上神坛成为谷神，最后成为国家之代称“社稷”，演绎了中华农业文明的“步步高”。甲骨文“稷”字形之纹，可见先民对与人为善者的崇拜与回报——跪对。

中华人文始祖“伏羲”之名，岭南乃至中华、世界上最有历史底蕴与文化内涵的非物质文化遗产——广州神话“五羊衔谷”，都镶入了与人为善的“羊”“禾”之纹。

鲜、美、羹、糕，羪、義、养、善；穗、秀、荼（古茶字）香，利、我、稷、稳（和），字字珠玑。

从物质（羊、禾）到文化（文字），再到精神（祥、和），是意义深远的的升华，汉字造字完美地展现并承载了中华民族“与人为善”“善有善报”的道德观与价值观。

孙中山题辞　世界大同

甲骨文“稷”字

汉字隐含着睿智的哲学思想，演绎着黑与白、实与虚、阴与阳的关系，包含着中国人的伦理观、价值观和道德观，诠释着大千世界的各种名称和道理，包含着科学知识和文化观念的全息符号，博大精深。

汉字，是华夏先民智慧的结晶，是中华文化与精神的载体，正如孟伟哉先生在《点解姓羊——祥和广州与华夏羊文化》一序中所说：“这些以羊字为部首或偏旁的系列文字，犹如欧洲拼音文字的‘词根’，以羊字为根，其内涵和外延在不断丰富和扩张，涉及腹欲之食、理想之善、伦礼之义和仪、祈冀之祥与美诸多意含，既具物质性、实践性，亦兼具思维精神性，闪耀着先民人性的智慧的光彩。”

汉字的产生、传承，到今天的日渐丰盈，把中华民族带入了世界文明的大花园，成为世界文明史上艳丽的奇葩异卉。汉字犹如长江和黄河，早已流入大海，链接五洲四海，奔向世界各地。

21世纪，羊图腾将与中华“羊文化”和汉字一道，谱写和平世界、和谐社会新的华章：与人为善，善有善报；和而不同，世界大同。

后记 龙羊一体兴中华

羊图腾——中国人也是羊的传人，表述了我们的两种观念：一是图腾的民族观念，即屹立于世界民族之林的中华民族是什么样的民族；二是图腾的文化观念，即中华民族的图腾文化能向现代世界文明奉献什么。

冒昧地把“中国人”与“羊图腾”串起来，主要是宣传“羊文化”。

中华羊图腾内涵“羊文化”的精髓是什么？

与人为善，和而不同。

这是和平世界、和谐社会的基石，是中华文明具有世界性、跨文化性、标志性的成果，是21世纪中华文化对世界的贡献，是岭南文化乃至中华文化的软实力之所在，是中华文化复兴走向世界之道。

汉字是世界上最悠久的文字之一，是一种古老的符号化的信息载体，在汉字身上也留下了中国历史发展的印迹。汉字是中华民族创造的一种伟大的文化样式，古老的汉字，到今天仍然焕发着青春的活力，传承着中华民族“与人为善，善有善报”的道德观与价值观。

汉字之“文”是人形之纹，“化”字是形象生动地由一正立之人（亻）和一倒立之人（匕）组成的。中华文化是名实相副的人性化的文化。

立人文之本，开风气之先，领先于世界的中华文明有魅力、吸引力和影响力，对人类文化曾做出卓越贡献。作为中华民族形象的羊图腾，其含义得随图腾文化的发展而变化。置身世界，置根于传统，梳理、整合民族的文化与精神，树立“现代文明的中国精神”，得处理好传统与现代、中国与世界的关系。传统文化注入新的文化元素，才有活力；跻身于世界的先进“纹”与“化”，才能影响别人，影响世界，甚至影响人类的历史进程。我们提出了中华羊图腾承载的文化“与人为善”、“和而不同”走向世界。可否？

人类的早期文化主要是由人的本能活动所创造。食色性也，为生存求“膳”，为传代求“养”——生育、养育，为此创造了各种物质文化（生活资源与工具）和社会文化（婚姻、家庭等）；为幸福求“祥”，为安全求“和”，因此创造了各种精神文化（祭祀、宗教、信仰、神话艺术等）。羊是膳、养、祥之物质文化与精神文化之根。现代文明社会，人们求“美”——享受，求“義”——活得有意义（道德的追求、心理的享受），羊还是“美”与“义”之根。

世界是多元的，图腾也是多元的。尽管各国、各民族的图腾文化元素有显著差别，但自然界的太阳可以作为世界共有的文化元素，而中华文化有“羊”同“阳”的特质。同一个太阳，同一个梦想：祥和的世界，美好的生活。

中华民族的复兴，首先是文化的复兴。文化是民族的形象，文化是民族精神的结晶。文化的复兴，任重道远，既是传承，更需要创新。“十年浩劫”造成信仰的缺失，独生子女政策实施对传统家庭的影响，改革开放敞开国门西方文化的涌入，中华的传统文化也面临挑战与危机，但机会和希望共存。炎黄祖先给我们留下了珍贵的文化遗产，从语言文字到图腾文化，中华文化并不落后，但首先我们必须了解而后才有自信。

羊和龙，都是中国标志性的基因文化，是中华民族最重要的人文特质之一，是中华民族祥和团结凝聚的象征。龙、羊一体的形象，龙、羊文化的融合，将使传统的中国人的形象和中华民族的性格，得到尽善尽美的展示，将为中华新一代的教育与塑造提供不可多得的教材。

自强不息，厚德载物，与人为善，群体精神，和而不同，龙羊一体兴中华。

最近，广东省委做出了推进文化强省建设的战略部署，给广东文化指明了方向，也给广东文化发展提供了一个千载难逢的机遇。但愿我们的“羊图腾——中国人也是羊的传人”这本书，也能为文化强省建设贡献自己的一份微薄之力。

由于我们的水平、见识所限，此书涉及的学科太多，且有关的历史有很多争议或可疑的地方，无从考证，因此我们选用的文、物不一定都符合历史的原意，我们的整合与描述不一定很准确，我们的一些观点与理念也许只是一家之说，由此可能引起种种的争论，敬请有识之士理解、谅解。我们期待着专家学者的指正与批评。

感　恩

感恩，是中华民族的美德，“跪乳”之羔羊永远是我们的楷模。

本书能如愿编辑出版，离不开社会与组织、专家与学者、企业家与学友、乡友与亲友的鼎力支持与帮助。

90高龄的文化界老领导、中国文联书记处原常务书记、原党组副书记、首届中国戏剧奖的终身成就获得者、德高望重的老前辈赵寻，与我们的“羊图腾”与“羊文化”结缘，为我们击掌，为我们这些名不经传、专在家里、钻在家里的“专家”作品写序。

才华横溢、德高望重、深受尊敬的革命前辈、著名作家、中共广东省委原常委秘书长，广东省政协原副主席杨应彬为本我们的书题辞“三羊开泰，富贵吉羊”。

得悉我们将去四川省汶川、北川、三星堆等地去确定封面图片、采风及请名家作序，我们东山中学的校友、梅县东山中学广州校友会企业界委员会赖可基主任与张科达秘书长即在东中校友企业家中四处搭桥牵线，凌凤森校友闻讯即予以全程的经济支持，令人感动。

在四川采风期间，四川省科普作家协会理事长董仁威特邀著名文化学者钱玉趾、郑祯诚、董晶会面、交流，郑祯诚教授还在百忙之中专程陪同我们到了汶川与茂县走了三天。汶川县委宣传部对我们盛情接待，广东省四川省汶川县恢复重建工作组为我们的调研工作开展提供了方便。

一向支持羊文化、鲜文化与岭南祥和文化的广州市肥妈味王食品有限公司赵家董事长与中国秦文化研究会副会长、孙中山和平教育基金会秘书长、社会活动家丁朝真先生，为我们的书请名家写序劳心劳力。

中国书画家协会副会长、中国书画院名誉院长、中国书法研究院教授、著名书法家周连玉先生为本书题写封面。

羌族摄影家、四川省阿坝藏族羌族自治州图书馆的余耀明副研究馆员，为我们提供了珍贵的有关羌族文化的图片与资料。

本书作者杨冠丰之子杨浩，为本书提供了大量的电子版图片、资料与书籍，是本书成书积极的支持者。

广东思域广告有限公司项阳董事长与廖枫总经理，中国城市研究院秘书长兼城市品牌战略委员会主任王合成，《环球市长》杂志社鲁大伟社长兼总编，中国文物保护基金会开平碉楼与村落专项保护执行主任杨小村，广州智能交通科技有限公司杨小杨董事长，广州市漫友文化传播机构金城董事长金城，深圳企业家张俊锦与广州天爱文化传播有限公司郭罡明经理，为本书的出版、发行给予过方方面面的支持。

对以上的支持者，我们谨在此表示衷心的感谢。

感谢我们共同的母校梅县东山中学对我们的培育。

深圳市誉兴饮食管理有限公司，是一家“以誉载道，兴达天下”、与人为“善”、充满爱心与责任心的企业，对本书的出版提供了最有力的支持，在此我们对张北京董事长表示特别的感谢。